Bernard Imhasly

Indien
Ein Länderporträt

Bernard Imhasly

Indien
Ein Länderporträt

Ch. Links Verlag, Berlin

Ich danke meinen Freunden Ingrid Sievers und Tilmann Waldraff
für ihre große Hilfe bei der Korrektur der Endfassung.

Die Deutsche Nationalbibliothek verzeichnet
diese Publikation in der Deutschen Nationalbibliografie;
detaillierte bibliografische Daten sind im Internet über
www.dnb.de abrufbar.

1. Auflage, März 2015
© Christoph Links Verlag GmbH
Schönhauser Allee 36, 10435 Berlin, Tel.: (030) 44 02 32-0
www.christoph-links-verlag.de; mail@christoph-links-verlag.de
Abbildung auf S. 3: Wikimedia Commons/lizenziert unter den Bedingungen der Creative Commons Attribution-ShareAlike 3.0 Unported
(CC BY-SA 3.0), Autor: Glaeronius. Das Bild zeigt den Triumphbogen
Gateway to India an der Südspitze von Mumbai, Aufnahme 2012.
Umschlagentwurf und Innengestaltung: Stephanie Raubach, Berlin
Karte: Christopher Volle, Freiburg
Satz: Stephanie Raubach, Berlin
Lektorat: Günther Wessel, Berlin
Druck und Bindung: Druckerei F. Pustet, Regensburg

ISBN 978-3-86153-822-6

Inhalt

Vorwort	6
Prolog: Gateway of India	9
Geschichte: Die Geschichte eines Teichs –	
und eines Landes	14
Gesellschaft: Einheit in der Vielfalt	28
Religion: Das Offene Buch Gottes	43
Kaste: Schutz und Stigma	58
Minderheiten: Ein Land voll davon	73
Politik: Ein neues Hindu-Reich?	87
Familie: Indische Ehe, im Himmel geschlossen	102
Wirtschaft: Ein Gigant auf schwachen Füßen	117
Diaspora: Der Mann im Mond	133
Umwelt: Waste Side Story	148
Sport: Bizeps und Bhagavad Gita	163
Kultur: In der Mythologie verankert	178
Epilog: India Gate	194
Anhang	199
Kleines Glossar	199
Literaturhinweise	201
Basisdaten	204
Karte	206

Vorwort

Dieses Buch hätte auch ein anderes sein können, mit demselben Titel und vom selben Autor. Jede Beschreibung eines Gegenstandes ist eine Verkürzung, beruht auf Vereinfachung und Selektion. Wenn dieser Gegenstand Indien heißt, mit seiner Größe und Vielfalt, die sowohl in die Weite der physischen und sozialen Landschaft geht wie in die historische Tiefe, werden Selektion und Verkürzung zum schriftstellerischen Prinzip.

Beim Schreiben bin ich öfter an Wegstellen geraten, an denen ich dachte: Jetzt könntest du auch diese Richtung einschlagen statt der gewählten; jetzt kannst du hier länger verweilen. Die eingeschlagene Straße hätte an die pakistanische Grenze in Rajasthan statt im Panjab führen können. Anstelle einer waffenstarrenden *Line of Control* wäre eine Wüste ins Bild gekommen, ohne Sperren und Wachtürme, dafür mit Kamelen und Ziegen, die über die Grenze hinweg an Akaziensträuchern knabbern. Es hätte auch *Ram Sethu* (»Ramas Brücke«) sein können, eine Kette von kleinen Inseln und Sandbänken, die Tamil Nadu mit Sri Lanka verbindet. Deren mythische Brückenfunktion ist noch so lebendig, dass kein Schifffahrtskanal sie durchschneiden darf.

Ähnlich ist es mit der politischen Landschaft oder jener der Massenkultur. In einem anderen Buch hätte mehr über den maoistischen Untergrund der Naxaliten gestanden oder über Bollywood, über Delhis Luftverschmutzung und den Kaschmirkonflikt, nicht zu reden von der Geschichte der Mogulen, den Dschungeln des Terai, heiligen Kühen und buddhistischen Dalitmönchen. Sie hätten nicht *mehr* Wahrheit über Indien an den Tag gebracht, aber *andere* Wahrheiten.

Was sich von der Landschaft und Gesellschaft sagen lässt, gilt noch mehr für die Menschen. Von den Brahmanen geht das geflügelte Wort: Schlägst du ihm einen Nagel in den Kopf, ziehst du einen Korkenzieher heraus. Dasselbe lässt sich von Indien behaupten. Eine gute Einführung in das Land muss schlank sein wie ein Stift, und sie muss sich an die verschlungene Spirale eines Korkenziehers wagen. Der Mittelweg ist oft ein Hochseilakt zwischen Klischee und Kasuistik. Er vernachlässigt Wichtiges und verweilt bei geringfügigen Details. Er tut dies mit dem Anspruch, in der Kleinigkeit eine tiefere Gesamttönung einzubringen – und nimmt dabei klaffende Leerstellen in Kauf. Es ist mehr eine Einfühlung als eine Einführung.

Wenn ich an der vorliegenden Darstellung etwas vermisse, dann sind es weniger die großen Themen als die Geschichten von gewöhnlichen Leuten, die manchmal Berge versetzen und Tote erwecken. Erzählungen über einen Mann wie Manjhi zum Beispiel, der eine drei Kilometer lange Schneise in einen Berg grub, 22 Jahre lang, nur mit Spitzhacke, Meißel und Schaufel. Er wollte sein Dorf Gahluar in Bihar mit dem nächsten Krankenhaus verbinden und den Dorfgenossen das Schicksal seiner Frau ersparen. Sie war auf dem Weg dorthin gestorben, weil sich die Straße sechs Fahrstunden lang um den Berg zog.

Oder Lal Bihari Mritak. *Mritak* heißt »tot«, und als tot galt der 24-jährige Sari-Weber, als er 1976 in sein Dorf Mubarakpur zurückkam und erfuhr, dass es ihn eigentlich nicht mehr gab. Verwandte hatten ihn als verstorben registrieren lassen, um an sein Land zu kommen. Lal Bihari musste 18 Jahre lang kämpfen, bis sein Registereintrag wieder gelöscht wurde. Beim beschwerlichen Weg durch die Bürokratie – sie ignorierte ihn, er war ja tot – begegnete er Tausenden von »Toten«. Um dem Übel beizukommen, gründete er eine Toten-Partei. Das Einzige, das selbst ein »toter« Inder legal tun kann, ist, sich als Wahlkandidat einzutragen.

Zu den Abwesenden zählt auch Shabnam Ramaswamy, eine gute Freundin. Sie leistet in einem kleinen Dorf in Nordbengalen Großes, nicht nur mit der Schule, die sie mitten in die Reisfelder gebaut hat. Sondern auch wegen des Muts, dort zu bleiben, als man sie vertreiben wollte, indem man ihr den Gatten ermordete. Heute wird sie, ihrer Hautfärbung und ihres Muts wegen, als »weiße Kali« verehrt.

Ihnen, und den Vielen, die auf den folgenden Seiten ungenannt bleiben, widme ich dieses Buch.

Bernard Imhasly
Awas/Alibagh, Frühjahr 2015

Prolog: Gateway of India

Der große Triumphbogen an der Südspitze von Mumbai, direkt an der Hafeneinfahrt gelegen, war ein Wahrzeichen für die britische Besetzung Indiens, als er 1911 errichtet wurde. Aber 37 Jahre nach seiner Errichtung und sechs Monate nach der Unabhängigkeit des Landes bestiegen hier am 28. Februar 1948 die letzten Soldaten des Empires ihre Schiffe. Das Gateway to India wurde ein Symbol der Niederlage, das Eingangstor wurde zum Hinterausgang.

Die Sieger änderten sich, der Triumphbogen blieb. Auch die Reiterstatue vor dem Koloss wurde ausgewechselt, und der Blick von Ross und Reiter drehte sich um. Zuvor hatte der Prince of Wales herausfordernd die Stadt und das weite Land dahinter ins Auge genommen. Nun schaut der Reiter, der Lokalheld Shivaji, König der Marathen durch das Tor auf das Meer hinaus. Aus Gateway to India wurde Gateway *of* India.

Vom Schiff aus wirken weder Tor noch Reiter abweisend. Der große Platz zwischen Reiterbild und Triumphbogen ist heute der meistbesuchte Tummelplatz der Stadt. Besonders die Touristen aus dem nahen Hinterland lassen sich gern mit dem Gateway im Rücken ablichten. Noch lieber wählen sie aber das Taj-Mahal-Hotel gleich nebenan als Kulisse. Aus exakt dieser Perspektive, so werden sie später zuhause erzählen, verfolgten die TV-Kameras im November 2008 drei Tage lang die Belagerung der Terroristen, die sich im prächtigen Gebäude verschanzt hatten.

Gateway und Hotel sind die Orientierungspunkte, wenn sich meine Fähre von Alibagh auf der anderen Seite des Hafens der Stadt nähert. Die Schaukelfahrt ist gemächlich im Vergleich zu dem

Verkehr, der sich aus den anderen Himmelsrichtungen jeden Tag in Richtung Stadtzentrum wälzt. Auf dem Boot wird für mich das näherkommende Bauwerk manchmal zur Gelegenheit, in die Rolle eines erstmaligen Indienbesuchers zu schlüpfen, der ahnungslos und unvoreingenommen auf eine Terra incognita zusteuert.

Der Lärm, das Gedränge und der Staub der Stadt, die mich rasch einnebeln, machen mit der gespielten Naivität des ersten Blicks kurzen Prozess. Dennoch ist es eine gute Übung. Sie bewahrt mich davor, von diesem überwältigenden Land geschluckt zu werden oder mich in Abwehrhaltung zu verhärten. Ohne diesen Blick vom Schiff aus würde ich vorschnell zum Anker eines definitiven Urteils greifen – und nicht immer wäre es ein schmeichelhaftes.

Manchmal sind es Freunde, die bei ihrer Ankunft in Indien diesen Blick öffnen. Heute landen sie allerdings nicht mehr mit dem Schiff, und auch das reale Einfallstor ist umgezogen. Es heißt nun Indira Gandhi International Airport (IGIA) und liegt 30 Kilometer nördlich des alten Stadtzentrums und seiner maritimen Ikone.

Als ich mich vor 30 Jahren in Indien niederließ, lag der Flughafen noch vor den Toren der Stadt. Heute ist er die exakte geografische Mitte von Mumbai. Jenseits des IGIA ist die Stadt inzwischen um weitere 30 Kilometer ins Hinterland gewachsen. Sie ist nun im Stammesgebiet der Warlis angelangt. Diese laufen zwar immer noch barfuß herum, aber sie können bereits auf Wohntürme mit Namen wie »Wuthering Heights« hinübersehen.

Nicht immer ist der erste Blick unvoreingenommen. Vor einigen Jahren holte ich an einem regnerischen Morgen der Freund eines Freundes vom Flughafen ab. Auf der Fahrt in die Stadt erzählte er mir, der Anflug sei instruktiv gewesen, zehn Jahre nach seiner letzten Indienreise: »Ich hätte nie gedacht, dass sich inzwischen so viele Leute einen Swimmingpool leisten können.« Ich sah ihn verständnislos an. »Nun ja«, erklärte er, »die Stadt unter mir war übersät mit diesen königsblauen Schwimmbecken.«

Ich musste lachen, doch dann zeigte mir sein fragendes Gesicht, dass es kein Witz war. Es war Monsunzeit, und auf vielen Slumhütten lagen die typischen blauen Plastikplanen zum Schutz gegen das Regenwasser. Die Farbe ist nicht ein Zeichen des Wohlstands, sondern der Armut, erklärte ich ihm. Die Anflugschneise in Mumbai liegt über eng gedrängten Hüttensiedlungen, die inzwischen die Schutzwälle des Flughafenareals erreicht haben.

So kann man sich über ein Land täuschen, dachte ich mir. Doch war meine Interpretation denn die richtige? Wenn ich später Slums besuchte, hatte ich öfter Gelegenheit, mir diese Frage zu stellen. Hatte mein naiver Bekannter nicht doch Recht gehabt? Die blauen Planen decken jeweils die bestgebauten Hütten ab, die wirklich Ärmsten müssen sich mit alten Zementsäcken vor den Regengüssen schützen.

Im Monsun blitzt das Königsblau zudem auch im Grau der Mittelklasse-Quartiere auf. Und als ich einmal über den Gowalia Tank, ein ehemaliges Wasserreservoir, auf die Hochhäuser des Cumballa Hill blickte, sah ich diese heraldische Farbe Mumbais sogar vom Dach eines Wolkenkratzers flattern. Es war ausgerechnet das 27-stöckige Wohnhaus von Mukesh Ambani, von Indiens reichstem Mann. Groß genug für seine fünfköpfige Familie, stellte ich grimmig fest, aber wohl nicht dicht genug.

Wenn ich während meiner 30 Jahre in Indien etwas gelernt habe, dann die Einsicht, mit Wahrheiten über das Land vorsichtig aufzutreten. Nehmen wir die erwähnten Slums in der Anflugschneise des Flughafens. Kein Zweifel, es sind Elendssiedlungen, die sich in die Poren der Stadt bohren. Doch nur die Wenigsten nehmen die riesige Waldfläche dahinter wahr. Sie ist völlig unberührt.

Es ist der Sanjay Gandhi National Park. Ein Wildpark im Wohngebiet einer der am dichtesten besiedelten Megastädte der Welt? Ist auch dies, wie die königsblauen Swimmingpools, eine Augentäuschung? Es ist keine. Mit einer Fläche von 100 Quadratkilometern, größer als der Rest des Stadtgebiets, kann er zudem kaum als Zoo abgehakt werden.

Der Nationalpark ist auch nicht umzäunt. Beinahe jede Woche kommt es an den Nahtstellen zwischen Wohnquartieren und Wildreservat zu einem fatalen Zwischenfall: Ein Leopard fällt einen Menschen an, der am Waldrand seine Notdurft verrichtet; oder er verirrt sich in eine unterirdische Parkgarage oder wird angezogen von einem stinkenden Abfallhaufen und schlägt zu, wenn Menschen auftauchen.

Nachrichten dieses Inhalts werden gelesen wie solche über Verkehrsunfälle. Niemandem käme es in den Sinn, von den Behörden eine Umsiedlung des Wildtierbestands in abgelegene Regionen oder in einen Zoo zu verlangen. Wie kommt es, frage ich mich dann, dass eine Stadt, die nicht mehr ein noch aus weiß mit ihren Migranten, ihren Abfall und Verkehr, die Existenz eines riesigen Wildparks nie in Frage stellt? Ebenso wenig wie das Recht von Ureinwohnern, weiterhin in ihren Dörfern in diesem Waldgebiet zu leben, während gewöhnliche Städter dort nicht einmal ein Zelt aufstellen dürfen.

Auch in Mumbai gibt es einen Zoo. Wer ihn besucht, ist empört, wie grausam indifferent die Inder gegenüber Wildtieren sind – dreckige Käfige, enge Gehege, krank aussehende Tiere. Es ist ein Land, so könnte der fremde Besucher folgern, das Angst hat vor dem »Wilden«, es ein- und absperrt. Mumbais städtischer Nationalpark beweist das Gegenteil. Inder lassen Wildtiere in ihrem Anderssein leben. Und sie gestehen ihnen großen Lebensraum zu, auch wenn er ihren eigenen, denkbar knappen deutlich übersteigt.

Expect the Unexpected: Das ist eine gute Losung für die Auseinandersetzung mit Indien, sei es als Bewohner, Besucher oder als professioneller Beobachter. Mir hat sie über die Jahre geholfen, mich gegen Enttäuschungen zu wappnen und an Überraschungen zu erfreuen. Vorurteile werden durchgeschüttelt, Klischees bewahrheiten sich, eherne Wahrheiten purzeln vom Sockel.

In gewissem Sinn war sie auch der Talisman, der mich auf dieser Reise des Schreibens begleitet hat. Beim Kapitelaufbau folgt das

Buch noch naheliegenden Eckpunkten – Kaste, Religion, Familie, Politik, Armut, Kultur. Doch in den Ritzen der »großen« Befunde setzen sich oft kleine Wahrheiten fest und heben die großen aus den Angeln.

Die Folge ist, wie immer wieder in Indien, dieses typische Gemisch aus Irritation und Faszination, die kognitive Verwirrung und widerwillige Verzauberung. Auch dem Leser und der Leserin wird es nicht erspart bleiben. Und wenn Sie erwarten, dass das Knäuel hier entwirrt wird, kann ich nur sagen: *Expect the Unexpected*. Die einzige Wahrheit, die Sie erwarten dürfen, ist nicht die eine, sondern die kleine Wahrheit – jene von persönlicher Wahrnehmung, Erfahrung und Einschätzung.

Geschichte: Die Geschichte eines Teichs – und eines Landes

Nur noch der Name Gowalia Tank erinnert daran, dass an dieser Stelle des kleinen schmuddeligen Parks im alten Stadtzentrum von Mumbai einmal ein Trinkwasserbecken lag. Eine der Straßen, die zu ihm führt, trägt den hübschen Namen Laburnum Road. Nicht der Goldregen der Laburnum-Blüten bringt mich öfter in diese Gegend, sondern das etwas versteckt zwischen den Bäumen liegende Haus, in dem Mahatma Gandhi wohnte, wenn er in Bombay war – wie Mumbai bis 1995 hieß. Heute ist der Mani Bhavan ein kleines Gandhi-Museum und ein beliebtes Touristenziel.

Heutige Besucher haben keinen Anlass, die paar Schritte zum Gowalia Tank weiterzugehen. Zur Zeit Gandhis führte er noch Wasser. Er war umsäumt von Kokospalmen und den Wochenendhäusern reicher Bewohner der Stadt – englische Kolonialbeamte, Richter und Anwälte sowie einheimische Geschäftsfamilien. Von dort aus bot sich ein schöner Blick auf den Marine Drive entlang der Chowpatty-Bucht, an dessen Ende schon damals der Rajabai-Turm sichtbar wurde, das Wahrzeichen der Universität Bombay.

Hinter dem Teich lagen die zwei bewaldeten Hügelrippen des Malabar Hill und des Cumballa Hill. Die Parsen hatten einige hundert Meter nördlich des Teichs ihre Türme des Schweigens errichtet. Dort setzten diese Anhänger Zarathustras ihre Toten den Geiern aus, um die sakralen Elemente Feuer und Erde nicht zu verunreinigen.

Auch einige Tempel und Schulen standen damals in der Nähe des Gowalia Tanks, darunter das Sanskrit-College. Dank Schulen wie dieser besaß Bombay Ende des 19. Jahrhunderts eine lokale englischsprechende Elite. Hundert Jahre zuvor war die Stadt noch klar durch koloniale Grenzzäune getrennt gewesen: Im Fort an der Südspitze der Stadt lebten Handelsagenten und Verwaltungsbeamte der East India Company, in der sogenannten Black Town zwischen den Stadtmauern und den beiden Hügelzügen des Malabar- und Cumballa Hill wohnte die einheimische Bevölkerung der Handwerker, Fischer, Bauern und Händler. In Richtung des Landesinneren im Osten entstanden auf frisch aufgeschüttetem Boden Salzpfannen und die ersten Textilfabriken.

Die großen Veränderungen hatten 1813 begonnen, als die Britische Krone das Handelsmonopol der Ostindischen Gesellschaft in Indien aufhob. Sie lud Händlerkasten aus der Küstenregion von Gujarat, darunter die Parsen und Jains, ein, sich in Bombay niederzulassen. Kurz darauf durften die ersten Vertreter der englischen Staatskirche einreisen. Sie verkündeten das Evangelium, doch im Unterschied zu anderen Konquistadoren taten sie es nicht mit dem Schwert, sondern dem Griffel.

In den neu gegründeten Schulen wurde das alleinige Heil Christi verkündet. Aber auch die sozialreformerischen Anliegen des Neuen Testaments kamen zur Sprache und mit ihnen die Idee von Menschenrechten, wie sie die Französische und die Amerikanische Revolution verkündet hatten. Um ihnen Gehör zu verschaffen, lernten die Missionare einheimische Sprachen, sie schrieben Grammatiken und Wörterbücher. Das offizielle Ziel der zivilisatorischen Mission war nun (in den Worten des Kolonialbeamten Thomas Macaulay) die Heranbildung einer lokalen Elite als »Vermittler zwischen uns und den Millionen, über die wir herrschen, eine Klasse von Leuten, indisch in Blut und Hautfarbe, englisch im Geschmack, in ihren Einstellungen, in Moral und Intellekt«.

Die nächste Zäsur erfolgte 1858. Im Jahr zuvor hatte die Kolonialmacht in Nordindien eine Revolte ihrer lokalen Soldaten, der Sepoys, niedergeschlagen. Sie drohte sich zum Flächenbrand auszuweiten, wurde dann aber von den englischen Rotjacken, loyalen Gurkhas und Sikhs brutal beendet. Den Mogulkaiser schickte man ins burmesische Exil. Das strategisch günstig in der zentralen Gangesebene gelegene Königreich Avadh wurde formell annektiert.

Der Schock der sogenannten Sepoy Mutiny war für die Kolonialmacht auch der Anlass zu einem Strategiewechsel. Die Zeit war reif, das Pachtverhältnis mit der East India Company aufzulösen, das diese seit ihrer Gründung im Jahr 1602 über ihren südasiatischen Besitz ausgeübt hatte. Indien wurde formell eine Kronkolonie.

Damit stellte sich auch die Frage nach dem rechtlichen Status der Untertanen. In einer in ganz Indien verlesenen Proklamation versprach Königin Victoria 1858 ihren Untertanen, deren lokale Religionen und Bräuche zu respektieren. Sie sollten gleichzeitig in den »Genuss des gleichen und unparteiischen Schutzes des Rechts« kommen, das auch ihren Untertanen in England zustand. Auch der Staatsdienst sollte ihnen offenstehen, »so far as may be«.

Diese Redewendung deutet die Meinungsverschiedenheiten zwischen Konservativen und Liberalen im Westminster-Parlament an. Sie spiegelten sich auch in dessen größter Kolonie wider. Zahlreiche Kolonialbeamte waren gegen eine Gleichberechtigung der Einheimischen. Noch mehr galt dies für die Plantagenbesitzer, die Tee, Opium und Indigo anpflanzten und ihren Pächtern eine Art Zwangsarbeit auferlegten. Liberal gesinnte Beamte dagegen waren mit Macaulay der Ansicht, dass die britische Herrschaft langfristig gestärkt würde, wenn sie die einheimische Elite von den Früchten ihrer Herrschaft kosten ließe.

Die Vizekönige, die London alle paar Jahre nach Indien schickte, reflektierten diese Meinungsverschiedenheiten. Als der liberale Lord Ripon 1882 Vizekönig wurde, erließ er ein Gesetz, nach dem auch indische Richter über Engländer zu Gericht sitzen durften. Der Entrüstungssturm, der sich daraufhin gegen ihn erhob, zwang Ripon, den Entwurf zurückzuziehen. Doch die Proteste hielten an und führten 1884 zu seinem Rücktritt.

Dieses Ereignis brachte den Stein für die Gründung der ersten politischen Bewegung in Indien ins Rollen. Auf der letzten Zugfahrt von seiner Sommerresidenz in Simla nach Kalkutta und von dort nach Bombay wurde Ripon an zahlreichen Bahnhöfen mit Ehrungen lokaler Komitees begrüßt. In Bombay erhielt er 154 Abschiedsadressen, und eine große Menschenmenge begleitete ihn zum Gateway.

Ein Freund Ripons, der ehemalige Kolonialbeamte Allan Octavian Hume, wollte es nicht dabei bewenden lassen. Hume war Schotte und der Sohn eines radikal-liberalen Unterhausmitglieds. Nach seiner Pensionierung vom Dienst bei der Ostindischen Gesellschaft verbrachte er seinen Lebensabend in Indien zunächst mit dem Sammeln von Vogeleiern (seine Kollektion von 82 000 Vögeln und Eiern liegt heute im Victoria and Albert-Museum in London). Die Erfahrung des Sepoy-Aufstands hatte ihn aber aufgerüttelt. Hume vertrat die Meinung, dass Indien innerhalb des Kolonialreichs eine weitgehende Autonomie anstreben müsse.

Für Hume war die Zeit reif, dafür die lokale indische Elite von Lehrern, Anwälten und Journalisten, von erfolgreichen Geschäftsleuten und Magistratspersonen einzubinden. Der Abschied von Vizekönig Ripon wurde überraschend zum »beginning of national life«, wie es die Zeitung *The Hindu* in Madras formulierte. Als Florence Nightingale in London durch ihren Freund Hume davon hörte, schrieb sie ihm zurück: »We are watching the birth of a new Nationality in the oldest Civilization in the world.«

Mit der Unterstützung des Parsen Dadabhai Naoroji – des ersten britischen Unterhaus-Abgeordneten asiatischer Herkunft – mobilisierte Hume eine Gruppe von Persönlichkeiten aus den großen Städten des Landes. Sie sollten eine Zusammenkunft, einen Kongress, in die Wege leiten, der ein Programm ausarbeiten würde, das Versprechen Königin Victorias umzusetzen. Sie nannten es *Swaraj*, »Selbstbestimmung« im Schoß der Monarchie. Erst

30 Jahre später sollte ein anderer Mann, Mohandas K. Gandhi, die Bedeutung des Worts dramatisch erweitern – »Unabhängigkeit« von der Monarchie.

Der Kongress sollte im Dezember 1885 in Pune stattfinden. Kurz zuvor brach aber in der Stadt eine Choleraepidemie aus. Die Organisatoren wichen auf Bombay aus und mussten dort kurzfristig einen Tagungsort finden. Der Vorsteher des Sanskrit-College am Gowalia Tank erbot sich, die 72 Delegierten aus allen großen Städten Indiens in den letzten drei Dezembertagen zu beherbergen. Der erste Indian National Congress wurde zur Gründungsversammlung der Kongresspartei, unter deren Führung Indien 60 Jahre später die Unabhängigkeit erringen würde.

Vorläufig allerdings war es lediglich die erste einer jährlichen Zusammenkunft in jeweils anderen Städten, mit Hume als Generalsekretär. Ein langer Weg stand bevor, trotz des moderaten Forderungskatalogs, den die Delegierten verabschiedeten. Indern sollten »die Rechte von britischen Untertanen als britische Untertanen« eingeräumt werden. Sie sollten den Zugang zu englischen Universitäten erhalten und damit zum Staatsdienst.

Das koloniale Establishment sprach dem »Verein« das Recht ab, für alle Landsleute zu sprechen. Die Delegierten seien nichts als eine »mikroskopische Minderheit«, meinte Vizekönig Lord Dufferin abschätzig. Und der Kolonialbeamte John Strachey sagte: »Die wichtigste Einsicht über Indien ist diese: Es gibt keinen, und es gab nie einen ›Inder‹, und auch kein Land namens Indien, das im europäischen Verständnis irgendeine Form von Einheit gehabt hätte, sei sie geografisch, politisch, sozial oder religiös.« Jahrzehnte später sollte Winston Churchill diese Ansicht noch pointierter ausdrücken: »Indien ist eine geografische Fiktion, wie der Äquator.«

Strachey hatte recht. Die Sindhis, Panjabis, Bengalis, Madrasis, Gujaratis, Marathen, Parsis, Marwaris, Hindus und Mohammedaner, die sich am Gowalia Tank versammelt hatten, repräsentierten in erster Linie ihren Berufsstand, ihre Klasse und ihre ethnische Herkunft, aber keine indische Nation. In einem Buch über Mumbai von 1863 sprach der Autor Govind Narayan wiederholt von seiner Nation. Aber er meinte dabei nicht Indien, sondern die Marathi sprechende Region um Bombay.

Ein Beobachter der Kolonialregierung bei der Tagung stellte in seinem Geheimbericht fest, unter den 72 Delegierten hätten sich nur zwei Muslime befunden, beide aus Bombay. Das waren herzlich wenige Repräsentanten für einen Subkontinent, der sich damals von Burma bis an die afghanische Grenze erstreckte, mit einem muslimischen Bevölkerungsanteil von 35 Prozent.

Hume war sich dieser mangelnden Repräsentativität bewusst. Er kannte die Praxis der Kolonialverwaltung, ethnische Divergenzen gegeneinander auszuspielen, namentlich jene zwischen Hindus und Muslimen. Er wies den Vorwurf zurück, der neue Verein grenze die Muslime aus. Die muslimkritische Einstellung der Hinduelite kommt »von den (britischen) Beamten, die an der pestilenzgeschwängerten Doktrin von ›Teile und Herrsche‹ festhalten«. Es war eine Politik, der die Kolonialmacht mit dem Wachsen der nationalen Bewegung bald gänzlich folgen sollte.

Auch die große Mehrheit der Hindu-Delegierten war weit davon entfernt, ihre Religionsgemeinschaft repräsentativ zu vertreten. Nicht einmal die Hindu-Etikette war klar definiert. So wie der Begriff einer »indischen Nation« erst allmählich Gestalt annahm, so schwammig war auch der Begriff Hindu. Selbst zu Beginn des 20. Jahrhunderts galten alle Bewohner Indiens noch als Hindus, so dass man auch von »mohammedanischen Hindus« sprach. In der ersten Volkszählung von 1872 wurden die Brahmanen getrennt von den *Hindoos* geführt, genauso wie die *Outcastes* – ein Indiz, wie zahlreich die Bruchlinien innerhalb einer Mehrheit waren, die sich noch gar nicht als solche erkannte.

Bei der Gründungsversammlung waren neben den Muslimen auch diese Hindoos schwach vertreten. Die Brahmanen bildeten die erdrückende Mehrheit. Weder ihnen noch Hume wäre es eingefallen, Vertreter der untersten Kaste der Shudras und erst recht der Outcastes einzuladen. Deren sozialer Status und die ihnen zugeschriebene, als entwürdigend angesehene Arbeit – alles, was mit toter Materie zu tun hatte – stigmatisierte sie und machte sie sozial unsichtbar.

Die Ideen von Demokratie und Menschenrechten, von den Kolonialherren quasi gegen ihren Willen ins Land geschleust, zeigten aber auch in diesen Schichten erste Wirkung. In Pune hatte ein Shudra namens Jyotiba Phule begonnen, die starre Kastenhierarchie herauszufordern. Statt wie seine Vorfahren der quasi angeborenen Kastentätigkeit als Gärtner nachzugehen (*Phule* bedeutet »Blume«), hatte er es geschafft, eine Schule zu besuchen. Dort hatte er auch sein Erweckungserlebnis gehabt. Beim Trauerzug für einen verstorbenen Schulkameraden – einen Brahmanen – brachten die Priester die Prozession plötzlich zum Stillstand. Sie hatten erfahren, dass sich ein Shudra im Geleit befand. Phule musste unter aller Augen die Prozession verlassen.

Er schwor, sein Leben dem Kampf gegen das Kastenunwesen zu widmen. Er wusste, dass die Allmacht dieser sozialen Architektur darin lag, dass sie auch von Shudras und kastenlosen Dalits – den Unterdrückten – als natur- oder gottgegeben hingenommen wurde. Schulbildung war daher der einzige Weg, diese Kasten aufzuklären. Phule arrangierte Eheschließungen von Witwen und heiratete selbst eine Witwe, ein unerhörter Tabubruch, denn nur Jahre zuvor waren Witwen mitunter noch verbrannt worden.

Mit seiner Frau Savitri unterrichtete er in Pune Kinder von Dalits und Shudras, sie gründeten dort die erste Mädchenschule Indiens. Dennoch blieb Phule »unsichtbar« für die Begründer des Kongresses, und niemand dachte daran, ihn zum Gowalia-Teich einzuladen. Hätte er eine Einladung erhalten, hätte er sie wohl zurückgewiesen. Für ihn war klar, dass die 72 Kongressteilnehmer unter der »Bevölkerung« nicht die Masse der Armen und Niedrigkastigen verstanden, sondern die soziale und ökonomische Elite.

Phule ging noch weiter. Wie viele Dalit-Führer nach ihm sah er im Kolonialregime mehr soziale Sicherheit und Raum für Emanzipation. Ohne die Menschenrechtsgarantien der europäischen Aufklärung würden in einem freien Indien die alten Kastenvorurteile weiterleben. Der Kongress habe kein Recht, sich »national« zu nennen, sagte er in seiner Kritik an der Zusammenkunft in Bombay, solange Bauern, Dalits und Mitglieder aller Religionen nicht vertreten seien. Dennoch hatte er sich einen Namen gemacht. Drei Jahre nach dem ersten Kongress wurde Phule von einer Versammlung von Nichtbrahmanen in Bombay mit dem Titel *Mahatma* (»Große Seele«) geehrt.

Es war aber ein anderer Mahatma, der Phules Forderung aufnehmen und durchsetzen sollte. Ihm sollte es schließlich gelingen, die Anlehnung der Kastenlosen und der Muslime an das Kolonialregime zu lockern. Es dauerte genau 30 Jahre, bis dies geschah. Die Wende wurde bei einer Gartenparty im Januar 1915 eingeläutet, nur einige hundert Meter vom Gowalia Tank entfernt. Mohandas Gandhi war soeben aus Südafrika nach Bombay zurückgekehrt und war von den einheimischen Bewohnern wie ein Held empfangen worden. Sein Einsatz für die indische Gemeinschaft in Transvaal und vor allem seine Philosophie der Gewaltlosigkeit hatten ihn auch zuhause berühmt gemacht.

Eine große Menschenmenge hatte sich eingefunden, als sein Schiff in der Nähe des Gateway anlegte. In den Tagen darauf folgten zahlreiche Einladungen für ihn und seine Frau Kasturba. Die Kongresspartei hieß ihn im Haus eines Industriellen am Malabar Hill willkommen. Die Gäste hatten sich festlich angezogen. Nur Gandhi kam, zur Konsternation seiner Gastgeber, im groben Tuch eines Gujarati-Bauern. »Er sieht aus wie mein Schneider«, soll ein Parse seinem Nachbarn zugeflüstert haben.

Auch Gandhis Dankesworte kamen auf Gujarati statt auf Englisch. Dabei sprach er aus, was seine Kleider- und Sprachwahl bereits erahnen ließen. Er habe dem Kongresspräsidenten versprochen, sich ein Jahr lang einem politischen Schweigegebot zu unterziehen. Er werde kreuz und quer durch Indien reisen, um sich über die Lage der großen Masse armer Menschen in den Dörfern zu informieren.

Gandhis »Pilgerreise« wurde nicht nur zu einer Wahrnehmung wirtschaftlicher Not und Armut. Sie wurde auch zu einer ersten Heerschau für den unvermeidlichen Kampf gegen die Fremdherrschaft. Er erkannte, dass nur eine breite Volksbewegung unter Einschluss der Armen und der Frauen, der Muslime und der Dalits eine Chance hatte, aus einem elitären Reformklub eine nationale politische Kraft zu machen. Dies galt gerade für Jyotiba Phules Befürchtung, dass eine Unabhängigkeit ohne soziale und wirtschaftliche Emanzipation in die »innere Kolonialherrschaft« einer städtischen Elite münden würde.

Damit begann Gandhis langer Kampf um die Herausbildung einer indischen Nation, die über alle sozialen, ethnischen und religiösen Gräben hinweg allen Bewohnern des Subkontinents eine gemeinsame Identität geben könnte. Es sollte sie noch lange nicht geben, wie der Historiker Rajmohan Gandhi – ein Enkel des Mahatma – in seinem Buch *Revenge and Reconciliation* schrieb: »Bis tief ins 20. Jahrhundert hatten die meisten Inder Mühe zu entscheiden, ob sie in erster Linie Inder waren oder einer Region, Religion oder Kaste angehörten.«

Gandhi machte in den folgenden Jahrzehnten öfter in Bombay halt und wohnte im Mani Bhavan, dem Haus eines befreundeten Gujarati-Goldschmieds. Aber es dauerte fast weitere 30 Jahre, bis er erstmals in die Halle am Gowalia Tank trat. Das Datum war die erste Augustwoche 1942. Der symbolträchtige Ort war für diese außerordentliche Parteiversammlung gewählt worden, um ein weiteres historisches Moment zu markieren – die Endphase im Kampf um die Unabhängigkeit.

Großbritannien stand damals mit dem Rücken zur Wand. In Europa war das nationalsozialistische Deutschland eine existenzbedrohende Gefahr, nachdem es große Teile von Kontinentaleuropa bereits überrannt hatte. Und in Asien begannen die Japaner von Südostasien aus den Vormarsch gegen Indien. Vor dem Kriegseintritt der USA war Indien die wichtigste Versorgungsbasis Englands. London vertraute darauf, dass Gandhi der britischen Krone nicht in den Rücken fallen würde, hatte er doch schon im Ersten Weltkrieg eigenhändig indische Rekruten für die Monarchie angeworben.

Aber die Kolonialherren hatten diesen Schulterschluss mit dem Mutterland nach dem Sieg von 1918 nicht honoriert. Im Gegenteil, Großbritannien hatte den Kampf gegen die Kongresspartei verschärft. Diesmal wollte sich Gandhi nicht mehr für billig verkaufen lassen. In seiner Rede am 7. August 1942 nutzte er die äußerst kritische Lage der Weltmacht, um den Entscheidungskampf zu lancieren – mit dem Ruf »Do or die!«.

Die Aufforderung war nicht etwa an die Engländer gerichtet, nämlich zu handeln (das heißt abzuziehen) oder zu sterben. Im Gegenteil, der große Stratege des gewaltfreien Kampfs gab sie seinen eigenen Kampfgenossen mit auf den Weg: »Leiste gewaltlosen Widerstand, auch wenn du dafür sterben musst.« Gandhi wollte endgültig beweisen, dass der Mut, Gewalt zu ertragen (statt sie auszuüben), auch die nötige moralische Energie freisetzt, um den Gegner zum Einlenken zu bewegen.

»Ich bin nicht der Erste Minister des Königs geworden«, rief Churchill daraufhin aus, »um den Vorsitz über die Liquidierung des Britischen Weltreichs zu führen.« Doch fünf Jahre später war Indien frei. Ein halbes Jahr danach war Gandhi tot. Sein Mörder, der Brahmane Nathuram Godse, warf Gandhi vor, die Teilung des Landes in zwei Staaten – Indien und Pakistan – auf dem Gewissen zu haben. Es war eine tragische Fehleinschätzung, hatte Gandhi doch alles getan, um die Teilung Indiens zu verhindern. Angesichts der blutigen Ausschreitungen überall im Land hatte er seinen Mitstreiter Jawaharlal Nehru angefleht, das Premierministeramt dem Führer der Muslimliga, Mohammed Ali Jinnah, zu überlassen – ohne Erfolg.

Der Name Gandhi blieb dem Land erhalten, nicht nur als »Vater der Nation«, sondern auch dank des zufälligen Umstands, dass Nehrus Tochter Indira einen Parsen namens Gandhi geheiratet hatte. Dies erlaubte der Nehru-Familie, nicht nur aus dem eigenen Stammbaum, sondern auch aus dem Namen der »Großen Seele« politisches Kapital zu schlagen.

Indira Gandhis Sohn – und Nehrus Enkel – Rajiv sollte dann den Gowalia Tank noch einmal aus der historischen Versenkung holen. Inzwischen waren die zahlreichen traditionellen Wasserbecken der Stadt immer mehr dem Siedlungsdruck gewichen, zugeschüttet und überbaut worden. Auch der Gowalia Tank war ausgetrocknet, ein kleiner Stadtpark mit Kinderschaukeln und Sitzbänken war entstanden. Die alten Bungalows waren gesichtslosen Wohnblöcken gewichen, nur die Halle des ehemaligen Sanskrit-College stand noch.

Der Anlass war die Hundertjahrfeier der Gründung der Kongresspartei im Jahr 1985. Rajivs Mutter war ein Jahr zuvor von ihren Sikh-Leibwächtern im Garten ihrer Residenz in Neu Delhi ermordet worden. Sein Bruder, der ambitiöse Sanjay Gandhi, war zwei Jahre zuvor beim Absturz seines Sportflugzeugs ums Leben gekommen, keine 300 Meter vom Ort des Attentats auf seine Mutter entfernt.

Plötzlich war der Indian-Airlines-Pilot Rajiv Gandhi der neue König. Der Mann, der aus seiner Verachtung für Politik nie einen Hehl gemacht hatte, stellte sich aus Staatsräson und dynastischer Familienpflicht der Partei zur Verfügung. Der Sympathiebonus für die ermordete Mutter, so deren Kalkül, und der traditionelle Respekt gegenüber der Institution der Familie würde ihr einen Wahlsieg bescheren. Die Parlamentswahl von 1984, wenige Monate nach Indiras Tod, endete mit einem Erdrutschsieg für die Kongresspartei.

Ein Jahr später bot die Jahrhundertfeier dem jugendlichen Sieger die Chance, dieses politische Kapital in die Zukunft des Landes zu investieren. Bei seiner Ankunft in Bombay stattete der

Premierminister der historischen Halle am früheren Wasserbecken einen Besuch ab. Der Raum war allerdings viel zu klein, um die 50 000 Teilnehmer aufzunehmen. So wurde das Cricketstadion kurzfristig in *Indira Nagar* (»Indirastadt«) umgetauft. Dort wandte sich Gandhi an die Partei, deren Bestand inzwischen auf zehn Millionen Mitglieder angewachsen war. Die Jahrhundertfeier sollte die Partei für weitere hundert Jahre als einzige staatstragende Kraft des Landes positionieren.

Rajiv Gandhi hatte keine Zeit für Selbstbeweihräucherung. Kaum waren die rhetorischen Verbeugungen an die offiziellen Schutzpatrone gemacht, begann – eine Philippika. Der Maßstab der Politik eines armen Landes wie Indien sei der Talisman, den Mahatma Gandhi seinen Freiheitskämpfern mit auf den Weg gegeben hatte: »Wann immer du im Zweifel bist oder deiner Selbstbezogenheit überdrüssig, mache folgenden Test: Stell dir das Gesicht des ärmsten und schwächsten Menschen vor, das du gesehen hast, und frage dich: Wird deine nächste Handlung irgendeinen Nutzen für ihn haben? Wird sie ihm die Kontrolle über sein Leben und Schicksal zurückgeben? [...] Du wirst sehen – Zweifel und Eigennutz werden wegschmelzen.«

Statt diesen Talisman hochzuhalten, fuhr Rajiv fort, »hat der Kongress den Kontakt mit den Massen verloren, er hat die lebensspendende Energie eingebüßt, die aus ihnen strömt. Die Organisation ist ausgetrocknet, geschrumpft und kraftlos geworden.« Der Idee Indiens sei ein Alltag gefolgt, »in dem wir uns als Hindus, Muslime oder Christen sehen, als Keraler, Marathen, Bengalen. Schlimmer noch, wir denken von uns als Brahmanen, Thakurs, Jats, Yadavas. Und wir vergießen Blut, um unsere engen Wände von Religion, Sprache, Kaste und Region dichtzuhalten.«

Die großen Institutionen der Demokratie hätten ihre Vitalität eingebüßt: »Wir sind stolz auf unsere unabhängige Justiz. Doch Tausende warten jahrzehntelang auf Gerechtigkeit.« Unter den Unternehmern finden sich »Bataillone von Steuerhinterziehern und Rechtsbrechern«; in den Schulen stünden Lehrer, die selten lehrten, und Schüler, die nichts lernten, und die Staatsverwaltung sei nicht mehr das stählerne Gerüst eines dynamischen Gemeinwesens, sondern »ein Gehege, das sich in die Landschaft frisst«.

Wie stand es mit der Kongresspartei? Sie werde von »Maklern von Macht und Einfluss« beherrscht; sie habe eine Massenbewegung in eine feudale Oligarchie verwandelt. Korruption werde nicht nur geduldet, sie sei das Gütezeichen für Führungskompetenz. »Auf jeder Ebene tritt unser privates Ego das allgemeine Gut mit Füßen.« Und die Armen würden betrogen; von einer Rupie staatlichen Armutsgelds landeten gerade mal zwölf Paisas in ihrer Hand.

All dies werde sich nun ändern, versprach Rajiv: Die Wahlgesetze würden reformiert, um die Verbindung zwischen Politikern und Sonderinteressen zu brechen. Die Partei werde reorganisiert, der Korruption werde der Krieg erklärt, das Justizwesen werde rationalisiert, die Erziehung neu ausgerichtet. Und dem Kampf gegen die Armut werde die Priorität eingeräumt, die er verdient.

Für viele Inder war Rajivs Bombay-Rede das Signal, auf das sie gewartet hatten. Seine Jugendlichkeit und Offenheit, seine Kritik an Bürokratie und Filz, sein Elan brachten ihm enorme Vorschusslorbeeren ein. Und er begann gut, er führte ein Gesetz ein, das opportunistische Parteiwechsel erschwerte, er berief Technokraten statt altgediente Politiker in sein Kabinett, und es gelang ihm, zwei separatistische Bewegungen im Panjab und in Assam zu entschärfen, ohne wie seine Mutter die Militärs aufmarschieren zu lassen.

Doch es war naiv, zu glauben, dass ein eingespieltes Netzwerk von Sonderinteressen so einfach ausgehebelt werden könnte. Das Feuerwerk von Initiativen verpuffte bald im dichten Geäst von Politik, Bürokratie und Wirtschaftsinteressen. Bei der geplanten Reform der Parteifinanzen führte der Vorstand dem Premierminister vor Augen, dass sie den Verlust vieler Parlamentssitze zur Folge hätte. Gandhi kapitulierte. Er gab auch der muslimischen Parteilobby nach. Sie widersetzte sich dem Plan für liberalere Persönlichkeitsrechte zugunsten der Frauen. Auch sie brauchte nur darauf hinzuweisen, Gandhi riskiere sonst die Stimmen der muslimischen Minderheit.

Dann kam der Bofors-Skandal. Der Partei flossen aus dem Kauf schwedischer Haubitzen Kommissionsgelder in Millionenhöhe zu. Gandhi weigerte sich, diese Knoten von Politik und Wirtschaft zu durchschneiden. Für demokratische Wahlsiege in einem Milliardenvolk brauche es nun einmal Schmiergelder, so die Parteiräson. Eine persönliche Verstrickung kam hinzu: Seine italienische Frau Sonia Maino war eng befreundet mit dem wichtigsten Drahtzieher des Bofors-Geschäfts, Ottavio Quattrocchi.

Weniger als vier Jahre nach dem Jubiläumskongress musste Rajiv Gandhi zurücktreten. Das Volk misstraute seiner Beteuerung, weder er noch seine Familie hätten sich an den Bofors-Geldern bereichert. Auch die jüngere Vergangenheit hatte ihn eingeholt. Der Mord an seiner Mutter im Oktober 1984 hatte zu schweren Pogromen gegen die Sikhs geführt. Gandhi tat nichts, um die Mörder von 3500 Menschen zur Rechenschaft zu ziehen. Ihr Blut blieb auch an ihm kleben. Gänzlich erlosch der Nimbus der Lichtgestalt zwei Jahre später. Am 21. Mai 1991 wurde Rajiv Gandhi, wie seine Mutter und Mahatma Gandhi, Opfer eines Attentats. Bei einer Wahlkampfveranstaltung im südindischen Chennai riss ihn eine tamilische Selbstmordattentäterin mit in den Tod.

Es dauerte sechs Jahre, bis Rajivs Witwe Sonia sich überreden ließ, wieder in die Arena zu treten, in der Ehemann und Schwiegermutter ihr Leben gelassen hatten. Ihre Motive sind bis heute unklar. War es dynastische Nibelungentreue, die Sorge um das Überleben der Partei oder gar die fatale Attraktion der Macht? Heute ist Sonia Gandhi-Maino die Präsidentin der Kongresspartei mit der längsten Amtszeit. Ihr Sohn Rahul, wie sein Vater ein höchst widersprüchlicher Politiker, steht als Vizepräsident in den Startlöchern. Er repräsentiert die fünfte Generation der Gandhi-Nehru-Dynastie. Sein Ururgroßvater Motilal Nehru hatte noch die Teilnehmer der ersten Kongress-Zusammenkunft von 1885 am Gowalia Tank in Bombay gekannt.

Gesellschaft: Einheit in der Vielfalt

Delhi war während vieler Jahre mein Lebens- und Arbeitsort. Es ist die Hauptstadt des Landes, und wie überall zieht politische Macht auch hier Geld an – und Journalisten. Einem Südasien-Korrespondenten bietet Delhi auch die besten Flugverbindungen in die nördlichen Nachbarländer, nach Islamabad, Kabul, Kathmandu, Dhaka. Die Flugzeit nach Lahore, Pakistans zweitgrößter Stadt, beträgt eine Stunde. Beide Metropolen waren einmal Residenzstädte der Mogulkaiser, und bis vor einigen Jahren glichen sie sich in ihrer Mischung aus feudalaristokratischer Architektur und ländlichem Panjabi-Lebensstil. Wenig wies darauf hin, dass man in einem anderen Land angekommen war.

Wer den Graben spüren will, der beide Länder trennt, muss die Strecke zwischen Delhi und Lahore auf der Straße zurücklegen. Die Grenzlinie zwischen Indien und Pakistan ist 2900 Kilometer lang. Ein großer Teil von ihr ist immer noch nicht vertraglich geregelt und nennt sich »LOC« – »Line of Control«. Sie ist Gegenstand häufiger Artillerie-Scharmützel und war in den nun bald 70 Jahren Nachbarschaft Schauplatz von vier Kriegen.

Der einzige geregelte Straßenübergang liegt je eine halbe Fahrstunde zwischen Amritsar und Lahore, bei einem kleinen Dorf namens Wagah, mitten in den Senfkorn- und Reisfeldern, auf denen auch der berühmte Basmatireis wächst. Die letzten paar hundert Meter nahmen bei meinen Reisen jeweils die doppelte Zeit in Anspruch, selbst wenn ich – was öfter geschah – der einzige Grenzgänger war. Man muss die Strecke zu Fuß zurücklegen, zudem als Kuli des eigenen Gepäcks.

Mitten in diesem vor Waffen, Stacheldraht und Sperren starrenden Streifen steht ein hohes schmiedeeisernes Tor, flankiert von zwei Stehrampen. Jeden Abend füllen sie sich mit Publikum, das für das Schauspiel des Toreschließens aus Amritsar und Lahore angereist kommt. Kurz vor fünf Uhr marschieren aus beiden Richtungen zwei baumlange Grenzsoldaten, ein Inder und ein Pakistaner, mit gefiederten Turbanen im Stechschritt auf das Tor zu, bis sie beinahe zusammenprallen. Dann knallen sie im Trommelwirbel ihre Hacken zusammen, werfen ihr gestrecktes rechtes Bein waagerecht in die Höhe und lassen es krachend zurückschnellen. Mit einem weiteren leeren Stechschritt drehen sie rechtsum, ergreifen je einen der Torflügel und knallen ihn zu. Noch einmal eine dröhnende Drehung, dann stampfen sie im Rhythmus ihrer rasselnden Nagelschuhe und eines martialischen Trommelwirbels in ihr Land zurück.

Nichts illustriert die Beziehungen zwischen den beiden Staaten drastischer als dieses Hahnenkampf-Ballett. Es ist ein Bündel von überdrehten Gewaltgebärden, wie sie Primaten beim Kampf ums Weibchen zur Schau stellen. Genauso vorhersehbar sind die Reaktionen des Publikums, das mit Landesfahnen gerüstet herbeigepilgert ist – grün auf Seiten Pakistanis, orange-weiß-grün bei den Indern. Sie klatschen frenetisch für die jeweilige Seite und versuchen sich gegenseitig zu übertönen.

Bei so viel Aggressivität vergisst man beinahe die subtile gegenseitige Abstimmung jeder Bewegung. Die Zeremonie ist bis ins letzte Detail durchgesprochen. Indien und Pakistan sind Intimfeinde, und sie sind intime Feinde. Es ist eine Feindschaft, die (erst) so alt ist wie die beiden Staaten – drei Generationen. In Pakistan ist sie so eng mit dem nationalen Gründungsmythos verbunden, dass sich seine Politik bis heute fast ausschließlich aus dieser Feindschaft definiert. Indien, der große Bruder, lässt sich in diese (oft blutige) Spiegelfechterei einbinden, ein Zeichen, dass die Wunde der Trennung auch hier weiter schwärt.

Das Spiegelbildliche des Rituals beweist auch ihre Nähe. Beide sind Teil derselben Zivilisation und Geschichte. Denn was sind schon 70 Jahre angesichts einer jahrtausendealten gemeinsamen Lebensweise? Beide Völker prägt, sieht man einmal von der ausgrenzenden islamischen Staatsideologie Pakistans ab, eine gemeinsame Mentalität, Volkskultur, Küche, Poesie. Entlang der langen gemeinsamen Grenze sind es auch dieselben Sprachen – Balti, Kaschmiri, Urdu/Hindi, Sindhi, Seraikhi. Die Unterschiede sind in vielerlei Hinsicht größer zwischen Süd- und Nordindien als zwischen diesem und Pakistan. Ebendiese intime Kenntnis des anderen hat den Konflikt zwischen den beiden zu einer exquisiten Folterübung gemacht, vorgeführt im Pas de deux von Wagah.

Die Teilung des Landes und das exklusive religiöse Selbstverständnis Pakistans waren die eine große Niederlage für Gandhis Vision gewesen. Auf dem Boden der Toleranz zwischen Religionen, Kasten und Ethnien hatte dieser versucht, eine einzige nationale Klammer zu bilden. Sie wurde verhindert durch den Willen von Mohammed Ali Jinnah – wie Gandhi ein Gujarati-Anwalt aus Bombay und Führer der Muslimliga – ein »Land der Reinen« (auf Urdu: *Pakistan*) zu schaffen. Es war der Giftbecher, der das Festmahl der Unabhängigkeit im August 1947 verbitterte, Gandhi einige Monate später das Leben kostete und bis heute im Kreislauf der beiden Nationen kursiert.

Was für einen Kontrast zum aufgeplusterten Hahnenkampf in Wagah bot da die Grenze mit Bangladesch in der nordöstlichen Ecke Indiens! Der Zollposten bei Bangaon an der Straße nach Jessore, drei Stunden östlich von Kalkutta, glich zwar auch einem Heerlager, als ich dort an einem späten Winternachmittag im Jahr 1996 ankam. Aber es haftete ihm nichts Martialisches an. Statt Militärzelten standen hier Lastwagen herum. Zu Hunderten waren sie entlang der Straße aufgereiht, auf Seitenwegen und in großen Parkbuchten mitten auf dem Feld. Die Zollabfertigung dauere jeweils mehrere Tage, erklärte mir ein Fahrer, und so glich das Ganze einem friedlichen Feldlager.

Bei Nachteinbruch flammten überall Feuer auf und warfen Schatten auf die großen Räder der Laster, neben denen Fahrer und ihre Helfer kauerten, rauchten, schwatzten und aßen. In der Nacht sah man Gestalten zwischen den Lastwagen entlanghuschen, Prostituierte, die in die Kajüten der Fahrer stiegen, wie mir mein Gastgeber, ein Mitarbeiter einer AIDS-Organisation, erklärte. Parkplätze wie diese gelten als Brutstätten des HIV-Virus, da sie ein soziales Niemandsland sind, wo ungeschützter Sex die Regel ist.

Erst gegen Mittag des folgenden Tages kam wieder Bewegung in die Fahrzeuge, als sie sich in die Schlange vor den Schlagbäumen einordneten. Bald darauf sah man die ersten Gefährte aus Bangladesch vorbeitrudeln, die meisten hoch bepackt mit Juteballen.

Indien und Bangladesch sind befreundete Staaten. Delhi hatte im Krieg von 1971 der bangalischen Befreiungsbewegung geholfen, sich von Pakistan zu trennen. Dennoch ist es eine schwierige Beziehung. Nach bald 50 Jahren haben die beiden ihre Grenze immer noch nicht bereinigt, 161 kleine Exklaven im Gebiet des jeweiligen Nachbarn zeugen davon. Eine heißt sinnigerweise, *Tin Bigha*, »Drei Bigha«. Ein Bigha ist ein traditionelles Flächenmaß (drei Bigha entsprechen etwa einem halben Hektar Land). Seit einigen Jahren zieht sich ein hoher Drahtverhau entlang der Grenze. Da das Staatsgebiet von Bangladesch von drei Seiten an Indien grenzt, hat sie immerhin eine Länge von 4100 Kilometern.

»Haben Sie beachtet, wo die Grenzzäune stehen?«, fragte mich ein befreundeter Journalist, als ich von einer Reise in Pakistan über Wagah nach Delhi zurückkam. Seine Antwort erstaunte mich: Sowohl im Osten wie im Westen wurden die Grenzzäune von Indien hochgezogen, auf indischem Boden. Es ist ein bemerkenswertes Detail, denn es zeigt, dass nicht die weit kleineren Staaten Pakistan und Bangladesch sich bedroht fühlen, sondern im Gegenteil das große Indien.

Allerdings sind es verschiedene Formen von Gefährdung, die Indien an beiden Grenzen wahrnimmt. Im Westen spielt Pakistan den aggressiven Part des Irredentisten, der territoriale Ansprüche (auf Kaschmir) hat. Indien dagegen ist die Status-quo-

Macht. Es kann mit dem seit 1947 bestehenden Grenzverlauf leben und versucht ihn mit Zäunen, Minenfeldern und Bunkern zu sichern.

Im Osten ist der indische Zaun quasi ein Schutz des ökonomischen Status quo, nämlich indischer Arbeitsplätze. Die Stacheldrahtrollen sollen Wirtschaftsflüchtlinge abschrecken. Der Bevölkerungsdruck in der dichtbesiedelten und flutgefährdeten Deltaregion Bangladeschs erhöht die Sogwirkung des Nachbarn. Indien ist zwar nicht weniger arm als Bangladesch, und es liegt nur Dezimeter höher als der Nachbar am Unterlauf der großen Ströme Ganges und Brahmaputra/Meghna. Doch Indiens schiere Größe und Dynamik haben, real und chimärisch, eine vermeintliche Nachfrage nach bangalischen Arbeitskräften geschaffen. Indiens Siedlungsraum ist ungleich größer als jener Bangladeschs. Nicht groß genug für beide, kontern nationalistische Kreise in Indien, die behaupten, bangalische Migranten raubten den indischen Armen die Jobs.

Die flutbelichteten Grenzzäune im Nordosten und Nordwesten des Landes beeindrucken den Besucher in ihrer abweisenden Feindlichkeit. Aber es sind Grenzwälle innerhalb des Subkontinents, nicht nach außen. Denn dieser braucht eigentlich gar keine Wachtürme. Er hat natürliche Grenzen, wie sie sonst nur ein Inselstaat vorweisen kann: Die umgekehrte Pyramide ragt im Osten, Süden und Westen tief in den Indischen Ozean hinein. Im Norden trifft sie auf die asiatische Festlandplatte. Die Tektonik dieses Aufpralls hat mit dem Himalaya das höchste und breiteste Gebirgsmassiv der Welt aufgetürmt.

Paradoxerweise gibt diese natürliche Kammer dem Subkontinent Wetterverhältnisse, die geradezu einladen, diese Grenzen zu überwinden. Das komplexe Zusammenspiel von Meereswinden und der Himalaya-Barriere beschert der nördlichen Hälfte des Subkontinents ein gemäßigtes Klima mit reichlichen Monsunniederschlägen. Sie lagern in den großen Stromtälern von Indus, Ganges, Mahanadi und Brahmaputra fruchtbaren Boden ab. Im

Süden senkt sich die Topografie des geologisch uralten Dekkan-Plateaus vom Westrand entlang der Arabischen See nach Osten zur Bucht von Bengalen ab. Dort haben sich die Deltas von Godavari, Krishna und Kaveri bis weit in den Oberlauf ebenfalls zu großen Kornkammern entwickelt.

Wo Klima und Böden gute Bedingungen zum Ackerbau bieten, werden sie in der Besiedlungsgeschichte rasch zu Migrationszielen – natürliche Grenzschranken hin oder her. Die Geschichte des Subkontinents ist auch eine Chronik dieser Magnetwirkung. Seit Jahrtausenden boten die östlichen und westlichen Ausläufer des Himalaya-Riegels Völkerschaften aus den zentralasiatischen Steppen und der Mongolei die ersehnten Einfallschneisen in dieses Gelobte Land. Erst viel später, mit der technischen Entwicklung der Schifffahrt, verwandelte sich auch die Unendlichkeit des Meeres in eine Einladung, sie zu überwinden.

Wie für die bangalischen Migranten im 21. Jahrhundert war die Versuchung auch für die frühgeschichtlichen Siedler gering, das Land wieder zu verlassen. Die Geschichte des Subkontinents ist geprägt durch Eroberungen *von* außen und dem fast völligen Fehlen von Eroberungszügen *nach* außen. Selbst beim überregionalen Handel mit Gütern hatte sich die frühindische Gesellschaft eingeschränkt, obwohl eine Küstenlinie von über 7500 Kilometern (die Hälfte der Gesamtgrenze) Seehandel nahelegte. Sie entwickelte Kastengesetze, die ihren Mitgliedern unter Androhung des Kastenverlusts und damit der sozialen Unberührbarkeit untersagten, das »Schwarze Wasser« zu überqueren: Das Wasser war das Ende der menschlichen Welt. Dahinter gab es nur Dämonen, Ungeheuer und Menschen, so schreibt das Ramayana-Epos, mit so großen Ohren, dass sie darin schlafen können.

Die schiere Größe Indiens, mit 3,2 Millionen Quadratkilometern das siebtgrößte Land der Welt, ließ Terraingewinne nach außen als unnötig erscheinen. Doch nach innen weckte sie zentripetale Kräfte. Indien mag eine geografische Einheit bilden, die im Lauf der Jahrtausende auch eine zivilisatorische wurde. Doch es schuf, im Unterschied etwa zu China, nie eine zentrale politische Organisation, die den ganzen Subkontinent umfasst hätte.

Selbst die imperialen Ambitionen der Britischen Krone haben dies nie erreicht. Britisch-Indien konnte mit Recht behaupten, es sei größer als die Großreiche von Kaiser Ashoka, der Gupta- oder Mogul-Dynastie, schloss es doch neben Pakistan und Bangladesch auch Myanmar und Sri Lanka ein. Aber selbst für die stolzen Imperialisten blieb es immer ein löchriger Teppich. Über den britischen Eigenbesitz verstreut lagen 565 »Königreiche«, von Dorfflecken bis zu Territorien von der Größe Frankreichs. Gewiss, es waren Vasallenstaaten, aber formell waren sie unabhängig.

Nichts zeigt das Fehlen zentraler politischer Gewalt so deutlich wie die Vielfalt der Sprachen. Eine Großzahl von ihnen ist dank ihrer breiten demografischen Verankerung und alter literarischer Traditionen bis heute stabil geblieben. Allein die beiden südindischen Sprachen Telugu und Tamil werden von 150 Millionen Menschen gesprochen. Sie können damit den Einebnungstendenzen sowohl der Amtssprache Hindi wie der Weltsprache Englisch gut standhalten. Hindi ist mit 350 Millionen Muttersprachlern am weitesten verbreitet. Doch es muss sich den Titel einer Nationalsprache mit weiteren 21 Sprachen teilen. Mit ihren teils auch noch unterschiedlichen Schriftsystemen erscheinen sie auf jeder Banknote. Weitere 1579 Sprachen (und über 5000 Dialekte) sind gemäß der Volkszählung von 2001 erkannt und anerkannt. Über hundert erschienen jeweils auf den Stimmzetteln, bevor mit der Einführung elektronischer Geräte die Wahl durch visuelle Symbole vereinfacht wurde.

Fügt man den ökonomischen, ethnischen und sprachlichen Unterschieden die religiösen hinzu – von den Weltreligionen bis zu animistischen Glaubensformen –, wird verständlich, mit welchen Herausforderungen die Gründer der neuen Republik im Jahr 1947 konfrontiert waren. Dem Mahatma gelang es, eine Mehrheit der Bevölkerung unter dem Ziel der politischen Unabhängigkeit zu vereinen. Doch nach 200 Jahren kolonialer Abschöpfung des ökonomischen Mehrwerts war das freie Indien ein bitterarmes Land. Und es hatte eine Gesellschaft, deren Hindu-Mehrheit einem diskriminierenden Kastensystem unterworfen war, das grundlegender Menschenrechte spottete.

Gandhi konnte den Graben zwischen Klassen und Kasten gerade noch überbrücken. Aber es gelang ihm nicht, das Misstrauen zwischen Muslimen und vielen Hindus zu überwinden. Es hatte sich im Vorfeld der Unabhängigkeit sogar vertieft, kräftig unterstützt durch das britische *divide and rule*. Das Jahr der Freiheit 1947 wurde damit auch jenes der »Vivisektion Indiens«. Ein Exodus von über zehn Millionen Menschen – Hindus und Sikhs nach Indien, Muslime nach West- und Ostpakistan – hatte das Gespenst einer Balkanisierung des ganzen Subkontinents entlang ethnischer Abgrenzungen heraufbeschworen. Die Gefahr war umso größer, als die Migration von Pogromen mit anderthalb Millionen Toten begleitet wurde.

Die Erben Gandhis, die sich an die Schaffung einer Verfassung machten, standen vor der Aufgabe, ein ähnliches Aufbrechen entlang dieser vier Bruchlinien – religiöser, ökonomischer, ethnischer und sozialer – zu verhindern. Sie taten es mit einem in Indien noch nie erprobten Modell: einer demokratischen Verfassung für eine Gesellschaft, deren Wähler zu 90 Prozent Analphabeten waren. Das Gespenst religiöser Konflikte sollte durch das Bekenntnis zur »staatlichen Gleichbehandlung aller Religionen« – so lautet Indiens Definition von Säkularismus – gebannt werden. Mit dem allgemeinen Wahlrecht und Quoten zugunsten der Dalits und der Urbevölkerung hoffte man der Unterdrückung durch das Kastensystem einen Riegel vorzuschieben. Ein starker Staat sollte den ökonomischen Mehrwert umlenken zur Aufhebung der Armut.

Der Gefährdung der noch brüchigen nationalen Einheit durch ethnische Absetzbewegungen wurde eine föderale Gewaltenteilung entgegengestellt. Aus dem Staatenbund von acht Provinzen und einem halben Tausend Fürstentümern sollte allmählich die Indische Union erwachsen. Zunächst wehrte sich Premierminister

Jawaharlal Nehru noch gegen eine Grenzziehung zwischen den Bundesstaaten nach sprachlichen Kriterien. Er fürchtete, damit sezessionistischen Strömungen Auftrieb zu geben. Die nordindische Regionalsprache Hindi wurde zur alleinigen Amtssprache erklärt, Englisch behielt den Rang einer »offiziellen Sprache«. Doch bereits 1952 kam es im südlichen Staat Madras zu Unruhen der Telugu-Sprecher, die sich gegen die regionale Dominanz des Tamilischen richteten.

Nehru erkannte rasch, dass er nachgeben musste. 1957 hatte Indien bereits 14 Staaten, weitgehend entlang sprachlicher Grenzverläufe. 1971 waren es 17, 1981 23, 2015 sind es 29. 2013 beschloss die Regierung in Delhi, Andhra Pradesh aufzuteilen. Aus Uttar Pradesh, das mit 200 Millionen Bewohnern als unabhängiger Staat der sechstgrößte der Welt wäre, könnten bis 2020 vier Bundesstaaten entstehen. Die sprachlich-ethnisch definierte Autonomie festigt die gesamtindische Identität. Die alte Furcht vor Sezessionen ist weitgehend gewichen.

Die Anziehungskraft der Verkleinerung und Vermehrung von Bundesstaaten zeigt, dass die föderale Gewaltenteilung mehr ist als ein politisches Ventil. Indiens föderale Struktur ist stärker ausgeprägt als jene vieler europäischer Staaten. Wichtige Ressorts wie Öffentliche Ordnung, Bildung und Kultur gehören in den Kompetenzbereich der Provinzen, andere wie Infrastruktur, Energie, Landwirtschaft, Industrie, Telekommunikation stehen unter gemeinsamer Verantwortung. Verteidigung, Außen-, Finanz- und Währungspolitik sowie Raumfahrt und Nuklearenergie bleiben Delhi vorbehalten. Dasselbe gilt für ein fundamentales Mittel der Macht – das Recht zur Steuereinziehung.

Diese Gewaltenteilung geht bis auf die lokale Ebene hinunter, allerdings nicht gleichförmig. Paradoxerweise sind die rückständigen Dörfer weiter fortgeschritten als städtische Gemeinden. Ein neuer Verfassungsartikel gab 1993 der uralten Form des Dorfrats, dem Panchayat, eine echte Entscheidungsgewalt, etwa für Schulen, Infrastruktur und Polizei. Die Zentralregierung verpflichtete sich – gegen den Widerstand der Regionalregierungen – Budgetmittel direkt den Dorfräten zur Verfügung zu stellen.

Derweil warten die städtischen Gemeinden immer noch auf die Einlösung des Versprechens größerer Selbstverwaltung. Dank des vereinten Widerstands von Zentralregierung und Provinzen bleiben die Machthebel in deren Händen. Der Grund ist einfach: Die Städte sind die Motoren der wirtschaftlichen Entwicklung. Sie produzieren den Mehrwert, den der Staat abschöpft und in arme Regionen lenkt. So will es der Grundsatz. In der Praxis nutzen Politiker aller Couleur das wirtschaftliche Gefälle zwischen Stadt und Land auch als Mittel, um große Finanzströme in die Schattenwirtschaft und die Politik zu lenken – und in die eigenen Taschen.

In Mumbai fragte ich einmal bei einer journalistischen Recherche Passanten nach dem Namen ihrer Bürgermeisterin. Niemand wusste ihn. Ich wiederholte die Frage während einer Gesellschaftsparty; lediglich zwei von 17 Gästen nannten mir einen Namen, nur einer war richtig. Indische Dorfräte haben mehr Macht als die Bürgermeister von Städten mit 18 Millionen Einwohnern. Die Hauptstadt Delhi ist ein besonders krasses Beispiel für diese quasi überdemokratische Machtteilung. Es ist gleichzeitig ein Bundesstaat, ein *Union Territory* (das heißt, der Zentralregierung unterstellt) und eine Stadtgemeinde. Selbst Sheila Dixit, die frühere Chefministerin von Delhi, erklärte sich zum »Aschenbrödel, das für alles Schiefgelaufene verantwortlich gemacht wird, aber nichts dagegen unternehmen kann«.

Nach knapp 70 Jahren Unabhängigkeit hat sich so etwas wie eine nationale indische Identität entwickelt. Mit der Zulassung regionaler Sprachen gibt sie auch der regionalen Zugehörigkeit großen Spielraum. In den Schulen bleibt die Amtssprache Hindi im ganzen Land Pflichtfach, aber auch die Regionalsprache ist es, und sie ist zugleich die jeweilige Amtssprache. So hat sich eine »Bindestrich-Identität« etabliert, wie es der Politologe Ashutosh

Varshney genannt hat. Jede Inderin ist eine Tamil-Inderin, eine Rajasthani-Inderin, eine indische Assamesin, eine Südinderin. Die Bindestriche gehen noch weiter – es sind bengalische Assamesen muslimischen Glaubens oder einer bestimmten Kaste, südindische Marathen, die zudem Hindus sind, buddhistische Telugu-Inder oder Delhiwallahs aus einer Dalit-Unterkaste in Bihar.

Der Zentralstaat allein vermag bei solcher Diversität die Symbolkraft einer überwölbenden indischen Identität nicht aufrechtzuerhalten, um regionalen Chauvinismus auszugleichen. Aber mit einer Vielzahl anderer Bindemittel gelingt dies einigermaßen. Eines ist die Filmindustrie von Mumbai, deren Masala-Gewürzmischung eine nationale Befindlichkeit trifft. Aus durchaus kommerziellen Gründen spricht sie Themen und Sichtweisen an, die regionale, religiöse und soziale Trennlinien überbrücken.

Dasselbe gilt für den Cricketsport, der trotz seiner kolonialen und aristokratischen Herkunft zum indischen Nationalsport mutiert ist. Regionale oder städtische Cricketteams werden im Gegensatz zum Nationalteam und seinen Stars kaum wahrgenommen. Sie wirken regional nicht identitätsstiftend, wie dies etwa in Europa bei lokalen Fußballmannschaften der Fall ist. Es zählt nur das Team der Nationalmannschaft, nur deren Spiele ziehen die Massen vor die Fernsehschirme.

Denselben Ausgleich zwischen Partikularidentitäten und einem nationalen Wir-Gefühl leistet paradoxerweise auch das Kastenwesen. Was im lokalen Milieu soziale Gruppen trennt, wirkt im nationalen Kontext als Gegenmittel. In ganz Indien gibt es Brahmanen, so wie es überall auch Dalits gibt. Die Kasten weisen durchaus regionale Unterkasten auf. Dennoch sind spezifische brahmanische Gemeinsamkeiten über ganz Indien verteilt und bilden eine Gegenkraft zu lokalen Besonderheiten, und eine Dalit-Solidarität überbrückt die Vielfalt von Dalit-Unterkasten.

Dasselbe gilt auch für religiöse Identitäten. Trotz der Gräben zwischen einzelnen Gemeinschaften wirkt Religiosität als solche identitätsstiftend. Ein Beispiel ist das dichte Netz von Pilgerorten, die sich über das ganze Land verteilen und jährlich rund 250 Millionen Religionstouristen kreuz und quer durch das Land reisen lassen. Dies schafft eine zivilisatorische Bindekraft, die durch die geografische Mobilität festgesponnen wird. Sie ist zudem oft religionsübergreifend. Sufischreine und katholische Muttergottes-Kirchen ziehen Hindus aller Kasten an, und viele Muslime besuchen Hindu-Pilgerorte. Bei populären Gurus wie Shirdi Sai Baba wissen die meisten Leute nicht, ob er nun ein Muslim oder ein Hindu war.

Selbst das ökonomische Gefälle zwischen Arm und Reich, das ein enormes Spaltungspotenzial aufweist, trägt dazu bei, die regionalen Bruchlinien zu überbrücken. Nicht nur 250 Millionen religiöse Pilger sind jedes Jahr unterwegs; deren Anzahl wird durch die Menge der Menschen auf der Suche nach Arbeit glatt in den Schatten gestellt. Laut der Volkszählung von 2011 sind rund 400 Millionen Inder, ein Drittel der Gesamtbevölkerung, ökonomische Binnenmigranten. Die größten Migrationsströme bewegen sich aus den armen Bundesstaaten in Zentral- und Ostindien in Richtung Großstädte. In den Metropolen Delhi und Mumbai nähert sich der Bevölkerungsanteil der saisonalen Zuwanderer inzwischen der 50-Prozent-Marke. Allein in der Hauptstadt leben vier Millionen Menschen aus Bihar.

Diese Wanderbewegung wird mir immer wieder in den Monaten nach dem jährlichen großen Regen bewusst. Wenn ich in Awas, meinem Dorf in der Region von Alibagh, frühmorgens über die Gartenmauer schaue, entdecke ich entlang der Böschungen und in den Stoppelfeldern kleine Lager. Farbige Saris und lange Röcke hängen über aufgespannten Schnüren, das aufgeschichtete Metallgeschirr ist mit warmer Asche gescheuert und blitzt in der ersten Morgensonne. Die Steppdecken liegen noch ausgebreitet auf dem Boden, mit Kindern unter alten Saris, die als Moskitonetze dienen. Die Erwachsenen machen sich an Feuerstellen zu schaffen oder verschwinden ins Gebüsch, um ihre Notdurft zu verrichten.

Hier hausen Familien von Wanderarbeitern, die bis zum nächsten Monsun im Dorf bleiben. Eine Familie kam aus einer Adivasi-Region im Inneren Maharashtras. Sie arbeitet jedes Jahr in der Ziegelei des Dorfpräsidenten. Frauen und Männer pressen Lehmkuchen in Formen, legen sie zum Trocknen aus, schichten sie zu stumpfen Pyramiden auf, befeuern sie, lassen sie abkühlen, laden sie auf Lastwagen. Die andere Gruppe, etwa 30 Leute einer Großfamilie, kommt seit drei Jahren aus Jharkhand im Osten Indiens, über 1000 Kilometer von Awas entfernt. Zuvor hatten sie in Nordindien gearbeitet, dann auf einer Baustelle in Gurgaon bei Delhi. Beide Familien senden die Hälfte ihrer Einkünfte per Postanweisung in ihr Dorf zurück.

Dieser Blick über die Mauer ließe sich in Indien unendlich oft wiederholen. Das wirtschaftliche Gefälle zwischen urbanen und ländlichen Regionen, Trockenzonen und Flusstälern, dichtbevölkerten Küstenregionen und verkehrsarmem Hinterland bildet den Motor, Migration und Geldtransfers sind die Transmissionsriemen. Zusammen arbeiten sie mit an einem gewissen nationalen Ausgleich: Die billige Arbeitskraft erhöht in der einen Region die wirtschaftliche Leistung. Gleichzeitig stellen Geldtransfers nach Hause das Überleben im Dorf sicher und ermöglichen die weitere Existenz einer prekären ländlichen Lebensweise.

Die Vielzahl von Identitäten erhöht deren Durchlässigkeit und mindert das Kollisionspotential. Die dünne wirtschaftliche Decke sorgt aber auch dafür, sie zu erhalten. In Mumbai stammen die meisten Taxi- und Rikschafahrer aus Nordindien, viele Hausangestellte kommen aus der südlichen Küstenregion, die Hauswächter stammen oft aus Nepal, viele Angestellte der Callcenter sind Christinnen aus den Staaten des Nordostens und die meisten Straßenreiniger und Abfallsammler Dalits aus dem Inneren von Maharashtra.

Ist es da verwunderlich, fragen chauvinistische Regionalparteien, wenn sich die *sons of the soil* als Fremde fühlen? Zwar wollen die meisten *local boys* diese Jobs gar nicht ausüben, dennoch zeigt der Erfolg dieser Parteien, dass auch hier Zuwanderung Abwehrreflexe weckt. Im Jahr 2012 wollte die (zentralstaatliche) Eisenbahnbehörde in Mumbai einige hundert Hilfsarbeiter anstellen. 120 000 junge Männer meldeten sich und reisten aus ganz Indien an. Mitglieder der Shiv Sena, einer rabiaten Lokalpartei, machten kurzen Prozess mit ihnen. Sie stiegen an Vorortbahnhöfen in die Züge und warfen fremde Jobsuchende aus den fahrenden Wagen – statt sich selber für die Jobs zu bewerben.

Auch der Staat tut wenig, Migration als ökonomisches Ausgleichsventil und nationales Bindemittel zu schützen. Eine Studie der UNESCO von 2013 zeigte, dass Arbeitsmigranten meist in einem rechtlosen Raum leben. Sie sind an ihrem temporären Lebens- und Arbeitsort nicht registriert, haben keine schützenden Ausweise, leben illegal auf fremdem Boden. Als »Sans-Papiers« kommen sie nicht in den Genuss staatlicher Armutsprogramme und erhalten als Tagelöhner kaum Arbeitsschutz.

Die barbarische Vergewaltigung einer jungen Frau in Delhi im Dezember 2012 kann auch als Geschichte von zwei Migrantenschicksalen gelesen werden. Auf der einen Seite die Medizinstudentin, für deren Ausbildung die ganze Familie von Bihar in die Hauptstadt umgesiedelt ist, sodass ihr mit dem Bildungssprung der Tochter auch der Sprung aus der Armut gelingt. Auf der anderen Seite junge Männer, bereits als Kinder von der Armut allein in die Stadt vertrieben, ohne Ausbildung, ohne soziales Netz, ohne Heim oder Familie. Keine Sozialbehörde kümmert sich um sie, sie müssen ihre Arbeitskraft täglich neu verkaufen und sind Schikanen von Arbeitgebern und Polizei ausgeliefert. Der bestialische Gewaltausbruch gegen die junge Frau kann auch als Aggressionsakt gegen eine Person gelesen werden, die den gesellschaftlichen Aufstieg geschafft hatte und die dafür büßen musste.

E pluribus unum lautet der Wappenspruch der USA. Er könnte auch jener Indiens sein. Doch ist die Balance zwischen Einheit und Vielheit weiterhin intakt? Es gibt Stimmen, die behaupten, der entsprechende Wahlspruch müsse für Indien *E pluribus plurum* heißen: Aus der Vielheit der Bundesländer ist nicht eine Union gewachsen, sondern ein vielfältiges Ganzes, eine Integration ohne Einheit.

Der Kultursoziologe Ashis Nandy hat dafür eine einprägsame Metapher gewählt. Indien sei nicht ein amerikanischer *Melting Pot*, sondern eine *Salad Bowl* – ein gemischter Salat. Darin behalten die Formen, Farben und Gerüche der verschiedenen Sorten ihre Textur, vereint nur durch das Geschmacks- und Gleitmittel der Salatsauce, die vielfältigen Formen des Austauschs von Gütern, Wissen, Geld, bis hin zu Kinobildern.

Auf dem indischen Tisch findet man allerdings keinen gemischten Salat. Ein treffenderer Vergleich wäre daher das Thali, der metallene runde Teller, mit dem viele Regionalküchen ihre variationsreichen Speisen präsentieren. Am Rand sind kleine Metallschüsseln aufgereiht, gefüllt mit gekochten Gemüsesorten und Saucen. In der Mitte gibt es Tupfer von Gewürzen, dann ein Berg von Reis, begleitet von Fladenbroten und Salzgebäck.

Je nach Region hat das Thali unterschiedliche Zutaten – hier mit Fleisch, dort mit gesüßten Fladen, einer jeweils anderen Auswahl an Chutneys. Sie sind so vielfältig wie die Regionen, Religionen, Kasten, Klimazonen. Und sie geben auch den individuellen Vorlieben der Esser Spielraum. Jeder lässt sich gewisse Zutaten nachreichen, weist andere zurück. Und mit der rechten Hand mischt jeder Esser verschiedene Kombinationen zusammen. Was dann mit der kleinen Schaufelbewegung der Finger zum Mund geführt wird, ist höchst individuell – und dennoch typisch.

Religion: Das Offene Buch Gottes

In den Reisfeldern am Rande meines Dorfs liegt ein stallähnliches Gebäude – vier fensterlose Wände, angegraut vom Monsun, ein einfaches Blechdach, der Eingang ohne Tür. Der Boden des dunklen Raums ist eine Mischung aus Humus und Dung, wie sie in vielen Wohnhütten zu sehen ist. Zuhinterst flackert ein Öllämpchen, eine Muschel liegt daneben, dahinter eine kleines rahmenloses Bild, die billige Darstellung eines Gottes.

Ich komme oft an diesem Tempel vorbei, schaue durch die Öffnung ins Innere. Immer flackert im Dunklen das kleine Öllicht. Ich sehe aber fast nie einen Menschen. Nur einmal traf ich einen jungen Mann, der den Boden wischte. Er erklärte mir, dies sei sein Familientempel zu Ehren seines Gottes Datta und fügte erläuternd hinzu: »Weißt du, ein Avatar von Vishnu.«

Der Vishnu-Stalltempel erhielt von mir die Nummer 1, als ich beschloss, all die Dorftempel aufzulisten, an denen ich immer mal wieder vorbeikam. Inzwischen bin ich bei 18 Tempeln angekommen, nicht schlecht für eine Gemeinde mit etwa 350 Haushalten und einer Bevölkerung von rund 1700 Menschen. Die Zahl ist variabel, nicht nur, weil ich immer wieder andere unbekannte Tempel entdecke, sondern weil auch weitere neue gebaut werden – allein vier in den sechs Jahren, seitdem ich hier hergezogen bin.

Die meisten sind nicht Vishnu alias Datta gewidmet. Sandeep Pathak ist, wie er mir gleich zu Beginn unseres ersten Treffens stolz erklärte, ein Brahmane, und damit in eine Kaste hineingeboren, die eine der Hochgottheiten des Hinduismus verehrt. Doch die Auswahl ist groß – schon die klassischen Texte reden von 333 Millionen Göttern. Die 18 Tempel von Awas haben neben

Vishnu und Shiva (in mehreren Inkarnationen) die Schlangengöttin Nageshwari als Schutzpatronin sowie weitere populäre Gottheiten, den Elefantengott Ganesh etwa oder Hanuman, den Feldherrn der Affen im Ramayana-Epos.

Es gibt eine Lokalgottheit namens Kalbareshwari, es gibt Familiengötter, sodann den vielverehrten Mystiker Sai Baba von Shirdi. Unser Hausangestellter Viraj Vakhre hat auch einen Familiengott. Er heißt Yeshwant und wird nur in einem grob behauenen Stein dargestellt. Seit Kurzem ist er in einem neuen kleinen Tempel untergebracht. Die Familie hat Land verkauft und so genug Geld, um dem Hausgott endlich eine Bleibe zu verschaffen. »Das eigentliche Heiligtum befindet sich unter dem Boden«, sagte mir Virajs Frau Amita, »ein Ring aus Steinen in verschiedenen Größen und Formen«. Beide haben keine Ahnung, was die Symbolik bedeutet.

Wenn ich noch die kleinen Schreine hinzuzähle und die vielen mit Shivas Dreizack besetzten Nischen zwischen den Bodenwurzeln von Pipalbäumen, steigt die Zahl der Tempel auf mehrere Dutzend. Je weniger menschengemacht die Architektur – Steine, Grotten, Bäume –, desto mehr verlieren auch die Gottheiten ihre anthropomorphe Gestalt.

Selbst die offenen Zelte der Wanderarbeiter haben ihren eigenen kleinen Schrein. Eines Tages schaute ich mir einen an. Er bestand aus vier kurzen Gerten, an denen seitlich die Blattfächer einer Stechpalme festgemacht waren. Ein verblasstes rotes Baumwolltuch war darüber gespannt mit dem kreisrunden Aufdruck kleiner Kühe. Unter dem Tuchfetzen lagen drei Ziegel, darauf ein faustgroßer Stein, karmesinrot betupft, umringt von abgebrannten Räucherstäbchen und einigen verstreuten Reiskörnern.

Die religiöse Geografie meines Dorfs ließe sich vieltausendfach um die Dörfer, Slums und städtischen Quartiere Indiens multiplizieren, mit ebenso vielen Varianten und Konstanten. Sie entspricht dem Klischee, das sich Indienbesucher schon immer von diesem Land und seiner Gesellschaft gemacht haben: eine Kultur, in der alles – der Lebensalltag, die Natur, Kindergeschichten, Fabrikeröffnungen, Architektur, Kunst, selbst der offiziell säkulare Staat – von sakralen Gesten und Formen durchtränkt ist.

Exemplarisch war für mich die Begegnung mit einem Zimmermann, Jeevan Suthar. Er gehört zu den Handwerkern, die der Architekt Bijoy Jain aus verschiedenen Regionen Indiens nach Alibagh geholt hat, dem Hauptort des Bezirks, in dem auch mein Wohndorf Awas liegt. Jain ist ein international bekannter Architekt, der die Handwerker aktiv in seine Arbeit einbezieht. Suthars Kaste, deren Mitglieder Holz bearbeiten, kommt aus Rajasthan. Alle seine männlichen Verwandten sind Schreiner und Zimmerleute, geheiratet wird nur innerhalb der Kaste.

Als ich Suthar einmal beim Hobeln einer Holzplatte zuschaute, bemerkte ich einen roten Punkt auf der Platte. Auf meine Frage hin erklärte er mir, dass er seine Arbeit immer mit einer Puja-Zeremonie beginne. Ich erinnerte mich an einen Ausspruch von ihm (in einem Buch über Jain): »In seiner Großmut opfert sich der Baum für uns. Wir müssen diesem Opfer unsere Anerkennung erweisen. Wenn du geboren wirst, liegst du in einem Holzbett, wenn du stirbst, verbrennst du auf einem Scheiterhaufen.« Die Arbeit am Holz ist eine Bitte um Vergebung, »eine Art Erlösung« von Schuld. Ich fragte ihn nach seiner Lieblingsgottheit. »Vishwakarma«, sagte er ohne Zögern, der Gott aller Handwerker. »Er ist unser Urvater, wir Suthars stammen alle von ihm ab.«

Diesem »magischen Denken« begegnet man in Indien auf Schritt und Tritt. Stellvertretend sei hier das Erlebnis erwähnt, das der englische Bühnenregisseur Peter Brook in seiner Autobiografie *Threads of Time* erzählt. Seine Theatertruppe befand sich für die Ausarbeitung einer Mahabharata-Inszenierung auf einer Indienreise. Im südindischen Madurai hatte Brook das Ensemble in ein Wäldchen außerhalb der Stadt geführt, um ein paar Szenen zu proben. Sie fanden eine Lichtung, und einige Schauspieler häuften in der Mitte einige Äste und Blattwerk auf, um dem leeren Platz einen informellen Mittelpunkt zu geben.

Während einer Pause, als sie im Schatten der Bäume rasteten, sahen sie plötzlich eine alte Frau auf den Platz treten. Sie hatte wahrscheinlich im Wald Brennholz gesammelt, war plötzlich gewahr geworden, dass mitten auf dem Platz etwas stand. Sie ging darauf zu, verneigte sich und begann zu beten. Dann nahm sie ihr Bündel wieder auf und ging ihres Wegs. Für Brook war das Erlebnis eine Epiphanie. Er war tief berührt von dem Glauben, der einem »leblosen« Ding wie dem gesammelten Reisig eine beseelte Natur zusprach und den umgebenden Raum sakral auflud.

Einem Hindu ist potenziell alles heilig, es sei geradezu ein Definitionsmerkmal dieser Religion, sagen Indologen, dass sie im Unterschied zu den meisten Weltreligionen keiner einheitlichen Doktrin unterliegt und damit auch keiner Autorität oder Institution, die sie überwacht. Der Hinduismus, sagt der Indologe Jonardon Ganeri, ist polyzentrisch: »Die Essenz des Hinduismus ist, dass er keine Essenz hat. [...] Und da ihm ein einheitliches Zentrum fehlt, gibt es auch keine Peripherie.« Jede Religion könne im Prinzip im Hinduismus Aufnahme finden.

Selbst der Begriff »Hinduismus« ist, wie bereits erwähnt, ein behelfsmäßiges Konstrukt aus dem 19. Jahrhundert. Es wurde, wie »Hindu« und »Hindustan«, vom griechischen Historiker Herodot übernommen, der damit im 5. Jahrhundert vor Christus die Völker jenseits des Indus-Stroms bezeichnet hat.

Was beschreibt einen gläubigen Hindu? Die amerikanische Indologin Wendy Doniger flüchtet sich in das geometrische Muster eines Venn-Diagramms, um ihn irgendwie in den Griff zu bekommen. Es ist eine Reihe von Kreisen, die sich teilweise überlappen, teilweise gar nicht berühren: rituelle Praktiken, ein geografisches Einzugsgebiet, das Kastenwesen, Essgewohnheiten, Glaube an Wiedergeburt, Ablehnung von Tieropfern. Aber kein Kreis umfängt alle anderen. Und so gibt es hinduistische Befürworter und Gegner des Vegetarismus, Verfechter und Kritiker der Idee der Wiedergeburt, Anhänger und Gegner von Tieropfern, atheistische, polytheistische, monotheistische Hindus.

Die ersten möglichen Glaubensformen gehen über 3500 Jahre zurück. Bereits die älteste Schrift, der Rig-Veda, stellt mehr Fragen, als sie endgültige Antworten gibt, etwa jene über die Erschaffung des Universums: Woher kam es? Wer weiß es wirklich? Die Götter kamen später, mit der Schöpfung. Wer also weiß, wie es entstanden ist? Vielleicht hat es sich selbst geformt, vielleicht nicht. Jener, der auf sie hinunterschaut, aus dem höchsten Himmel, nur er weiß es. Oder vielleicht weiß auch er es nicht. Wen wundert es da, dass sich in der Geschichtensammlung der Puranas, der Heiligen Schrift des Hinduismus, sogar die Götter in die Haare geraten. Brahma und Vishnu fechten einen regelrechten Wortkrieg darüber aus, wer nun der Höchste sei.

Es ist viel einfacher zu sagen, was der Hinduismus nicht ist. Er ist keine Offenbarungsreligion wie das Judentum, das Christentum oder der Islam. Zeit und Ewigkeit sind keine Oppositionsbegriffe, wie überhaupt alles Dualistische dem Hinduismus fremd ist. Der menschlichen Geschichte fehlen daher ein Anfang und ein Ende und damit auch eine Linearität und Zielrichtung. Es gibt Himmel und Hölle, aber die guten Menschen beginnen ihren Weg nach dem Tod in der Hölle, während die Bösen zuerst einmal den Himmel kosten dürfen, bevor sie im Feuer schmoren.

Die alte vedische Weisheit »Gott ist Eins, die Weisen geben ihm verschiedene Namen« gilt nicht nur für andere Religionen. Sie ist auch unter den einfachen Gläubigen meines Dorfs gültig. Im formlosen Steinbild von Yeshwant, Viraj Vakhres Hausgott, erkannte ein anderer Dorfbewohner den Elefantengott Ganesha, und als Lokalgottheit Kalbareshwari präsentierten mir drei Leute drei verschiedene Gottheiten.

Bei so viel fröhlichem Durcheinander ist es gut, auch mit Begriffen von Frömmigkeit und religiöser Inbrunst vorsichtig umzugehen. Trotz der vielen Tempel in meinem Dorf habe ich nie das Gefühl, dass die Leute besonders fromm oder gar weltabgewandt sind. Die Tempel sind meistens ebenso leer wie heutzutage die Kirchen in Europa. Es gibt außer den großen Festen keine regelmäßigen Puja-»Gottesdienste«, jeder entscheidet frei, ob und wann er in den Tempel geht. Amita, unsere Köchin, jung und intelligent, sagt, sie gehe in den Tempel, wenn sie das Bedürfnis dazu habe, mit Ritualen könne sie wenig anfangen, Prozessionen sind ihr ein Gräuel.

Der außerordentliche Individualismus dieser Religion findet – abgesehen von der Kastenstruktur – seine soziale Kohäsion in den zahlreichen Festen, die das Dorf das Jahr hindurch feiert, unterbrochen nur durch die dunkle Zeit der Monsunmonate von Juni bis September. Noch bevor die Regenmonate vorbei sind, im August schon, wird im Dorf ein Lichterfest gefeiert. Alle Beleuchtungskörper, von Kerosinlaternen bis zu LED-Taschenlampen, werden gereinigt, über jeder elektrischen Birne wird an der Wand ein Tupfer von zinnoberrotem Kumkum-Pulver angebracht, Gebete werden gesprochen, Blumenknospen in den Sockel einer Lampe geklemmt.

Im September folgt das Ganesh-Fest. Farbig bemalte Statuen des Elefantengottes aus gebrannter Tonerde, von daumengroß bis übermannshoch, werden zu Hause und an öffentlichen Plätzen aufgestellt und verehrt, bevor man sie am siebten Tag im Meer oder im Dorfteich versenkt. Dazwischen liegt das Fest des Handwerkergotts Vishwakarma, an dem für alle Utensilien, vom Schraubenzieher bis zum Taxi, eine Puja gefeiert wird.

Bald darauf folgt dann das neuntägige Dassehra-Fest, das im Erlegen des Büffeldämonen Mahish-Asura durch die Göttin Durga endet. Manchmal ist sie eine Lichtgottheit, die das Böse in Gestalt des Büffels vernichtet, dann wieder eine Todesgöttin, in jeder ihrer vielen Hände eine Waffe, die auf einer männlichen Leiche einen Tanz vollführt und die Schädel ihrer Opfer wie Perlen zu einer Halskette formt.

So folgt ein Fest nach dem anderen, mit dem Neujahrsfest Diwali als Höhepunkt. Nach Neujahr stehen die Winterfeste an, die in Mahashivratri gipfeln, dem Hochzeitsfest Shivas mit Parvati. Dann kommt die Feier des Frühlings mit Gudi Padwa, dem ersten

Tag des wachsenden Monds. Es folgt Baisakhi, in dem das Einbringen der Winterernte gefeiert wird, dann Holi, bei dem – einmal im Jahr – alle sozialen Schranken aufgehoben sind. Ein Bettler oder Küchenjunge darf selbst einem Maharadscha oder Minister Farbpulver übers Gesicht schmieren und ihn umarmen. Allein für den Monat März habe ich im Hindu-Kalender neun Feiertage ausgemacht.

Kann sich solch ein Brauchtum mit seinen zahlreichen ländlichen Bezügen im modernen Umfeld einer Großstadt noch halten? Für eine Prokuristin oder einen Polizeibeamten hätten so viele Urlaubsgesuche zweifellos die Kündigung zur Folge. Doch es genügt ein Blick auf die zahllosen Gesichter, die am Morgen aus der Churchgate Station des Bahnhofs in Mumbai strömen, um an dem simplen Farbtupfer auf der Stirn *(Tika)*, die winzigen modischen Aufkleber nicht eingerechnet, zu erkennen, dass die religiösen Rituale immer noch fest verankert sind.

Die *Tika* sind Zeugnisse einer kurzen religiösen Handlung – vor dem Weggehen von zu Hause, beim Vorbeigehen an einem Schrein, durch die Hand eines Bettelmönchs am Straßenrand. Börsenmakler kommen auf dem Weg zur Bombay Stock Exchange an einer Kuh vorbei, die ein spiritueller Makler dort festbindet. Für zehn Rupien können sie der Kuh eine der vorbereiteten Kugeln aus Zucker und Weizen ins Maul schieben. Sie wird für sein Anliegen, einen erfolgreichen Börsentag etwa, ein paar Gebete wiederkäuen.

Andere vielbeschäftigte *Bombaywallahs* sind schon beim Morgengrauen im Siddhivinayak-Tempel zu finden, oft nur mit einem weißen Hüft- und Schultertuch bekleidet, und niemand würde darunter etwa einen Investmentbanker vermuten. Da jeder Tempelbesucher einen Obolus locker macht – der Hinduismus zeigt keine pekuniäre Berührungsangst – ist Siddhivinayak inzwischen zur zweitreichsten Gebetsstätte des Landes aufgestiegen. Nur der Pilgerort Tirupati in Südindien ist noch reicher, dank dem radikalen Haarschnitt, dem sich jeder Pilger dort unterzieht.

Der Haarverkauf bringt dem Tempelunternehmen täglich rund 300 000 Euro ein.

Für ein befreundetes Ehepaar, Neeru und Pradip, das in einem Hochhaus in der Nähe des Siddhivinayak-Tempels wohnt, wird jede Nacht vor Dienstag – dem traditionellen Sonntag der Hindus – zur unfreiwilligen Nachtwache. Schon am Montagabend bildet sich eine Menschenschlange, die bis um drei Uhr früh, wenn der Tempel seine Tore öffnet, auf über einen Kilometer angewachsen ist. Um sie alle zu erreichen, dröhnen die Lautsprecher des Tempels durch das ganze Quartier. Auch für Gott gilt eigentlich das Lärmschutzgesetz, denn in der Jurisprudenz ist Gott ein Rechtssubjekt, das angeklagt werden kann.

Für Pradip sind solche Praktiken nicht Glauben, sondern Aberglauben: »Statt Hingabe zu einem Gott demonstrieren sie Angst vor ihm.« Er erzählt sarkastisch von Nachbarn, für die die Astrologie zu einem Spinnennetz von Geboten und Verboten geworden ist. »Sogar das Haus verlassen sie nur, wenn sie sicher sind, dass die Konstellation günstig ist. Sie konsultieren täglich den Hindu-Kalender, ob sich die Gestirne im ›grünen Bereich‹ befinden, im blauen, roten oder gar schwarzen.«

Auf dem Land sind Rituale oft noch eingebettet in eine religiös verankerte Arbeits- und Lebenswelt, wie etwa beim Zimmermann Suthar. Städter kompensieren die Schwächung ihres religiösen Sinnhorizonts mit einem strikt befolgten Ritualismus. Ein Beispiel ist das Fest von Karvachoth, bei dem die Ehefrau für ihren Gatten einen Tag lang fastet und betet. Bei Nachteinbruch geht sie ins Freie, mit einer Schüssel voll Wasser und einem Sieb bewaffnet, und erwartet das Erscheinen des Monds. Sobald sich dieser durch das Sieb hindurch im Wasser spiegelt, ist der Bann gebrochen – des Gatten Lebensgarantie ist gewährleistet, Süßigkeiten werden verteilt, es wird gesungen. Ich erinnere mich aber auch an Ehepaare in Delhi, die befürchteten, das Aufgehen des Monds zu verpassen, weil sie in einer dichtbebauten Wohnsiedlung lebten. Sie nahmen Schüssel und Sieb, setzten sich auf den

Motorroller, fuhren zur nächstgelegenen Straßenüberführung und warteten im vorbeitosenden Verkehr auf den Mond.

Ähnliches lässt sich von der Tradition der Gurus oder spirituellen Lehrer sagen. Viele Mittelklasse-Inder pflegen sie weiter, wobei Pilgerschaft und Urlaub oft zusammenfallen. Ein Freund aus Delhi fährt jedes Jahr mit alten Schulkollegen nach Coimbatore in Südindien zu Jaggi Vasudev, einem Guru. Der Aschram ist eine riesige kuppelförmige Meditationshalle, umgeben von Gästebungalows, Spazierwegen und Teichen, mitten in einem verschwenderisch angelegten Park. Für umgerechnet 1000 Euro können sich die sechs Ehepaare dort drei Tage lang entspannen, ein bisschen meditieren und dem Guru zuhören.

Gurus wie Jaggi, Sathya Sai Baba, SriSri Ravishankar oder Amritanandamayi haben ihr »Geschäftsmodell« der zunehmenden Globalisierung und Säkularisierung des städtischen Lebens angepasst. Sie haben bemerkt, dass es ihren Kunden oft weniger um spirituelle Erleuchtung geht als um praktische Lebenshilfe – was ja durchaus legitim ist.

Die Anonymität des urbanen Umfelds, neue Sozialformen, namentlich die Kleinfamilie, und neuartige Arbeitsbeziehungen treffen viele Mittelklasse-Inder oft unvorbereitet. In den Strukturformen einer Großfamilie aufgewachsen, dazu in einer konsumfeindlichen staatlichen Wirtschaft groß geworden und ohne die religiösen Koordinaten bei der Gestaltung ihres Alltags, suchen sie Hilfe bei den spirituellen Lehrern. Jaggi Vasudev predigt nicht Askese und Kasteiung. Er selbst ist ein Bewegungsfreak, joggt, spielt Fußball, ist ein Motorrad- und Sportwagenfahrer. In einem Interview bekannte er, wenn er mit seinem Porsche Cayenne von Coimbatore nach Bangalore fahre, nehme er oft Klienten mit und gebe ihnen während der Fahrt spirituelle Unterweisungen.

Auch die charismatische »Mutter« Amma, Mata Amritanandamayi in Kerala macht weit mehr, als einfach nur Menschen zu umarmen. Ihre Unterweisungen berühren Fragen aus dem Alltag ihrer Zuhörer – Beziehungsprobleme, der richtige Umgang am

Arbeitsplatz, Kindererziehung, Konsumgenuss. Die Umarmung wird dann zu einer spirituellen Energieladung, die das Gehörte emotional festigt. Sie ist der Link zur täglichen kurzen Meditation, die den mütterlichen Segen aktualisiert und eine innere Distanz erlaubt zu den Problemen, die von überallher eindringen.

Traditionelle Pilgerorte wie Varanasi sind weiterhin ein Anziehungspunkt, aber die Zusammensetzung der Pilger hat sich verändert. Viele städtische Inder – inzwischen ein Drittel der Bevölkerung – ziehen es wie meine Freunde aus Delhi vor, mit einem Billigflug einen Aschram zu besuchen. Die Pilgerscharen am Ganges zeigen immer deutlicher ein ländliches – und ein alterndes – Gesicht. Wer zu Hause in Delhi nur noch bakterienfreies Mineralwasser trinkt, traut dem Wunder des Überlebens nach einem Schluck *Gangajal* nicht mehr so ganz.

Indien ist nicht nur die Geburtsstätte von drei Weltreligionen, sondern auch ein Land, das anderen Religionen Gastrecht eingeräumt hat. Als ich 2008 nach Awas zog, entdeckte ich eines Tages im Gebüsch ein paar Steinplatten, die kreuz und quer über den Boden verstreut lagen. Beim Säubern der Oberfläche sah ich, dass es jüdische Grabsteine waren. Neugierig geworden, erfuhr ich, dass die Region Alibagh ein Siedlungsgebiet der Bene Israel, der Söhne Israels, ist, die nach eigenem Verständnis im dritten Jahrhundert vor unserer Zeitrechnung an dieser Küste gelandet waren.

In der Folge stieß ich auf zahlreiche Zeugnisse ihrer Präsenz – leere Dorfsynagogen, Grabstätten, mündliche Äußerungen. Sie bestätigten, dass die Sanwar Telis vor nicht allzu langer Zeit ein fester Bestandteil der Dorfgemeinschaften gewesen sind. Sanwar heißt Samstag und bezieht sich auf den Sabbat, Teli ist die Bezeichnung für Ölpresser, die traditionelle Beschäftigung der Bene Israel in Alibagh. Heute leben hier nur noch eine Handvoll jüdischer Familien, erklärte mir Rifka Israel, eine befreundete Journalistin. Der Grund sei nicht eine Verfolgung gewesen, sondern die

Migration nach Israel. »Indien ist das einzige Land der Welt, in dem die Juden nie verfolgt worden sind.«

Diese religiöse Toleranz ist verständlich bei einer kaum kodifizierten Religion und der Vielzahl religiöser Ausdrucksformen. Wenn Heterodoxie ein Wesensmerkmal des Glaubens ist, fällt es leichter, andere Glaubensformen zu akzeptieren oder sie gar zu vereinnahmen, etwa wenn Gautama Buddha – und in manchen Volkstraditionen auch Jesus Christus – als Avatar von Vishnu verehrt wird.

Doch die Toleranz einer Ideologie bleibt nur erhalten, solange sie sich durch eine andere nicht gefährdet sieht. Im Fall des Häufchens von Bene Israel war dies nicht der Fall, auch nicht bei den Parsen, den Anhängern der altpersischen Zarathustra-Religion. Anders ist es beim Christentum und Islam. Diese kamen – sieht man von den Thomas-Christen und arabischen Seefahrern und Händlern ab – als Teil von Eroberungsmächten ins Land, der Islam ab dem 12. Jahrhundert, das Christentum mit den Portugiesen, Holländern, Dänen, Franzosen und Engländern ab dem 16. Jahrhundert.

Islam und Christentum traten als allein seligmachende Religionen auf. Sie kamen mit dem Auftrag, Andersgläubige zu bekehren, wenn nötig mit dem Schwert. Es gab Ausnahmen: Die Engländer zogen zeitweise den Kommerz der Bekehrung vor und verboten die Missionierung. Auch der Mogulkaiser Akbar verband sufistisches Gedankengut mit der Idee einer einzigen Weltreligion, die alle anderen zu einer Synthese verbinden würde. Doch für das kollektive Gedächtnis der Hindus sind Intoleranz und Dialogverweigerung das Hauptmerkmal dieser Religionen.

Erst im 19. Jahrhundert regte sich in der Hindu-Gesellschaft ein erster ideologischer Widerstand, der politische und religiöse Unterdrückung vermengte. Er begann als religiöse Reformbewegung, doch schlossen sich auch Forderungen nach politischen Rechten an. In der Gründung der Kongresspartei kristallisierte sich eine säkulare politische Ideologie.

Im Schatten dieser Bewegung westlich orientierter Eliten in Kalkutta und Bombay entwickelte sich aus der religiösen Reformbewegung eine, die den Hinduismus als zentralen Bezugspunkt beibehielt. Die neue Nation sollte nicht eine westliche Nachbildung werden. Vielmehr sollte eine neue Zivilisation, gereinigt von Aberglauben und rückständigen Bräuchen, die Grundlage für einen religiös geprägten, aber durchaus modernen Staat bilden. Als der Unabhängigkeitskampf nach der Rückkehr Gandhis aus Südafrika verstärkte, entwickelten sich die beiden Bewegungen immer mehr auseinander.

Gandhi und Nehru verfochten die Idee einer säkularen Nation, in der alle Religionen gleichberechtigt nebeneinander stehen und in der demokratische Institutionen die Minderheiten vor dem Übergewicht der Hindu-Mehrheit schützen. Nehru war Agnostiker, der mit Religion wenig anfangen konnte, Gandhi überzeugter Hindu. Er leitete die politische Strategie der Gewaltlosigkeit aus dem hinduistischen Konzept der »Ahimsa« ab und war überzeugt, dass der Hinduismus allen Glaubensgemeinschaften einen sicheren Hort gab. Beide waren aber überzeugt, dass sich der Staat allen religiösen Praktiken fernhalten muss.

Die Verfechter der Hindutva erkannten diese Trennung von Staat und Gesellschaft nicht an. Für die 1924 gegründete Hindu Mahasabha war der Hinduismus mehr als eine Religion, er war eine Lebensform, integriert in die Struktur der Kasten, von Ehe und Familie, Essen und Wohnen, Wissenschaft und Politik. Eine Hindu-Ggesellschaft habe daher das Recht auf ihre eigene Staatsform. Toleranz als Staatsprinzip sei gut und richtig, aber nur gegenüber Religionsgruppen, die selber Toleranz ausübten. Christentum und Islam, das hätten die tausend Jahre Unterdrückung gezeigt, seien intolerante Religionen. Christen und Muslime, so der Hindu-Ideologe M. L. Golwalkar, seien in Indien nur willkommen, wenn sie den Hinduismus als dominierende Leitkultur akzeptierten.

Golwalkar war der Führer einer 1926 gegründeten Organisation namens Nationale Freiwilligen-Organisation oder RSS

(Rashtriya Swayamsevak Sangh), einer Abspaltung der Hindu Mahasabha. Golwalkar gelang es zunächst nicht, sich gegen Gandhis überragende Präsenz Gehör zu verschaffen. Auch nach 1947 war er zunächst unbedeutend, nicht zuletzt weil einer der Mörder Gandhis ein ehemaliges RSS-Mitglied war.

Der RSS wurde verboten. Doch er nutzte diese Illegalität, um ein ganzes Netz von Tarnorganisationen aufzubauen, die alle Lebensbereiche abdecken – Sanghs, Organisationen für Frauen, Jugendliche, Senioren, pensionierte Armeeangehörige, Arbeiter, Künstler, Ureinwohner, Akademiker, Sportler, auch Schlägergruppen gehören dazu. Der politische Zweig des Hindu-Nationalismus ist die Indische Volkspartei BJP (Bharatiya Janata Party).

Alle sind untereinander verbunden durch die gemeinsame Ideologie einer Hindu-Nation, der Stärkung des Nationalcharakters und der Abwehr ausländischer Einflüsse. Ihre Mitgliedschaften überlappen sich und werden durch informelle Kanäle von Nagpur aus kontrolliert, der zentralindischen Stadt, die seit der Gründung Hauptquartier des RSS ist. Lediglich Kastenorganisationen sucht man im RSS vergebens. Obwohl der RSS der Kastenordnung nie ganz abgeschworen hat (und immer noch von hohen Kasten dominiert wird), plädiert er heute für die Abschaffung des Kastenwesens, weil es die Hindus zersplittert und gegenüber den monotheistischen Religionen Islam und Christentum geschwächt hat.

Indiens neuer Regierungschef Narendra Modi war während vieler Jahre RSS-Mitglied, bevor er vom Verband in der BJP platziert wurde, wie dies bei zahlreichen Spitzenpolitikern der BJP getan wurde. Modi hat wiederholt erklärt, Swami Vivekananda, der Schüler des Mystikers Ramakrishna, sei sein wichtigstes Vorbild. Vivekananda plädierte für eine selbstbewusste, starke Hindu-Nation. Aber die religiöse Essenz des Hinduismus lag für ihn in der Toleranz unzähliger Glaubensformen. »Ich akzeptiere alle Religionen der Vergangenheit, und ich feiere Gott in jeder von ihnen«, schrieb er. »Kann das Buch Gottes je ein Ende haben?«, fuhr er fort. »Muss es nicht eine fortwährende Offenbarung bleiben? Unterschiede sind das erste Zeichen von Denktätigkeit. Ich bete, dass sich Sekten ständig vermehren, bis es am Ende so viele Sekten gibt wie Menschen.«

Das Bild des Buches weckt Assoziationen mit Islam und Christentum. Gerade für Hindus definieren sich beide Religionen wesentlich als »Religionen des Buchs«, weil das genau dies ist, was den Hindus fehlt. Zwar kennt auch der Hinduismus mit den Veden und Upanischaden seine »Heiligen Schriften«. Aber deren Inhalt verweigert sich grundsätzlich einer Kodifizierung von religiösen Geboten und Verboten. Vivekanandas außerordentliche Metapher von Gott als einem »offenen Buch«, das sich immerzu fortschreibt, verbindet die Offenheit des hinduistischen Glaubens mit der Tradition der Kodifizierung in den semitischen Religionen.

Weit voraus ist Vivekananda der Hindutva-Bewegung in seiner Anerkennung der Sozialphilosophie von Islam und Christentum. Er gehörte nicht zu jenen, die in der großen muslimischen Bevölkerung des Subkontinents nur Nachfahren der Eroberer und von Zwangsbekehrten sah. Die Anziehungskraft von Christentum und Islam liege auch in ihrem Bekenntnis zur grundlegenden Gleichheit aller Menschen. Im Gegensatz dazu sei Indien auch deshalb eine leichte Beute fremder Religionen geworden, weil es Ungleichheit und soziale Indifferenz wenn nicht gepredigt, so doch praktiziert hatte. Dies sei ein wichtiger Grund für den Niedergang der indischen Kultur und Gesellschaft.

Die große Zahl muslimischer Inder – etwa im Gegensatz zu den Christen – kann darauf zurückgeführt werden, dass der Islam nicht nur als Eroberungsideologie in den Subkontinent kam. Mit ihm kamen auch die islamischen mystischen Sekten der Sufis, sie selber oft Verfolgte ihrer eigenen radikalen Glaubensgenossen in Persien und auf der arabischen Halbinsel.

In Indien stießen die Sufis auf Glaubensformen wie den Bhakti-Kult, der einen ähnlichen schwärmerischen Gottesglauben pflegte. Die Ausdrucksformen dieser mystischen Gottesliebe – Liebeslyrik, Gesang, Tanz, Instrumentalmusik – führten zu einer

Ausformung hybrider Stilformen. Da beiden Kulten auch ein Element der Auflösung sozialer Schranken eigen ist, konnten muslimische Sänger und Musikanten oft in Tempelzeremonien auftreten. Andersherum fanden traditionelle indische Instrumente wie die Sitar in muslimische Veranstaltungen Eingang.

Eine ähnliche gegenseitige Beeinflussung lässt sich im Urdu feststellen, eine der Sprachen der indischen und pakistanischen Muslime. Urdu hatte sich aus der Soldatensprache entwickelt, wie es die Etymologie des Worts nahelegt (Urdu ist mit dem deutschen Wort »Horde« verwandt, und beide stammen aus dem mongolischen Ausdruck für Militärzelt). Aber die Sprache mit ihren zahlreichen arabischen Wörtern und der persischen Schrift entwickelte sich zu einer literarischen Hochsprache. Sowohl in Rhetorik als auch in Poesie war Urdu die bevorzugte Ausdrucksform für Hindus wie für Muslime.

Die Teilung des Landes in zwei Staaten, mit Pakistan als dem Land, das den Islam als seine nationale Ideologie beanspruchte, hat dieses kulturelle Gleichgewicht nachhaltig gestört. Die Schrumpfung des Bevölkerungsanteils auf 13 Prozent – statt 35 vor der Teilung – hat nicht nur politische Folgen, sondern auch kulturelle. Dies gilt umso mehr, seit ein Großteil der traditionellen muslimischen Eliten nach Pakistan ausgewandert ist. Den Zurückgebliebenen fehlte damit eine Führungsschicht, die den Modernisierungsprozess hätte weiterführen können. Der Status als Minderheit in einem Meer von Hindus hat die konservativen Reflexe verhärtet und Sozialreformen verhindert. Zur kulturellen Verarmung gesellte sich die ökonomische. Große Teile der indischen Muslime gehören heute zum ärmsten Bevölkerungssegment der indischen Gesellschaft, von dem nur noch wenige kulturelle Impulse ausgehen.

Kaste: Schutz und Stigma

Am 20. März 1927 fand in der Kleinstadt Mahad, etwa 200 Kilometer südlich von Mumbai, eine Versammlung des Kongresses der Entrechteten statt, einer Organisation, die Bhim Rao (»Babasaheb«) Ambedkar ins Leben gerufen hatte. Ambedkar war der aufstrebende Anführer der Mahars, einer Unterkaste der Dalits, der »Unberührbaren« in der sozialen Rangordnung der Hindu-Gesellschaft. Viele Mahars stammten aus der Region von Mahad und arbeiteten in den Textilfabriken von Mumbai.

In der relativen sozialen Anonymität der Industriemetropole war die soziale Ausgrenzung weniger extrem als auf dem Land. Dieser Unterschied schärfte bei den Dalit-Arbeitern den Blick für die anhaltende Diskriminierung zu Hause. Eine große Gruppe von Mahars begleitete Ambedkar, als dieser am Ende der Tagung zu dem großen Wasserbecken mitten im Brahmanen-Quartier hinunterstieg. Dort nahm er eine Handvoll Wasser und trank es, woraufhin mehrere hundert Dalits es ihm nachmachten.

Diese kleine Geste war eine ungeheure Herausforderung. Gemäß dem hierarchischen Prinzip der Kasten – hier die brahmanische Reinheit, dort die angeborene »Verschmutztheit« der Unberührbaren – war jeder direkte oder indirekte Kontakt zwischen beiden ein blasphemischer Akt. Bei der Nachricht von Ambedkars Sakrileg rotteten sich Vertreter der hohen Kasten zusammen. Sie zogen zur Hüttensiedlung der Dalits, schlugen alles kurz und klein und steckten den Slum in Brand. Der Teich wurde als »unberührbar« erklärt. Erst Wochen später stellte eine große brahmanische Reinigungszeremonie seinen reinen Status wieder her.

Doch das Tabu war gebrochen. Ambedkars Kriegserklärung gegen das Kastenwesen löste in ganz Indien ein gewaltiges Echo aus. 23 Jahre später war es so weit: In der Verfassung des neuen Staats wurde das Kastenwesen formell geächtet.

Heute kennen nur noch die Dalits die historische Bedeutung von Mahad. Der Mumbai-Goa-Highway macht einen großen Bogen um das Städtchen, und so tut es das ganze Land. Mahad sieht so verschlafen aus wie vor hundert Jahren – mit Ausnahme des Teichs in der Ortsmitte. Eine große Bronzestatue von Ambedkar ragt dort aus dem Wasser, durch eine kleine Brücke verbunden mit der Westseite des Beckens, wo er die Treppen hinuntergestiegen war. Dahinter steht eine buddhistische Gebetsstätte.

Beide, Tempel und Statue, feiern einen Sieg über die Unterdrückung von Kasten. Sie stehen aber mehr für Ambedkars Philosophie als für seine Religiosität. Er hatte sich zwar zum Buddhismus bekehrt, da für ihn Hinduismus und Kastenwesen identisch waren. Doch der Tempel ist keine Gebetsstätte, sondern ein Leseraum voller Bücher in Marathi, Hindi und Englisch. Die Gestalt über dem Teich, ein Zweireiher mit Krawatte, hält die Pergamentrolle der Verfassung in der Hand.

Alles ist symbolisch geladen. Bibliothek, Anzug und Pergamentrolle signalisieren Ambedkars Programm zur Emanzipation der Entrechteten: Modernität, Schulbildung und verbriefte Grundrechte. Er selbst blickt nicht wie ein Prophet auf das Wasser hinaus, das Volk im Rücken. Vielmehr wendet er dem Teich, diesem Ort von Kastenritualen, den Rücken zu und weist den Dalits mit seinem ausgestreckten Arm den Weg in die Zukunft.

Die einzigen Besucher neben mir an diesem Sonntagmorgen waren einige Studenten, die über die Fußgängerbrücke schlenderten und »Ambedkar Zindabad!« – »Hoch lebe Ambedkar!« skandierten. Zuerst dachte ich an eine politische Demonstration, doch dann brachen sie in Gelächter aus – sie hatten sich mit dem Kampfslogan einen rhetorischen Jux erlaubt. Sie machten einen

Ausflug, erklärten sie mir gutmütig, und seien Studenten des Dalit-Colleges in der Nachbarstadt Mangaon.

Die Jungen waren ein Beweis für den Erfolg von Ambedkars Strategie. Als einer der Architekten der Verfassung hatte er dafür gesorgt, dass das Kastenmodell im Widerspruch zum Grundrecht der Gleichheit stand und daher geächtet wurde. Er war aber auch Realist genug, um die tiefen Wurzeln des Kastensystems anzuerkennen. Die Grundstruktur der vier sogenannten *Varnas* – Brahmanen, Kshatriya (Krieger und Könige), Vaishnavas (Bauern und Händler) und Shudras (Handwerker) – war nach 2500 Jahren Geschichte nicht mit einem Federstrich wegzuräumen. Dies gilt besonders für die Dalits, die in dieser Klassifizierung des klassischen Texts, dem Manusmriti, nicht einmal auftauchen.

Statt so zu tun, als gebe es mit dem Verbot die Kasten fortan gar nicht mehr, forderte Ambedkar für Dalits und die Ureinwohner (Adivasi) einen gesetzlichen Sonderschutz mit speziellen Fördermaßnahmen. Eine Liste *(Schedule)* aller betroffenen Unterkasten und Stammesgruppen wurde dem Verfassungstext angehängt. Die Akronyme SC (Scheduled Caste) und ST (Scheduled Tribe) wurden so zu generischen Bezeichnungen für 1108 Dalit-Kasten und 744 Stammesgruppen.

Die wichtigsten Sonderrechte sind der garantierte Zugang zu Schulen sowie Quoten bei Arbeitsplätzen in staatlichen Unternehmen und Verwaltungen. Dazu kommen »reservierte« Wahlkreise. Sie garantieren den SC und ST eine Vertretung in allen Wahlinstitutionen entsprechend ihrem Bevölkerungsanteil (15 Prozent Dalits, 7,5 Prozent Adivasi), vom Parlament bis zum Dorfrat. »Das Mahar-Gesetz«, so sagte ein Mitglied der verfassunggebenden Versammlung, »wird fortan an die Stelle des Manusmriti treten.«

Nach zehn Jahren allerdings sollten diese Vorrechte auslaufen, denn die Kasten würden dann verschwunden sein. Das war eine überaus optimistische Zeitvorgabe. Was wie eine Gnadenfrist für dieses »kodifizierte Unrecht« aussah, wurde immer wieder verlängert, mit immer größeren Zeitvorgaben.

Gegenwärtig beträgt die Frist 40 Jahre. Sie beweist, dass die Kastenstrukturen hartnäckiger sind, als die Verfassungsväter gehofft hatten. Das Bild, das der Besucher in Mahad präsentiert bekommt, ist mehr Zielvorgabe als Realität. Und es ist politische Vernebelung. Ein scharfes Gesetz gegen die Kastendiskriminierung stellt sicher, dass abfälliges Reden über Dalits und Shudras strafbar ist. So kleidet sich jeder politische Diskurs sorgfältig in unverfängliche Wortschablonen und tut so, als habe ein legaler Akt eine soziale Realität geschaffen.

Ich bin deshalb nicht erstaunt, wenn mein Gegenüber unwirsch wird, sobald ich ein Gespräch auf das Thema Kastendiskriminierung lenke: »Wir hatten einen Staatspräsidenten, der Dalit war! Und einen Obersten Richter!«, wies mich der Besitzer eines Callcenters in Pune, ein Parse, zurecht. Im Alltag spiele das Denken in Kasten überhaupt keine Rolle mehr. »Kaste ist ein Gerücht«, zitierte er ein populäres Diktum, als ich ihn fragte, wie viele Dalits er angestellt habe.

Unsere Blicke schweiften über die jungen Frauen und Männer an den Arbeitsplätzen hinter ihren Bildschirmen. »Um ehrlich zu sein, ich habe keine Ahnung, welcher Kaste sie angehören«, sagte er etwas nachdenklicher. Er wurde selbst neugierig und erlaubte mir eine kurze Umfrage unter den zwei Dutzend Angestellten. Als ich ihn mit dem Resultat konfrontierte – kein Dalit außer dem Teaboy! – sagte er: »I'm ashamed.« Nicht weil ich ihn überführt hatte, sondern weil er sich die Frage nie gestellt hatte.

Ähnlich erging es mir bei dem Besuch der großen Nichtregierungsorganisation (NGO) Sarathi in Lucknow in Nordindien. Sie arbeitet mit jungen Mädchen in 400 Slums der Großstadt, von denen 40 Prozent Muslime und 60 Prozent Dalits oder niedrigkastige Hindus sind. Als sich die Mitarbeiter mit ihrem Namen vorstellten, fielen mir die vielen Brahmanen-Namen auf. Der Leiter der NGO hatte sich darüber noch nie Gedanken gemacht. »Wir haben drei Muslime und eine Dalit-Frau«, sagte er zögernd, »vielleicht zwei – ich muss es überprüfen.« Sein Projektteam zählte 39 Mitarbeiter.

Statistiken unabhängiger Organisationen lassen keinen Zweifel daran, dass Dalits, Adivasi und Muslime in allen relevanten sozialen Hierarchien ganz unten rangieren. Ein überdurchschnittlicher Anteil lebt unterhalb der Armutsgrenze, die Krankheitsanfälligkeit und niedrige Lebenserwartung der Mütter und Kleinkinder liegt weit über dem nationalen Mittel. Und bei den Studienabschlüssen für Managerberufe sowie im Steueraufkommen schneiden Dalits und Muslime schlechter ab als alle Vergleichsgruppen. Solche statistischen Erhebungen machen die strukturellen Formen der Benachteiligung sichtbar. Ein scharfes Gesetz stellt sicher, dass die ärgsten Formen offener Verwünschung ausbleiben, aber auch, dass man über diese Realität nicht spricht. Es ist eine passive Art der Diskriminierung. Dasselbe tut auch der Staat: In den Fragebogen der Volkszählungen taucht die Frage nach der Kastenzugehörigkeit nicht auf.

Wie steht es mit der zwischenmenschlichen Diskriminierung? Auch diese ist für einen Außenstehenden schwer auszumachen, gerade in den Städten. Ein Blick in die Zeitungen und Klagen an die staatliche Minderheitenkommission zeigen, dass Diskriminierung nach wie vor praktiziert wird. Auf dem Land nimmt sie immer noch handfeste Formen an. Die Zahl von vergewaltigten Dalit-Frauen liegt signifikant über dem Durchschnitt. Junge Pärchen aus verschiedenen Kasten werden in einer Art Kasten(selbst)justiz auf dem Dorfplatz hingerichtet. Dalit-Quartiere in südindischen Dörfern werden angezündet, weil sie etwa das Recht einfordern, den Dorfvorsteher zu bestellen oder eine Ambedkar-Statue zu errichten.

Auch viele Berührungstabus haben überlebt. Es war ausgerechnet der Wellnessguru SriSri Ravishankar, der mir mit seiner »Two Cups«-Kampagne die Augen öffnete. »In Hunderttausenden von Chai-Shops entlang der Land- und Basarstraßen werden für Dalits andere Teeschalen benutzt als für ›normale‹ Gäste«, sagte er bei der Lancierung der Kampagne. »Dieser barbarische Brauch muss ein Ende nehmen.«

Formen stillschweigender Ausgrenzung sind auch in der Stadt sichtbar. Als ich in Delhi wohnte, las ich bei einem Morgenspaziergang im Sarvodaya-Quartier eine Wohnanschrift, die Udit Raj, Chairperson, All India Confederation of SC/ST Organisations lautete. Froh über einen möglichen journalistischen Kontakt, lud ich Raj zu mir nach Hause ein. Beim Mittagessen sagte er gleichmütig: »Ich wohne nun zwei Jahre in diesem Quartier – dies ist das erste Mal, dass mich ein Nachbar einlädt.« Ob ihn dies nicht verbittere? »Nein«, meinte er, »wir Dalits wachsen in dieser Isolation auf. Wir bleiben unter uns, wir haben unser eigenes Sozialleben.« Und, fügte er lächelnd hinzu: »Ich bin Präsident des Lord Buddha Club.« Den hatte er 1996 selbst gegründet.

Die Brahmanen sind immer noch der offizielle Vorzeigegegner der Kastenlosen. Als »Reine« bilden sie den Gegenpol zu den rituell »Besudelten«, und das hat sie zur bevorzugten Zielscheibe bei der Bekämpfung der Kasten gemacht. Nirgendwo ist dies so sichtbar wie in Südindien, wo Sozialreformer etwa zur gleichen Zeit wie Ambedkar die Befreiung der unteren Kasten vom »Brahmanismus« zum politischen Programm erklärt hatten.

In Kerala war es ein Mann namens Narayana Guru, der mit ähnlich gewaltlosen Mitteln wie Gandhi für die Grundrechte der Kastenlosen gekämpft hat. Gegen das Verbot des Tempelbesuchs gründete er für die Ezhavas kurzerhand eigene Gebetsstätten. Anders als Ambedkar machte er sich dabei die Hindu-Religion und die Vieldeutigkeit ihrer Mythen zunutze. Shiva wurde zum Zentrum des Ezhava-Kults, weil der oberste Gott vieler Hindus selbst ein tiefkastiger Trommler ist.

Die Brahmanen hatten nichts dagegen, denn dank der Ezhava-Tempel konnten sie den Zugang zu ihren Tempeln für die niederen Kasten weiterhin verhindern. Im Frühjahr 2013 kam es im Guruvayur-Tempel in Kerala zu einem Vorfall. Ein Ezhava spielte mit seiner Band von (hochkastigen) Musikern im inneren Tempelbezirk, während die Statue von Krishna in Begleitung von Elefanten in einer Prozession um den Tempel getragen wurde. Der Mann, ein Trommler wie Shiva, wurde aus dem Tempel gewiesen.

Der andere große Sozialreformer des Südens war ein Tamile namens E. V. R. Periyar. Im Gegensatz zu Narayana Guru war er ein überzeugter Atheist, dem Hindu-Götter ein Graus waren. Die beiden größten Parteien des Bundesstaats Tamil Nadu, in Kürzeln DMK und AIADMK, betrachten sich noch heute als seine Erben. In den 1960er Jahren ließ eine DMK-Regierung vor dem großen Tempel in der Stadt Kanchivaram eine Statue von Peryar aufstellen, in die der folgende Vers von ihm gemeißelt ist:

Es gibt keinen Gott
Es gibt keinen Gott
Es gibt überhaupt keinen Gott
Der Erfinder von Gott ist ein Dummkopf
Der Propagandist Gottes ist ein Schuft
Der Verehrer Gottes ist ein Barbar.

Bis heute gelang es der brahmanischen Tempelverwaltung nicht, diesen Spruch vor ihrem Heiligtum zu entfernen. Dies sagt etwas aus über die sozialpolitischen Kräfteverhältnisse in Tamil Nadu (und auch über die Toleranz des Hinduismus, demgemäß selbst ein Atheist ein guter Hindu sein kann). Ein Beispiel sind auch die Quotenregelungen für die unteren Kasten. Sie wurden immer weiter ausgedehnt, trotz Verbots des Verfassungsgerichts, das eine Obergrenze von 50 Prozent festlegt. Heute sind rund 85 Prozent aller Ausbildungsplätze und Jobs im Staatsdienst in Tamil Nadu «reserviert».

In einem gewissen Sinn sind die Brahmanen die politischen »Unberührbaren« geworden. Die Chancen für sie sind gering, ihre Kinder in staatlichen Schulen unterzubringen. Vielen bleibt nur übrig, auszuwandern, sei es in andere Großstädte oder ins Ausland. Ein befreundeter tamilischer Journalist in Delhi schätzt, dass die Hälfte der etwa fünf Millionen *TamBrahms* ihre engere Heimat verlassen haben.

Der Antibrahmanismus nützt allerdings nicht nur den Untersten und Ärmsten in der Kastenhierarchie. Die Politik Periyars und seiner Nachfolger war nicht nur den Dalits verpflichtet, sondern allen nichtbrahmanischen Kasten. Unter diesen gibt es zahlreiche, die ökonomisch viel stärker waren als die Brahmanen, da diese selbst selten eine ökonomische Elite darstellten. Diese Kasten sind heute die unerbittlichsten Gegner der Dalits, gerade weil sich ihr soziopolitischer Status mit ökonomischer Macht verbindet.

Auch bei den »Kastenkriegen« in Bihar und Uttar Pradesh sind es oft Dreieckskonflikte zwischen landlosen Dalits, den »Rückständigen Kasten« (auch »OBC« genannt – »Other Backward Classes«*)*, sowie den Rajputen, den traditionellen Landbesitzern. Einer dieser *Landlords* gab der Soziologin Sohini Guha einmal zu Protokoll: »Früher standen diese Niedrigkastigen auf, als sie uns aus der Ferne kommen sahen. Heute? Vergiss das Aufstehen – sie laden uns sogar ein, uns zu ihnen zu setzen und Tee zu trinken! Diese Frechheit! Wir müssen diese Beleidigungen schlucken. Früher hätten wir ihnen die Zähne eingehauen. Oder Schlimmeres!«

Der Antibrahmanismus des Staates hat auch die soziale Stellung vieler Brahmanen in den Dörfern erschüttert. Viele können mit den mageren Tempelabgaben kaum noch ihr Leben fristen. In einem Tempel in Kanchipuram traf ich einen jungen Priester, der sich als Ingenieur vorstellte. »Ich helfe meinem Vater bei dieser brotlosen Arbeit. Wir erhalten keinerlei staatliche Hilfe für den Unterhalt. Wir sind eine große Familie, sonst wären wir längst ruiniert.« In einem Zeitungsbericht las ich von einem Brahmanen aus Bihar, der in einer Shopping-Mall in Delhi als Toilettenreiniger arbeitet. Wirtschaftliche Not hatte ihn in die Stadt getrieben, und seine Sanskritkenntnisse nützten ihm wenig. Am Ende des Gesprächs bat er die Reporterin ängstlich, bloß nichts von seiner Arbeit zu erzählen, falls sie einmal sein Dorf besuchen sollte, es würde sonst seine soziale Stellung ruinieren.

Der Kampf um knappe Güter hat die Gräben auch innerhalb der Kasten vertieft. Jede Kaste besteht ja aus Hunderten von

Unterkasten, und der perfide Mechanismus der Kastenhierarchie operiert auch innerhalb jeder *Varna*. Jede Unterkaste ist eine Leitersprosse, die tiefer und höher als andere liegt. Auch die Dalits haben ihre Eliten, und sie haben dafür sogar einen Namen: *Creamy Layer*. Es sind meist jene Dalits und Shudras, die durch Ambedkars erfolgreiches Quotenprogramm gefördert wurden, während die Ärmsten zurückgeblieben sind. Und da die Kastenidentität der Motor dieser Mobilität ist, ist sie durch das Quotenprogramm eher gefestigt statt eliminiert worden. Nur die Berührungstabus und der Stachel des Stigmas sind entschärft.

Bei den Geschäftskasten sind es oft kommerzielle Motive, die diese Identität stärken. Zu meinen Freunden in Mumbai zählen auch Banyas aus der Stadt Palanpur in Gujarat. Sie heiraten unter sich, und in ihre Wohnkolonien am Malabar Hill werden nur »Palanpuris« aufgenommen. Das Edelquartier Mumbais ist weitgehend ein Gujarati-Ghetto geworden, aufgespalten in die Kleinghettos seiner hässlichen Wohntürme. Sie stellen sicher, dass die Baniyas, Marwaris, Jains und Sindhis weiterhin unter sich dinieren können, ohne dass Fleisch essende Shudras oder gar Muslime ihr Treppenhaus versuchen.

Ein Bekannter aus der Geschäftskaste der Sindhis lebt in einer Wohnsiedlung im Mumbaier Stadtteil Dadar, die nur Nassarpuri-Sindhis aufnimmt. Nassarpur ist ein Dorf bei Karachi, Pakistans größter Stadt, aus dem diese Unterkaste nach der Gründung Pakistans geflohen war. Er erzählte mir, er habe Widerstand gespürt, als er seine Frau geheiratet hat. Sie stammt aus derselben Kaste und Unterkaste, aber nicht aus Nassarpur, sondern einem Nachbardorf.

Die verschachtelte Struktur von Kasten wird noch dadurch komplizierter, dass auch der ökonomische Status den Kastenrang beeinflusst. Ein Journalist in Ahmedabad erklärte mir das einmal im Zusammenhang mit dem Rang von Premierminister Narendra Modis Kaste. Modi ist ein Ghanchi, aus der Kaste der

Ölpresser. »Das ist eine Shudra-Kaste, aber eine, die heute als Mittelkaste akzeptiert wird, weil sie ökonomisch erfolgreich ist. Modi hätte, selbst wenn er nicht ein erfolgreicher Politiker wäre, gute Chancen, in eine höherkastige *Housing Society* aufgenommen zu werden.«

Die Technologie hat das ihre dazu beigetragen, das Denken in Kasten zu verschleiern und damit die offene Diskriminierung zu beenden. Noch vor etwa 20 Jahren waren Kleininserate für Ehewillige eine wichtige Einkommensquelle jeder Tageszeitung. Die quasiöffentliche Suche nach Partnern aus der gleichen Kaste und Unterkaste war damals noch selbstverständlich, und die erwarteten Qualifikationen wurden offen aufgezählt. Ein US-Collegeabschluss beim Mann war von Vorteil, und die junge Frau verbesserte ihre Chancen, wenn sie »Convent-educated« und von heller Hautfarbe (»wheatish«) war. Der Hinweis »Caste no Bar« – »Kastenzugehörigkeit irrelevant« – war nur selten zu lesen.

Heute ist die Heiratssuche immer mehr ins Internet abgewandert. Weil sie dort stärker anonymisiert ist, werden die Kastenpräferenzen dort bis in die Details aufgezählt. Die Algorithmen einer Unzahl von Heiratswebsites können mit einigen Klicks eine Shortlist von Partnern herauspicken, die in Bezug auf Kaste, Unterkaste, Clan, Alter, Bildung, wirtschaftlichen Hintergrund der Familien und – sehr wichtig – astrologische Geburtskonstellation eine Ehe garantieren, die quasi im Himmel beschlossen wurde.

Wie die Kastenpolitik reduziert auch die Technologie die offene Diskriminierung – und stärkt gleichzeitig die Kastenidentität, bis hinunter auf genetische Details. Hat diese traditionelle, seit Hunderten von Jahren praktizierte Partnerselektion innerhalb eines beschränkten Genpools am Ende auch Folgen für die Entwicklung genetisch übermittelter Persönlichkeitsmerkmale? Gerade Geschäftskasten sind davon überzeugt. Für sie ist klar, dass die bewusste Selektion mithilfe arrangierter Hochzeiten nicht nur geschäftliche Verbindungen fördert und familiäre Loyalitätsnetze stärkt. Sie festigt auch die genetische Ausprägung bestimmter Persönlichkeitstypen – vermutlich eben Krämer- oder Unternehmergeist.

Der Erfolg der Geschäftskasten aus Gujarat und Rajasthan wird oft als Beweis dafür ins Feld geführt. Der Kolumnist Aakar Patel, selbst ein Gujarate, hat in der Wirtschaftszeitung *Mint* einmal die Forbes-Liste der (weltweit) 1210 Dollar-Milliardäre für das Jahr 2010 auf die Frage abgeklopft, wie viele davon Inder sind (55) und welchen Kasten diese angehören. Fast die Hälfte von ihnen (26) gehören der Geschäftskaste der Baniyas aus Gujarat an. Acht der zehn Spitzenreiter sind ebenfalls Baniyas, darunter die Nummer eins, der Stahlfabrikant Lakshmi Mittal, der 2010 mit 31 Milliarden Dollar gleichzeitig der sechstreichste Mann der Welt war. 13 der 55 Reichsten kommen aus Rajasthan, und alle stammen aus der Geschäftskaste der Marwaris. Rajasthan gilt als Wüstenstaat, wird aber seit altersher von Handelsrouten zwischen der Gangesebene und den Häfen von Gujarat durchkreuzt.

Es ist müßig, in dieser Liste nach Vertretern der SC/ST zu suchen. Aber auch die Brahmanen sind dünn gesät – es sind nur drei. Alle drei kommen aus Südindien, sind Unternehmer der ersten Generation und verdanken das große Geld nicht ihrer Familie, sondern der von ihnen gegründeten Softwarefirma Infosys, einem von Indiens IT-Pionieren.

Auch Mahatma Gandhi ist ein Baniya gewesen – eine Warnung vor allzu raschen Schlussfolgerungen, was genetische Anlagen zum Geldscheffeln angeht. Gandhi-Kenner behaupten, halb im Spaß, dass die Baniya-Qualitäten ihn zum erfolgreichen Politiker gemacht hätten – Konsensfähigkeit, die Gabe des Vernetzens und das Auge, Freund und Feind genau einzuschätzen. Zudem sei Gandhi dem Geld mit derselben Intensität aus dem Weg gegangen, wie seine Kastenvettern ihm nachjagen.

Philanthropische Qualitäten scheinen nicht zum genetischen Material der Baniyas zu gehören, sieht man von der »Lebensversicherung« in Form frommer Spenden ab. Lakshmi Mittal erklärte einmal, es sei noch zu früh, daran zu denken – er war damals nur 21 Milliarden Dollar schwer. Der Journalist Patel fand heraus, wie viele der 20 reichsten Inder der philanthropischen Milliardärsvereinigung von Warren Buffett und Bill Gates beigetreten sind: keiner.

Es wäre allerdings falsch, soziale Ausgrenzung, Quotenpolitik und finanzielle Netzwerke als die einzigen Gründe für die Überlebensfähigkeit der Kasten zu werten. Auch bei Shudras und Dalits bildet die Solidarität innerhalb der Kaste ein wichtiges Bindemittel. Die Ökonomen Kaiwan Munshi und Mark Rosenzweig haben festgestellt, dass es in Maharashtra zahlreiche informelle finanzielle Netzwerke von Angehörigen unterer Kasten gibt. So können arme Bauern das Risiko eines Ernteausfalls oder von Unwetterschäden senken, indem sie bescheidene monatliche Geldeinlagen in eine gemeinsame Kastenkasse leisten und im Fall einer Notlage Überbrückungsgelder beziehen. Dasselbe gilt für Krankheit und Heirat. Zusammenschlüsse von Kasten sind ein wichtigeres Sicherheitsnetz armer Menschen als Geldverleiher oder gar Banken.

Die beiden Forscher fanden ähnliche Netzwerke in städtischen Slums. Dem Besucher Mumbais erscheinen diese vielleicht als formlose Anhäufung von Hüttensiedlungen, in denen arme Migranten aus allen Teilen Indiens vegetieren. In Wahrheit sind viele nichts als »städtische Dörfer« (so der Urbanist Matias Echanove) mit ähnlich schlechter Infrastruktur, aber auch ähnlich starken Sozialnetzen. Viele Migranten landen nicht einfach irgendwo auf der Straße. Sie haben Adressen von Kasten- und Dorfgenossen, sie kommen bei diesen unter und finden oft mit deren Hilfe einen ersten Job. Gemäß Munshi und Rosenzweig hatten 70 Prozent der Arbeiter, die sie in einem Slum in Mumbai befragten, ihre erste Stelle so gefunden.

Slumnachbarn sind oft alte Nachbarn oder entfernte Verwandte, es wird derselbe Dialekt gesprochen. Der Straßenladen offeriert die gleichen Gewürze, Früchte und Gemüsesorten, die in der Küche der Heimatregion gegessen werden. Und was für den

Tisch gilt, gilt auch für die Partnerwahl. Der bekannte Theaterautor Vijay Tendulkar sagte mir einmal, er habe seine Wohnung in Mumbai im Mittelklassequartier von Santacruz gesucht, weil er von einem nahe gelegenen Slum mit Familien aus seiner engeren Heimat gehört hatte. Dort finde er genau die Gewürze und Gemüse, die er mag.

Wie die Geschäftskasten praktizieren auch Dalit-Unterkasten und Shudras Endogamie. Weniger als fünf Prozent aller Befragten haben außerhalb ihrer Kaste geheiratet, ermittelten die beiden Ökonomen. Für sie ist die Solidarität innerhalb der Kasten noch wichtiger, als es die Job- und Bildungsquoten des Staats sind. Die Haltung ist fast schizophren: Die Kaste, die Ablehnung und Geringschätzung provoziert, bietet in gleichem Maß auch Schutz und Hoffnung.

Wenn dieser Identität künftig Gefahr droht, dann nicht durch den offenen Entzug staatlicher Hilfen. Das Quotensystem wird sogar ausgedehnt auf immer neue »benachteiligte Gruppen« – aber damit auch ausgedünnt. Wenn alle in den Genuss von Quoten kommen, sind am Ende alle die Verlierer.

Ein Datum signalisiert auf dramatische Weise diesen Prozess der Ausweitung von Sonderrechten: 7. August 1990. An diesem Tag verkündete Premierminister V. P. Singh die Umsetzung der Vorschläge einer Kommission unter dem Politiker B. P. Mandal. Es ging um die überfällige Einlösung eines alten Verfassungsauftrags, Beschäftigungs- und Bildungsgarantien auch den »Rückständigen Klassen« (OBC) zu gewähren.

Keine Regierung hatte es zuvor gewagt, diese Empfehlungen umzusetzen. Nun wurden mit einem Federstrich zu den knapp 2000 Dalit-Kasten und Stammesgruppen weitere 3742 Kasten und Subkasten in die Quotenregelung einbezogen. Mandal forderte für sie eine Zuteilung von 27,5 Prozent aller staatlichen Stellen und Studienplätze. Damit würden diese zusammen mit den SC/ST-Quoten (22,5 Prozent) genau 50 Prozent der Bevölkerung erreichen – die von der Verfassung erlaubte Obergrenze.

Im ganzen Land kam es zu monatelangen Unruhen, angeführt von Studenten aus den Mittelschichten. Für sie war die Zulassung zu Universitäten wegen der Reservierung von 22,5 Prozent der Bildungsplätze Einschränkung genug. Es gab ohnehin viel zu wenige Studienplätze, mit der Folge, dass Nachfrage und Angebot von Studienplätzen mit einem Faktor von 1000:1 auseinanderklafften, selbst ohne Quoten. Nun würde sich dieses Nadelöhr noch weiter verengen.

Im ganzen Land überschütteten sich junge Leute mit Kerosin und zündeten sich an, mehrere Studenten starben an ihren Verbrennungen. Es war das erste Mal, dass private TV-Nachrichtensender zugelassen waren. Die Bilder von brennenden Menschen, von Polizeiknüppeln und Blutspuren führten zu einem politischen Flächenbrand und dem Fall der Regierung. Doch kein Politiker wagte es fortan, die Mandal-Vorschläge zurückzuziehen. Die zornige Mittelklasse mochte laut und einflussreich sein, doch was am Ende zählte, waren die Wählerstimmen. Und diese waren auf der Seite der Quotenbefürworter (Mandal hatte die OBCs auf 64 Prozent der Gesamtbevölkerung des Landes geschätzt).

Die Folgen dieser Umwälzung sollten die Politik der nächsten beiden Jahrzehnte bestimmen. Die altbewährte Machtformel der Kongresspartei – das Zweckbündnis von Dalits, Kshatriyas und Muslimen – hatte nur dank der Fragmentierung der anderen Kasten so lange gehalten. Nun würden OBC-Kasten und Regionalparteien die politische Dynamik nutzen, die die neue Quotenregelung ausgelöst hatte.

Auch die nationalistische BJP musste ihre Strategie überdenken. Die Ausweitung der Quoten auf mehrere Tausend Kasten drohte die soziale Fragmentierung der Hindu-Gesellschaft weiter zu vertiefen. Die partikularistische Kastenidentität drohte die ersehnte Hindu-Identität zu übertrumpfen. Erst 25 Jahre später, bei den Wahlen von 2014 und dem Sieg des OBC-Mitglieds Narendra Modi, würde die Partei diesem Ziel einen Schritt näherkommen.

Die Quoten der Dalits und Adivasi waren mit dem Aufstieg der OBCs nicht direkt gefährdet. Doch angesichts der Verknappung von Stellen und Studienplätzen erhöhten sich nun die Gelüste der mittleren Kasten, ebenfalls in den Genuss von Quoten zu kommen. Es galt, sich als OBC zu registrieren. Damit baute sich eine Druckwelle nach unten auf.

In Rajasthan verlangte die anerkannte Bauernkaste der Jats OBC-Status. Da dies das Angebot von OBC-Quoten verringern würde, suchten bestehende OBC-Kasten wie die Gujars, den Status als Dalits zu ergattern. Dies wiederum behagte den Dalits der Meena-Kaste nicht. Sie fürchteten um ihre Jobs als Polizisten und Verwaltungsbeamte, die sie mit den Gujars teilen müssten, ganz zu schweigen von den Studienplätzen für ihre Kinder. Im Sommer 2009 brachen zwischen Gujars und Meenas schwere Unruhen aus.

Was hätte Ambedkar beim Anblick dieses Schauspiels wohl gesagt? Sein Ziel war, die Ächtung der Dalits als Unberührbare zu beenden und das Kastenwesen zum Verschwinden zu bringen. Und nun strebten sogar höhere Kasten den Dalit-Status an! Doch Ambedkars Genugtuung darüber hätte sich wohl in Grenzen gehalten. Denn mit dem Verschwinden der Unberührbarkeit waren die Kasten nicht verschwunden. Im Gegenteil, sie sind stärker als je zuvor.

Minderheiten: Ein Land voll davon

Unter den Parsen, den Anhängern Zarathustras und der persischen Hochreligion, kursiert diese schöne Geschichte über ihre Ankunft in Indien: Als sie auf der Flucht vor dem Islam in Persien im 10. Jahrhundert vor der Küste Gujarats aufkreuzten, sandte ihnen der lokale Hindu-Raja einen Emissär. Der persischen Sprache unkundig, überreichte er ihnen einen Tonkrug, randvoll mit Milch. Es sollte ein Notvorrat für die Weiterfahrt sein, und es war auch eine klare Botschaft: Unser Land ist schon randvoll bewohnt, wir können euch nicht aufnehmen.

Statt die Segel zu hissen, blieben die Schiffe vor Anker. Die Flüchtlinge mischten Zucker in die Milch und sandten den Kurier mit einer ebenso klaren Antwort zurück: Wir werden den Topf nicht zum Überlaufen bringen, wenn ihr uns hereinlasst; im Gegenteil, wir süßen ihn. In einer anderen Variante dieser Geschichte setzten sie statt des Zuckers eine Blütenknospe auf die Milchoberfläche. Die Parsen erhielten Gastrecht.

Die zweite Version ist die überzeugendere. Denn wenn die lokalen Hindus etwas nicht wollten, dann war es die Vermischung ihrer Gesellschaft. Die Logik des Kastensystems mit seinen rigiden rituellen Schranken baut auf dieser Angst vor Vermischung auf: zwischen den Kasten und noch stärker mit Fremden.

Das ihnen eingeräumte Gastrecht bedeutete für die Parsen, dass sie quasi ihre eigene Kaste bilden, unter sich heiraten und umgehen sollten. Für sie sprach auch, dass sie weder auf Bekehrungen aus waren noch selber zum Hinduismus konvertieren wollten. Ihre Ankunft in Indien hatte kein missionarisches Ziel, sie war im Gegenteil die Flucht vor der Missionierung durch den Islam.

Der Stempel von Kastenlosen war für die Parsen ein Vorteil. Er band sie an keine bestimmte Beschäftigung, wie dies das Kastensystem vorschrieb. Sie konnten wie die Muslime allen Beschäftigungen nachgehen. Sie waren Handwerker, Händler, Bauern, Geldverleiher. Als die Engländer im 18. Jahrhundert an der Westküste Indiens – just dort, wo die Parsen 800 Jahre zuvor gelandet waren – ihren Kolonialstaat aufbauten, waren die Parsen die willkommene Handwerkerklasse. Sie hatten keine Berührungs- oder Arbeitstabus. Und die Handicaps einer Immigranten-Minderheit wussten sie durch Arbeitseifer und Anpassungsfähigkeit wettzumachen.

Wie im ersten Kapitel erwähnt, hob die Britische Krone im Jahr 1813 das Handels- und Industriemonopol der East India Company auf. Aus den zoroastrischen Handwerkern wurden Schiffsbauer für britische Kriegs- und Handelsschiffe. Sie errichteten Handelsfirmen für den Seiden- und Opiumhandel mit China, aus den Schlossern und Schreinern wurden Ingenieure, aus den Geldhändlern Bankiers – und Philanthropen. Noch heute tragen in Mumbai Spitäler, Straßen und Parks, Hochschulen und Bibliotheken die Namen von Parsen sowie jene anderer Händlerkasten wie den Jains.

Der gute Ruf der Parsen überlebte auch den Abschied der Kolonialmacht und Indiens Start als unabhängiger Staat. Schon früh mauserten sie sich von einer kolonialen Mitläuferklasse zu einer nationalen Elite, die Gandhis Unabhängigkeitsbewegung unterstützte. Obwohl der Politik immer weniger zugetan, spielte die Gemeinschaft ihren Part beim Aufbau nationaler Institutionen. Sie stellten zahlreiche Bundesrichter, führende Militärs, Bundesanwälte und Wissenschaftler. Das größte Firmenkonglomerat des Landes, die Tata-Gruppe, hatte als Parsi-Familienunternehmen begonnen.

Die Gemeinschaft verdankt ihre Popularität im neuen Indien gewiss auch ihrer geringen Größe – die Volkszählung von 2011 beziffert sie auf 69 000 Personen in Indien (weitere 30 000 Parsen leben im Ausland). Entscheidend war, dass sie ihre »Süße« nie mit der Milch der Hindu-Mehrheit vermischten. Solange diese Bedingung erfüllt war, öffneten Hindus ihre Tore auch anderen Religionsgemeinschaften – Juden und muslimischen Afghanen sowie christlichen Pakistanern.

Indien hat die internationalen Flüchtlingskonventionen jedoch nie unterzeichnet. Der unausgesprochene Grund ist die latente Angst vor einem möglichen Missbrauch des Flüchtlingsstatus durch Pakistaner oder Bangalen, etwa als Deckmantel für Terrorkomplotte. Ein unbewusstes Motiv mag aber auch sein, dass das Land das Trauma der großen Flüchtlingskatastrophe nach der Trennung des Landes im Jahr 1947 noch nicht verarbeitet hat.

Das internationale Abseitsstehen verstellt den Blick darauf, dass Indien immer noch ein großes Asylland ist, umso mehr, als es zwischen politischer Flucht und wirtschaftlicher Migration nicht unterscheidet. So leben und arbeiten mehrere Millionen Nepalesen in Indien, wo sie sogar über das Stimmrecht verfügen. Sie können dies tun, ohne einen indischen Pass zu besitzen, da die indische Regierung Doppelbürgerschaft nicht anerkennt.

Das Asyl für muslimische Afghanen oder christliche Pakistaner kann nicht darüber hinwegtäuschen, dass die indische Gesellschaft zu den christlichen und muslimischen Minderheiten bis heute eine ambivalente Einstellung hat. Indische Schulkinder lernen im Geschichtsunterricht, dass christliche und muslimische Einwanderer nicht als Flüchtlinge und nur in geringem Maß als Handelsleute ins Land kamen. Sie waren Eroberer, und der Eroberung folgte meist politische Unterwerfung und oft genug religiöse Konversion.

Allerdings gab es zwischen Islam und Christentum immer schon Unterschiede. Zum einen ist das Christentum in Indien beinahe 2000 Jahre alt – älter als in den meisten europäischen Ländern. Ab dem 16. Jahrhundert ging es den christlichen Mächten Europas – England, Frankreich, Spanien, Holland, Dänemark –

zwar um «Gewürze *und* Seelen«. Aber die Seelen zählten nur so lange, als sie den Gewürzen nicht im Wege standen. Handelsinteressen standen im Vordergrund, mit militärischem Flankenschutz und Missionaren im Gepäck.

Gemeinsam war Islam und Christentum der theologische Anspruch, die einzig wahre Heilslehre zu sein. Beide waren daher dem religiösen Pluralismus des Hinduismus zutiefst fremd. Dieser Toleranzgedanke galt im Prinzip allen Religionen, und er ging weit über das alltagssprachliche Verständnis von Toleranz als einem Gewährenlassen hinaus. Ende des 19. Jahrhunderts proklamierte der Hindu-Reformer Vivekananda gar einmal, Hindus sollten auch Kirchen und Moscheen bauen.

Doch wenn die Intoleranz der Gegenseite die Grundlagen der eigenen Religion gefährdet, erschien vielen Hindus Toleranz als eine Form von Defätismus. Islam und Christentum bedrohten zudem nicht nur die undogmatisch lockere Essenz des Hinduismus, sondern auch die soziale Architektur der Kastengesellschaft, die im Gegensatz zur Religion rigide strukturiert ist.

Muslimische wie christliche Eroberer kaschierten ihre Eroberungsgewalt mit dem Gebot der Nächstenliebe. Mit der Bekehrung zum »wahren Glauben« sollten die Inder aus dem unmenschlichen Korsett des Kastensystems befreit werden. Die Aufnahme in den Schoß der eigenen Glaubensgemeinschaft sollte ausdrücken, dass vor Gott alle gleich sind.

Der missionarische Egalitarismus bedrohte demnach nicht nur die hinduistische Religion. Wegen deren enger Verbindung zur Kastenstruktur bedrohte er auch die Gesellschaft. Es gelang den Brahmanen mit ihrem Widerstand, Bekehrungen bald zu bremsen. Die muslimischen Herrscher etwa waren im Interesse der Konsolidierung ihrer Macht gezwungen, mit lokalen Rajas zu paktieren. Dies gab der Hinduelite die Möglichkeit, Zwangskonversionen ein Ende zu setzen. Im Fall der Portugiesen und Engländer waren es die Handelsinteressen, die unter der Missionierung zu leiden begannen. Auf die Kooperation der brahmanischen Elite angewiesen, verbot die East India Company den Missionsgesellschaften, »Heiden« gezielt zu bekehren.

Die einzige religiöse Bewegung, die sich in Indien durchsetzen konnte, waren ausgerechnet die islamischen Sufi-Sekten. Sie kamen nicht als Eroberer ins Land, sondern öfter als Flüchtlinge vor den orthodoxen Islamisten ihrer Heimatländer. Sie ließen sich von den lokalen Bhakti-Kulten inspirieren und konnten so auch diese beeinflussen. Bis heute werden Sufi-Schreine auch von Hindu-Pilgern besucht.

Statt dass die beiden »Religionen des Buches« das hinduistische Indien bekehrten, zeichnete sich schon bald ein gegenläufiger Prozess ab. Die Kastenstrukturen waren viel robuster als der soziale Egalitarismus der nahöstlichen Heilslehren. Sie halfen dem Hinduismus, sich im lokalen Islam und Christentum quasi einzunisten.

Konvertierte Hindus mochten sich von der hinduistischen Religion ab und Allah oder Christus zuwenden, doch die verinnerlichte Kastenordnung blieb erhalten. Nach außen werden diese Einstellungen oft nicht sichtbar, sie wirken aber hinter den islamischen oder christlichen Nomenklaturen umso effektvoller.

Bei den Muslimen in Nordindien etwa übernahmen die Clans der Ashrafis den Status der Brahmanen. Sie brüsteten sich als Nachfahren des Propheten (Sayyids) oder der Mongolen (Mughals, Pathans). Die Nichtashrafis dagegen waren die in Indien Bekehrten. Sie gehörten durchweg den unteren Schichten an, die seit Beginn das primäre Ziel der Missionare gewesen waren. Dieser quasireligiösen Trennung entsprach auch eine wirtschaftliche und soziale. Die Ashrafis waren die ländlichen Feudalherren der nordindischen Gangesebene. Gegenüber den Glaubensbrüdern der Nichtashrafis pflegten sie die sozialen Tabus hochkastiger *Landlords* – angeborener Status, Endogamie, Essens- und Berührungstabus.

Ein ähnlicher Prozess spielte sich unter den Christen in Südindien ab. Als ich im Frühling 2014 den Tempelort von Guruvayur besuchte, fragte ich einen brahmanischen Pilger namens V. Ramaswami nach seiner Meinung zu einem Vorfall, der zwei Jahre zuvor die Zeitungen beschäftigt hatte. Einem jungen Hindu-Ehepaar war der Zugang zum Tempel verweigert worden, als es die Namenszeremonie für ihr Neugeborenes durchführen wollte. Es hatte sich nämlich herumgesprochen, dass eine der Großmütter eine Christin war. Die gesetzliche Vorschrift, den Tempel allen Hindus offenzuhalten, konnte die Brahmanen nicht umstimmen, ebenso wenig wie der Umstand, dass ein Verwandter des Paars in der Zentralregierung einen Ministerposten bekleidete.

Ramaswami, die Brahmanen-Schnur um den nackten Oberkörper gezogen, das weiße *Veshti* um die Hüfte gewickelt, ging auf den Zwischenfall gar nicht ein. Er erzählte mir stattdessen die Geschichte eines kleinen Dorfs unweit von Guruvayur. Dort wohnen nur Christen, sagte er, »und es sind gleichzeitig Brahmanen«. Sie seien vom Apostel Thomas kurz nach seiner Landung in Kerala bekehrt worden. Thomas habe nämlich beobachtet, dass sie beim Gebet mit den Händen Wasser aus dem Meer schöpften, es in die Höhe hielten und dann ins Meer zurückrinnen ließen.

»Thomas war nicht beeindruckt. ›Jesus Christus kann bewirken, dass das Wasser ohne Mithilfe der Hände in der Luft bleibt‹, sagte er ihnen. Er nahm Wasser in seine Hände, hob sie in die Höhe, ließ sie sinken – das Wasser blieb in der Luft hängen. Darauf bekehrte sich das ganze Dorf zum Christentum – es waren die ersten ›Syrian Christians‹.« Ramaswami sah mich lächelnd an. »Wollen Sie den Beweis, dass sie Christen *und* Brahmanen sind? Ich sage es Ihnen: Bis heute dürfen die Christen aus diesem Dorf als einzige Nichthindus den Guruvayur-Tempel betreten!«

Die Geschichte mochte ein Märchen sein, die Folgerungen waren eine Tatsache. Sie bewiesen, dass Kastenhierarchie und christlicher Glaube sich ganz gut vertrugen. Der Brahmanen-Klerus vom Guruvayur-Tempel jedenfalls folgte genau dieser Logik: Niedrigkastige Hindus dürfen nicht in den Tempel, »hundertprozentige«

Christen dagegen schon – wenn sie Brahmanen waren. Als ich die befreundete Fotografin Pepita Seth, die seit vielen Jahren in Guruvayur lebt, darauf ansprach, bestätigte sie mir dies. Und sie überraschte mich mit dem Bekenntnis, dass auch sie, die Kamera im Sari verhüllt, den Tempel manchmal betreten durfte. »Ich bin eine Brahmanin honoris causa«, sagte sie lachend am Telefon.

Verständlicherweise werden diese sozialen Strickmuster in einer egalitären Religion wie dem Christentum und erst recht in einem Bundesstaat mit einer kommunistischen Tradition sorgfältig verdeckt, umso mehr, als die meisten Kommunistenführer Brahmanen sind. Sie sind für einen Außenstehenden daher schwer zu erkennen. Ein klares Indiz sind die vielen lokalen Sekten und christlichen Glaubensbekenntnisse. Dahinter verbergen sich oft verschiedene Kasten. Die »Syrian Christians« etwa verstanden sich immer als eine Kirche der Brahmanen. Dagegen haben die »Latin Catholics« traditionell untere Kasten angezogen, und Sekten wie die Heilsarmee sind bis heute fast gänzlich Dalit-Kirchen.

Damit navigieren die brahmanischen Christen Keralas um den Widerspruch zwischen dem Grundgebot der Gleichheit vor Gott und dem Kastenverbot des gemeinsamen Brotbrechens. Wenn Kasten ihre eigenen Gotteshäuser und Priester haben, lässt sich beiden Forderungen gerecht werden: Jede Kaste bricht ihr Brot gemeinsam – unter sich.

Diese Praxis geht nicht zurück. Sie nimmt im Gegenteil eher noch zu, seitdem der indische Staat praktisch keine ausländischen Missionare mehr ins Land lässt. Diese hatten nach dem Ende der Kolonialzeit resolut auf die Bekehrung der Ärmsten und der Dalits gesetzt, angefeuert durch Reformbewegungen innerhalb des Christentums, wie etwa die Befreiungstheologie. Heute fehlt dieser egalitäre Stachel.

Allerdings gilt auch für »Christen-Kasten« und die muslimische Kastenordnung, was bereits bei den Hindu-Kasten festzustellen ist: Die Struktur der Kastenidentität bleibt erhalten, doch die äußeren Erscheinungsformen, namentlich die abstoßenden

Berührungstabus, sind mit modernen Arbeitsformen, Schulbildung und Urbanisierung ins Wanken geraten. Beinahe die Hälfte der Bevölkerung Keralas lebt heute in Städten, Millionen arbeiten im Ausland. In Nordindien hat der Niedergang der Landwirtschaft die armen Nichtashrafis ebenfalls in die Großstädte vertrieben, während viele Ashrafi-Familien nach Pakistan ausgewandert sind. Damit verbleibt als potentes Überbleibsel der Kastenstruktur die Endogamie, dank der weitverbreiteten Praxis der arrangierten Ehe auch bei Christen und Muslimen.

Die Unabhängigkeit Indiens war eine Zangengeburt von Zwillingen, die von Beginn tief verfeindet waren. Das gegenseitige Morden von 1947 vertiefte den Graben zwischen Hindus und Muslimen. In beiden Gemeinschaften stärkte das jeweilige gesellschaftliche Kollektiv seine eigene Identität archetypisch im Gegenbild des verhassten Anderen. Dieser wurde negiert – und war doch omnipräsent und sogar notwendig zur Stabilisierung der eigenen Hindu- oder Muslim-Identität.

Mit der Gründung Pakistans und der Massenmigration der Muslime in das versprochene »Land der Reinen« ging der Anteil dieser Minderheit von 35 auf 13 Prozent der Bevölkerung zurück. Indiens Staatsgründer waren sich bewusst, dass der Traum eines multireligiösen Staats nur dann eine Überlebenschance hatte, wenn die massive Hindu-Mehrheit nicht zu einer Bedrohung gerade dieser Minderheit würde.

Damit Demokratie nicht in eine Diktatur der Mehrheit umschlug, räumte die Verfassung den Minderheiten einen starken Rechtsschutz ein. Jede religiöse Minderheit ist bei der Gestaltung des Personen- und Zivilrechts weitgehend autonom. Muslime, Christen und Parsen dürfen die Regeln für Geburt, Heirat und Ehe, Tod und Begräbnis, Adoption und Erbe sowie für den Schutz von Waisen und Witwen selber bestimmen. Sie unterhalten auch ihre eigenen Religionsstätten, Schulen, Krankenhäuser und karitativen Organisationen.

Daneben hat Indien ein normales Zivilrecht, das für alle anderen Bereiche – und im Prinzip auch für die Hindu-Mehrheit – gilt. Die nationalistische BJP und der RSS fordern daher seit Jahren ein einheitliches Zivilrecht. Sie begründen dies mit dem verständlichen Argument, dass in einer demokratischen Gesellschaft religiöse Sonderrechte – ähnlich wie bei den Kastenquoten – allmählich in der einheitlichen Staatsbürgerschaft aufgehen sollten, in der jeder Bürger vor dem Gesetz gleich ist.

Die BJP verweist zudem gern darauf, dass das traditionelle Persönlichkeitsrecht oft patriarchalische Traditionen schützt, die internationale Menschenrechtsnormen verletzen. So ist eine indische Muslimin bei der Scheidung benachteiligt. Das säkulare Zivilrecht ist dabei ausgehebelt. Als das Oberste Gericht 1986 die islamische Witwenunterstützung als Verletzung der Verfassung verurteilte und verbot, beeilte sich Premierminister Rajiv Gandhi, das Grundgesetz zu ändern. Um die konservativen Mullahs nicht zu verprellen, wurde der Gerichtsentscheid für nichtig erklärt.

Der »säkulare« indische Staat hat aber auch nicht verhindert, dass für die Hindu-Mehrheit ebenfalls Sonderrechte gelten. Ein Gesetz regelt etwa, dass Hindus als Teil einer Großfamilie (Hindu Undivided Family) Steuervorteile genießen. Zwei weitere Gesetze, der Hindu Marriage Act und der Hindu Succession Act, erschweren religiöse Konversionen, obwohl die Freiheit der Religionswahl ein Grundrecht ist. So verliert eine Person ihr Erbrecht, wenn sie als einzige ihrer (Hindu-)Familie Christin wird. Ähnlich ist es beim Sorgerecht für Kinder aus geschiedenen Ehen: Eine Hindu-Frau, die sich zum Christentum oder Islam bekehrt hat, verliert bei einer Scheidung das Sorgerecht für ihre Kinder.

Hinter solchen Maßnahmen kommen die Minorisierungsängste zum Vorschein, die viele Hindus trotz ihrer überwältigenden Bevölkerungsmehrheit immer noch umtreiben. Seit einigen Jahren gibt es in einer Reihe von Bundesstaaten ein Gesetz, das für jede Bekehrung zum Christentum oder Islam eine Erlaubnis der Bezirksverwaltung nötig macht. Sie wird nur erteilt, wenn die Bekehrung »ohne Druck- oder Lockmittel« erfolgt ist. Auf der anderen Seite können RSS-Organisationen straflos Christen und Stammesangehörige zum Hinduismus bekehren, weil es sich dabei um eine »Rückbekehrung« handelt, eine »Heimkehr«, wie ihre Propagandisten dies nennen.

Trotz einer säkularen Verfassung behandelt der Staat die Minderheiten also nicht gleich. »Indic Religions« – Hindus, Buddhisten, Sikhs, Jains – haben einen anderen Status als »Foreign Religions«, ungeachtet des Umstands, dass das Christentum seit bald 2000 Jahren in Indien beheimatet ist. Bei der Bevölkerungszählung alle zehn Jahre gibt es bis heute kein eigenes Kästchen, in dem sich Sikhs, Buddhisten oder Jains als solche ankreuzen können. Als Hindu gilt jeder, der nicht Christ, Muslim oder Parse ist.

Das Beispiel zeigt, wie der Hinduismus dank dieser definitorischen Ambivalenz andere Religionen vereinnahmen kann. Für die Jains wie für viele Buddhisten und Sikhs ist die Angst der Hindus vor einer Minorisierung nur ein Vorwand. Sie sind es, die Angst haben müssen, vom Hinduismus allmählich aufgesogen zu werden. Ein Beispiel sehen die Jains etwa darin, dass viele Hindus die Tirthankaras als Götter verehren, ähnlich wie Gautama Buddha als Avatar von Vishnu wieder dem Hindu-Kosmos einverleibt wurde.

Gleichzeitig begründet dieselbe fehlende Grenzziehung auch die tiefsitzende Angst der Hindus vor den monotheistischen Buchreligionen Christentum (Bibel) und Islam (Koran). Das Fehlen einer alles bestimmenden Doktrin wird als Mangel empfunden, ebenso wie das Fehlen einer hierarchischen Institution in Form einer Kirche. Je größer und bunter die Zahl möglicher Glaubensformen unter der lockeren Nomenklatur des Hinduismus, desto stärker das Selbstbild der Hindus als einer Vielzahl von Minderheiten.

Das Oberste Gericht selber führte dieses Argument an, als es im Jahr 2005 über den Antrag der Jains befinden musste, als selbständige Religionsgemeinschaft klassifiziert zu werden und damit den Status einer Minderheit zu genießen. Das Gericht führte an, der Hinduismus bestehe nur aus Minderheiten, und die Jains seien eben auch eine solche. Es lehnte das Gesuch ab.

Dies mag für bestimmte religiöse Auffassungen tatsächlich zutreffen. Die Jains anerkennen das Prinzip von Karma und Wiedergeburt. Sie verhalten sich auch wie eine Kaste, heiraten unter sich, gehen aber auch – im Unterschied zu den Parsen – Ehen mit Mitgliedern anderer Hindu-Geschäftskasten ein.

Dagegen lehnen sie die Autorität der Veden, einem hinduistischen »Grundtext«, ab. Sie behaupten vielmehr, ihre religiösen Quellen seien älter als die Veden. Sie glauben auch nicht an einen Schöpfungsakt oder -gott. Die 24 Tirthankaras waren Menschen. Sie werden verehrt, weil sie dank ihres vorbildlichen Lebenswandels den Kreislauf der Wiedergeburt vollendet haben.

Die Jains gaben aber nicht auf, und im Januar 2014 gestand ihnen die Regierung den Minderheitenstatus zu. Es war höchste Zeit. Viele Jains befürchteten nämlich, dass der wahrscheinliche Sieg der Hindutva-Partei BJP bei der bevorstehenden Parlamentswahl das Ende ihrer Versuche darstellen würde. Eine BJP-Regierung würde das Gesuch blockieren, denn sie sähe darin nichts als eine weitere Schwächung der Hindu-Gemeinschaft.

Die Jains haben Mühe, ihre fundamentalen Differenzen zum Hinduismus klar zu artikulieren. Sie versuchen dies vor allem durch Symbole und Rituale wettzumachen. Ihr Gemeinschaftsverhalten kreist um den zentralen Aspekt der Gewaltlosigkeit – Ahimsa. Dieser artikuliert sich aber nicht als soziale Philosophie – wie etwa bei Gandhi – sondern in den ritualisierten Formen von Essen und Kleidung.

In Indien begegnet man immer wieder den weißgekleideten Gestalten jainistischer Mönche und Nonnen. Sie laufen barfuß und tragen ihren ganzen Besitz mit sich. Dazu gehört meist auch ein Besen, mit dem sie den Boden vor sich wischen, damit ja kein Insekt zertrampelt wird. Ein Mundschutz verhindert, dass ein solches eingeatmet wird. Manchmal sind diese Wandermönche ganz nackt, denn auch die Herstellung von Kleidern – das Schneiden und Nähen von Stoff – gilt als Gewaltanwendung.

Ihr Begriff des Vegetarismus ist ebenfalls philosophisch begründet. Ein Jain darf kein Gemüse essen, das unter dem Boden wächst, denn die Ernte solchen Gemüses ist mit dem Töten von Würmern verbunden. Doch auch hier ist das Geschäft oft wichtiger als die Religion. Einer der größten Zwiebelhändler in Mumbai ist ein Jain. Jains mögen keinem Insekt etwas antun, doch wenn es um den Zutritt von Muslimen in eine *Housing Colony* der Jains geht, können sie rabiat werden.

Die rigide Dichotomie vegetarischer und nichtvegetarischer Lebenspraxis schließt im Übrigen auch das Tierreich ein. In Delhi gibt es eine »Jain Bird Clinic«, die kostenlos verletzte Vögel pflegt. Meine Frau und ich brachten einmal eine Grüntaube mit einem gebrochenen Flügel dorthin. Sie wurde sorgsam in Empfang genommen, operiert und zur Genesung in einen der vielen Käfige gelegt. Sie verdankte diese Gastfreundschaft allein der Tatsache, dass sie kein tierfressender Raubvogel war. Ein solcher wäre zwar auch operiert worden – aber in einem Vorbau und nur ambulant.

Die staatliche Anerkennung der Jains als Minderheit wird die äußeren Formen ihrer Religion wieder stärken. Dies drückte sich auch im Bild aus, das sich im Februar 2014 auf der großen Grünanlage des Maidan in Mumbai präsentierte. Mehrere Zehntausend Jains hatten sich dort versammelt, um ihren neugewonnenen Status als Minderheit zu feiern. Sie waren alle in Weiß gekleidet, der traditionellen Farbe von Gebet und Tempelbesuch.

Ich allerdings hatte mich zunächst in der Religion und in der Farbinterpretation geirrt. Denn einige Wochen zuvor war am selben Ort eine noch größere Menschenmenge zusammengeströmt, ebenfalls in Weiß. Damals war es jedoch die Farbe der Trauer gewesen, eine Feier für das verstorbene Oberhaupt der

Sekte der Dawoodi Bohras. So dachte ich zuerst, die Jain-Feier sei eine weitere Trauerfeier für diesen, bevor mich ein Passant eines Besseren belehrte. Indien ist, so dachte ich, nicht nur ein Land von vielerlei Farben – jede scheint auch vielerlei Bedeutungen zu tragen.

Die Bohras sind Muslime, doch auch sie könnte man als Kaste bezeichnen, denn sie leben und heiraten unter sich, feiern ihre eigenen Feste, haben ihre Gotteshäuser und typischen Kleiderformen. Wie die Jains und die Hindu-Baniyas sind sie eine Geschäftskaste aus Gujarat. Der Koran ist ihre Heilige Schrift, und sie befolgen auch die fünf Gebote jedes Muslims.

Wie bei anderen Minderheiten befolgen auch sie ihre Gebote in der Regel noch strikter als ihre sunnitischen Glaubensbrüder. So wird etwa das Zinsverbot streng angewandt. Allerdings gewähren sie ihre zinslosen Darlehen nur Glaubensgenossen. Wie es sich für eine Kaste gehört, fördert das religiöse Gebot die soziale Kohäsion und es stärkt auch die ökonomische.

Die Bohras sind ein Beispiel für die Vielfalt von Minderheiten im Islam, und es ist wohl kein Zufall, dass so viele gerade in Indien existieren. Strenggenommen sind sie gleich vierfach eine Minderheit: Sie sind ein Absprengsel der Ismaeliten (zu denen sich auch die Anhänger des Aga Khan zählen), die Ismaeliten sind ihrerseits eine Minderheit unter den Schiiten, und diese wiederum bilden gegenüber den Sunniten eine Minderheit im Islam, der in Indien ebenfalls eine religiöse Minderheit darstellt.

Sie alle stehen unter dem Schutz von Indiens säkularer Verfassung. In den letzten Jahren sind zahlreiche Bohra-Familien nach Indien eingewandert – die meisten aus Pakistan. Als Ismaeliten gelten sie dort gemäß Scharia-Gesetz nicht als richtige Muslime, und als Schiiten waren sie ständigen Anfeindungen radikaler Sunniten ausgesetzt. In Indien dagegen können die Bohras auf eine lange Geschichte der Toleranz zurückblicken. Sie waren im 16. Jahrhundert aus dem Jemen eingewandert und etablierten sich neben den Parsen und den Jains in Gujarat als erfolgreiche Geschäftskaste.

Die große Zahl weißgekleideter Männer an jenem Februartag 2014 war, trotz des Traueranlasses, auch ein Beweis ihres anerkannten Status in Mumbai und in Indien. Sie wissen, dass sie im hinduistischen Indien besser geschützt sind als in der pakistanischen »Heimat der Muslime«. Wie die Parsen und die Jains befolgen sie den weisen Rat, sich nicht mit der Milch der Hindu-Gesellschaft zu vermengen, sondern stattdessen – eine Kaste zu sein.

Der Minderheitenstatus ist jedoch nicht nur Schutz, er birgt auch die Gefahr der Verknöcherung. Die Angst vor dem Aussterben hat bei den Parsen zu heftigen Richtungskämpfen geführt, ob Heiraten mit Nichtparsen erlaubt sind. Auch die Luftbestattung in den »Towers of Silence« ist umstritten, seitdem die kadaverfressenden Geier noch schneller aussterben als die Parsen. Eine Jain-Organisation versuchte die Regierung zu bewegen, in den Kantinen der Technischen Hochschulen der IITs nur vegetarische Nahrung zuzulassen. Und Bohras schreiben ihren Mitgliedern manchmal vor, den Mädchenunterricht auf die Primarschule zu begrenzen.

Politik: Ein neues Hindu-Reich?

Die 16. Parlamentswahl in Indien 2014 war die größte politische Veranstaltung in der Geschichte der Menschheit. 814 Millionen Menschen waren zur Urne geladen, nahezu eine Million elektronische Wahlgeräte wurden installiert, acht Millionen Personen, Wahlhelfer, Beobachter, Sicherheitskräfte, kamen zum Einsatz. Die Großveranstaltung wurde aus logistischen Gründen auf neun Wahlrunden verteilt und dauerte neun Wochen, nach 90 Tagen Wahlkampf. Die Wahlbeteiligung lag bei 66 Prozent.

Die Verantwortung für die Durchführung von Wahlen in Indien liegt bei der Obersten Wahlkommission. Sie verfügt in diesen fünf Monaten über eine quasi diktatorische Macht. Sie kann wenn nötig den Premierminister maßregeln, jeder Regierungsentscheid muss von ihr abgesegnet werden, Versetzungen von Beamten sind blockiert, und sie kann uneingeschränkt Verstärkungen von Polizei- und paramilitärischen Einheiten aufbieten.

Der Model Election Code, quasi das Grundgesetz des Wahlkampfs, sieht zudem scharfe Strafen vor, wenn die freie Meinungsbildung der Wähler behindert oder über Gebühr beeinflusst wird. Er schreibt vor, wie viel Geld ein Kandidat oder eine Partei einsetzen darf, wie lange die Wahlveranstaltungen am Abend dauern dürfen, wie groß die maximale Wattstärke der Lautsprecher zu sein hat und in welcher Entfernung von religiösen Stätten und Wahllokalen Wahlauftritte stattfinden dürfen.

Das Wahlgesetz ist geradezu extravagant in seiner Sorge, jedem Wähler die Stimmabgabe zu erleichtern. Für je 1000 Wähler ist ein Wahllokal bereitzustellen. In den dichtbesiedelten Großstädten wie Mumbai ist dies ein Leichtes, aber in Indien gibt es

Wüsten, Wälder und Gebirge, die abgelegen und dünnbesiedelt sind. Die 1000-Wähler-Formel würde bedeuten, dass manche Leute viele Kilometer bis zum nächsten Wahllokal zurücklegen müssten. In Ladakh etwa, dem indischen Klein-Tibet, zählen nur vier der 274 Siedlungen mehr als 1000 Wahlberechtigte.

Eine weitere Bestimmung schreibt daher vor, dass keinem Wähler ein Weg von mehr als zwei Kilometern zuzumuten ist. Im Gir-Urwald von Gujarat, der Heimat des Asiatischen Löwen, musste ein Wahllokal eingerichtet werden, damit ein Einsiedler, der einzige (menschliche) Bewohner weit und breit, abstimmen konnte. Da das Gesetz auch die Präsenz von zwei Wahlhelfern, einem Beobachter und einem Sicherheitsbeamten, vorschreibt, musste sich ein Viererteam zu dem *Sadhu* aufmachen.

Indien ist das einzige große arme Land der Welt, das in 65 Jahren (mit einem kleinen Ausrutscher von 18 Monaten) der Demokratie treu geblieben ist. Doch bei allem berechtigten Stolz der Inder auf die Stabilität, die sie dem Land gebracht hat – die durchschnittliche Regierungszeit liegt bei vier (von insgesamt fünf) Jahren – auch das indische Wahlsystem bleibt nicht von Korruption verschont. Der Erfolg der indischen Demokratie (ausgedrückt in einer durchweg hohen Wahlbeteiligung) zeigt sich leider auch gerade darin, dass sie die größte »Geldwaschmaschine« des Landes ist. Nie zirkuliert so viel Schwarzgeld im Land wie bei den Wahlen – und interessanterweise ist die mächtige Wahlkommission dabei ausgeschaltet.

Ein winziger Gesetzesparagraf öffnet diese Geldschleuse. Er besagt, dass Wahlspenden bis zu 20 000 Rupien – entsprechend zwei durchschnittlichen Monatssalären – nicht verbucht werden müssen, weder vom Geber noch vom Empfänger. Kommen Steuerfahnder vorbei, kann der Finanzchef einer Partei die enormen Bankreserven als ein Vielfaches von Millionen von Kleinspenden deklarieren. Erleichternd kommt für sie hinzu, dass politische Parteien ihre Bilanzen bis heute keiner unabhängigen Rechnungsprüfung unterziehen müssen.

Bereits dreimal hat die Wahlkommission das Parlament formell aufgefordert, dieses Leck zu schließen, doch es gibt offensichtlich wichtigere Aufgaben. Keine einzige Partei hat sich bisher zur Anwältin einer stärkeren Kontrolle von Wahlkampfgeldern gemacht, so sehr ist jede auf illegale Spenden angewiesen, um die zunehmend teuren Wahlkämpfe zu finanzieren. Alle haben das erlaubte Maximum an Wahlkampfausgaben längst hinter sich gelassen.

Nur die Aam Admi Party (»Partei des einfachen Mannes«), die 2012 im Gefolge einer Antikorruptionskampagne gegründet worden war, hat den Kampf gegen Bestechung auf ihre Fahne geschrieben. Sie führt über jede Geldspende Buch und errang 2014 auf Anhieb drei Sitze im Parlament. Sie wird das Gesetz über Wahlspenden nicht zum Kippen bringen, aber vielleicht macht sie sich als Rufer in der Wüste einen Namen. Das steht einer Demokratie immer gut.

Narendra Modi, Indiens neuer Premierminister, muss sich darüber vorläufig keine Sorgen machen – er hat seine Schäfchen im Trockenen. Die Indische Volkspartei BJP und ihre Allianzpartner haben 335 Sitze. Die Koalition besteht aus 25 Parteien, aber die Zahlenangabe verschleiert das wirkliche Kräfteverhältnis. 24 Parteien kommen auf nur 53 Sitze, während die BJP allein 282 Sitze gewann – zehn Mandate über der absoluten Mehrheit (das Parlament verfügt insgesamt über 543 Sitze).

Die Alliierten und erst recht die BJP-Vertreter werden dem Diktat des Siegers auch deshalb folgen, weil viele ihren Sitz Modi persönlich verdanken. Noch nie in der Geschichte der indischen Wahlen, selbst nicht unter dem Staatsgründer Jawaharlal Nehru oder dessen charismatischer Tochter Indira Gandhi, ist wie 2014 ein Wahlkampf so stark von nur einer Persönlichkeit bestimmt worden.

Eine Randbedingung dafür war der unbegrenzte Zugang zu üppigen Finanzquellen, eine zweite der Zustrom von zahlreichen freiwilligen Helfern und Kadern aus dem Umfeld des RSS. Drittens war der strategische Einsatz moderner Kommunikations- und

Marketingtechniken von Bedeutung sowie die Meisterschaft, mit der Modi sie nutzte, um damit eine Marke zu schaffen, als wäre er selbst ein Konsumprodukt.

Die nahtlose Verzahnung aller drei Elemente brachte der BJP einen Sieg, wie ihn in den letzten 30 Jahren ein einziges Mal die Kongresspartei errungen hatte. Die volle Wahlkasse erlaubte es Modi, in drei Monaten mit Flugzeugen und Helikoptern über 300 000 Kilometer zurückzulegen und 339 Großanlässe zu absolvieren. Die Medien wurden professionell bedient. Aus den (inzwischen über 250) privaten TV-Nachrichtenkanälen strömten unablässig Modi-Videos. Sie knüpften an die unzähligen Straßenplakate, Radiospots und Zeitungsinserate an.

Zum ersten Mal wurden die sozialen Medien zu einer potenten Wahlkampfwaffe. Auslandsinder, allen voran Gujaraten in den USA, transferierten ihre Modi-Fanclubs virtuell nach Indien und machten aus ihnen digitale Wahlkampfzentralen. Im Gepäck hatten sie auch die Lektionen aus dem zweiten Obama-Wahlkampf von 2011 in Sachen Facebook- und Twitter. Algorithmen ermöglichten es, Wählerverhalten und Einstellungen bis auf kleine demografische Segmente herunterzubrechen. Diese konnte man gezielt umwerben. Jedes gegnerische Signal konnte sofort und flächendeckend mit Gegendarstellungen angegriffen werden.

Modi und sein engeres Team spielten auf dieser Klaviatur so gut, dass nicht nur die Gegner, sondern auch die meisten BJP-Kandidaten wie Komparsen aussahen. Es war unerheblich, wer diese waren – Kongressüberläufer, politische Windfahnen, vermutliche Straftäter, alte Parteihaudegen. Es zählte nur *NaMo*. Als ich unseren Angestellten Viraj fragte, für wen er stimmen werde, sagte er »Modi«. Wie denn der Name des Kandidaten sei, wollte ich wissen. »Modiwallah«, kam die Antwort.

Nicht nur das Medium, auch der Inhalt seiner Aussagen machte Modis Botschaft so einprägsam. Wer gehofft – oder befürchtet – hatte, dass der BJP-Kandidat zur hindu-nationalistischen Rhetorik greifen würde, sah sich getäuscht. »Vikas« (Entwicklung,

Fortschritt) und das englische Wort »Maximum Governance« waren die zentralen Begriffe; die Kampfworte der Nationalisten – Ram-Tempelbau, islamischer Terror, Pseudosäkularismus – nahm er kaum in den Mund. Inhaltsanalysen seiner Reden durch Google ergaben, dass er die Schlagworte »Fortschritt« und »Hindutva« im Verhältnis von 250 zu 1 erwähnte.

Nur wenn er Gegner persönlich aufs Korn nahm, brachen die tiefsitzenden Ressentiments hervor: Rahul Gandhi, den Kandidaten der regierenden Kongresspartei, nannte er meist »Shehzada«, Kronprinz – eine Bezeichnung, die die Familiendynastie der Gandhis in der Öffentlichkeit lächerlich machte und ihn mit diesem Begriff in Urdu, der Sprache der Muslime, in deren Ecke stellte. Die beiden Politiker A. K. Anthony und A. Kejriwal nannte er immer nur »AK« und rückte sie damit in die Nähe der AK-47 Kalashnikovs, der Waffen des islamistischen Terrors.

Solche Entgleisungen sind aber geradezu unschuldig im Vergleich zu den Hohnsprüchen, die man sonst von Modi gewohnt war. Der dosierte Einsatz von Reizthemen verriet, worauf Modi es angelegt hatte: Zum ersten Mal überhaupt appellierte er an die große Hindu-Mehrheit in der Wählerschaft, die der BJP endlich den lange ersehnten Titel der Partei aller Hindus – und damit die Parlamentsmehrheit – bescheren würde.

Es war Modi offenbar klar geworden, dass mit Religionshass allein kein Staat zu machen ist. In Gujarat war ihm dies noch gelungen, dank der besonderen lokalen Gegebenheiten. An der Grenze zu Pakistan gelegen und während Jahrhunderten von afghanischen Feudaldynastien beherrscht, blickt Gujarat auf eine lange Geschichte religiöser Spannungen zurück. Selbst in Gujarat hatte Modi eingesehen, dass seine harsche Rhetorik zwar eine kurzzeitige Mobilisierung ermöglichen mag, den Magen der Wähler aber nicht füllt. Seine bemerkenswerte Transformation zu einem erfolgreichen Manager des wirtschaftlichen Wachstums brachte ihm drei Wahlsiege hintereinander ein. Sie waren die Startrampe, die ihn auf die nationale Bühne katapultierte.

Koalitionsregierungen sind erst in den letzten 25 Jahren zu einem Charakteristikum der nationalen Parteienlandschaft geworden. Zuvor hatte die Kongresspartei Parlamentsmehrheiten jeweils mit relativen Mehrheiten gewinnen können. Sie verdankte dies Indiens Mehrheitswahlrecht. Es erlaubt Parteien mit einem geringen Stimmenanteil – manchmal genügen 15 Prozent – eine Wahl zu gewinnen dank des Umstands, dass die Gegner noch weniger Wähler auf die Beine gebracht haben.

Die einzige Bedingung war, dass die Kongresspartei relativ große und geografisch kompakte Wählergruppen ansprechen konnte, um zu siegen. Jahrzehntelang lautete die Formel »KHAM«: Kshatriyas, Dalits (früher »Harijans« genannt), Adivasi und Muslime. Die Parteispitze war von hochkastigen Brahmanen und Kshatriyas dominiert und konnte auf die Solidarität dieser Kasten zählen. Die Muslime waren eine religiöse Minderheit und auf staatlichen Schutz angewiesen. Und dank des Mythos von Mahatma Gandhi konnte sich die Partei schon sehr lange als Beschützerin der armen Dalits und Stammesangehörigen präsentieren.

Problematisch an diesem Ansatz war, dass der Kongress bei aller Rhetorik des sozialen und wirtschaftlichen Aufbruchs ein Interesse hatte, diesen Status quo zu erhalten. Die Muslime wurden im Namen von Säkularismus und religiöser Toleranz in ihrer oft antifeministischen und fundamentalistischen Haltung bestärkt. Die Dalits erhielten Zuwendung in Form von Quoten, die aber nicht dazu dienten, sie aus ihrer Armut zu führen. Denn dann wären sie ja nicht mehr das Wählerreservoir gewesen, auf das die Partei zurückgreifen konnte.

Diese Politik erhielt 1989 einen heftigen Schlag, als mit dem Mandal-Bericht und der neuen Quotenregelung zugunsten der OBCs die Shudra-Kasten aufbegehrten. Für diese zusätzlichen 3600 Kasten war aber der wirtschaftliche Kuchen nicht mehr groß genug. Die Regierung versuchte ihn dennoch zu verteilen, doch bereits ein Jahr später versetzte der zusätzliche Ölpreisschock des ersten Golfkriegs der Wirtschaft einen derartigen Dämpfer, dass Indien vor dem Internationalen Währungsfonds zu Kreuze kriechen musste. Um seine Zahlungsfähigkeit nicht einzubüßen, willigte es in eine radikale wirtschaftliche Öffnung ein.

Die Liberalisierung der Wirtschaft erwies sich als rettende Lösung. Das raschere Wirtschaftswachstum spülte neue Steuergelder in die Staatskasse. Mit diesen konnte die Regierung ihre Sozialprogramme sogar noch ausweiten, ohne sie effizienter zu gestalten. Die Kongresspartei errang zwar keine Mehrheitssiege mehr, aber sie hielt die kleinen Koalitionspartner von Kasten- und Regionalparteien mit Ministerpfründen und der großzügigen Duldung von Korruption bei der Stange.

Aber nach Jahrzehnten pseudosozialistischer und -säkularer Politik war die Rhetorik eines Wohlfahrtsstaats nach westlichem Muster ausgehöhlt. Als einigendes Band blieb der Partei nur noch das Charisma der Nehru-Gandhi-Dynastie. Sonia Gandhi hatte sich nach der Ermordung ihres Gatten Rajiv zunächst geweigert, in seine Fußstapfen zu treten. Doch fünf Jahre später gab sie nach und wurde Präsidentin der Kongresspartei. Es gelang ihr, den Wählerschwund aufzuhalten und die Wahlen 2004 und 2009 jeweils mit einer respektablen relativen Mehrheit zu gewinnen.

Bei der Nachfolgeplanung hatte sie dann weniger Glück. Ihre Kinder Priyanka und Rahul, gezeichnet von den traumatischen Kindheitserinnerungen der Ermordung von Vater und Großmutter, zeigten wenig Lust, sich für eine weitere Generation der Partei zu opfern. Doch Parteidruck und ein gutes Maß dynastischer Hybris bewogen Rahul Gandhi dann doch zur Übernahme der Spitzenkandidatur für den Wahlkampf 2014 – er wurde damit zum direkten Gegner von Narendra Modi.

Die Persönlichkeiten der beiden Herausforderer wurden zu einem entscheidenden Merkmal des Wahlkampfs. Dem mit 44 Jahren jungen und unerfahrenen Rahul Gandhi, der in Hamlet-Manier mit seinem Schicksal haderte, stand ein Vollblutpolitiker gegenüber. Narendra Modi hatte sich vom 18. Lebensjahr an mit

Leib und Seele dem Dienst an *Bharat Mata*, »Mutter Indien«, verschrieben. Er ist ein politischer Ränkeschmied in Reinform, hatte inzwischen 13 Jahre Regierungserfahrung und gilt als demagogisches Naturtalent. Rahul trat dagegen ohne Regierungserfahrung an, und als Redner spricht er so hastig, dass der Funke selten auf die Zuhörer überspringt.

Wie sollte es der Partei gelingen, die BJP trotz deren Zugpferd Modi zu schlagen? Diese hatte der Hindutva-Ideologie nie abgeschworen. Sie hatte der Herausforderung der weiteren Aufsplitterung der Hindu-Stimmen durch die OBC-Quoten mit einer Radikalisierung ihrer religiösen Rhetorik gekontert. Zwei Jahre nach der neuen Quotengesetzgebung hatte eine Horde von Fanatikern aus verschiedenen Zweigen des RSS-Netzwerks die 350 Jahre alte Babar-Moschee in Ayodhya gestürmt und zerstört. In der Folge kam es in ganz Indien zu schweren Unruhen mit zahlreichen Toten. Die Kalkulation schien aufzugehen: Die Zahl der BJP-Abgeordneten im Parlament stieg von 2 (1984) auf 85 (1989) und weiter auf 182 (1998) Sitze – genug, um ihr erstmals die Führung einer Koalitionsregierung einzutragen.

Doch es war nicht die Parole einer *Hindu Rashtra*, eines Hindu-Reichs, die die BJP mehrheitsfähig machte. Ministerpräsident Vajpayee akzeptierte, dass Indien in eine lange Phase von Koalitionsregierungen eintrat, und sah darin ein getreues Abbild der Diversität der indischen Gesellschaft. Er setzte auf ideologischen Kompromiss und wollte die Partei als liberalkonservative Rechtspartei positionieren. Als sich Narendra Modi 2002 nicht von den Rädelsführern der Pogrome in Gujarat distanzieren mochte, legte Vajpayee ihm den Rücktritt nahe, wurde aber von seiner Partei zurückgepfiffen.

Selbst zwölf Jahre später vermochte sich Modi nicht zu einer Entschuldigungsgeste durchzuringen. Er hatte zwar seine Hetzrhetorik gemildert und nahm das Wort Muslim gar nicht mehr in den Mund. Aber damit nährte er nur den Verdacht, die Muslime zur kollektiven Unperson machen zu wollen. Modi füllte die rhetorische Leerstelle mit dem Diskurs »Entwicklung und Fortschritt«. Für die Kongresspartei war dies nichts als ein Feigenblatt für dessen tiefsitzende Ideologie des Hasses. Nicht so für die städtischen Mittelklassen. Sie wollten endlich die Konsumfrüchte der Liberalisierung genießen. Und auch die Armen hatten es satt, mit Subventionskrücken abgefertigt zu werden.

Auch die Einstellungen der Jung- und Erstwähler hatten sich verändert. Obwohl Modi 20 Jahre älter war als sein Kontrahent, erkannte er zielsicher Potenzial und Aspirationen dieses Wählersegments. Allein die Zahl der Erstwähler belief sich 2014 auf 125 Millionen. Während Gandhi im Wahlkampf weiterhin über Rechte für seine Wähler sprach – das Recht auf Arbeit, Wohnung, Essen, sogar auf die Förderung von Unternehmergeist, versprach Modi eines: Jobs.

»Mae hu Mazdoor Number One« lautete einer der Slogans von Modis Wahlkampf – »Ich bin der erste Arbeiter«. Es war eigentlich nichts Besonderes, denn welcher Politiker bietet nicht ein solches Image an, wenn drei Viertel des Publikums – 600 Millionen Wähler – Arbeiter sind: Handwerker, Bauern, Hausfrauen, Tagelöhner. Dennoch hatte bisher wohl noch nie ein Spitzenpolitiker diesen Ausdruck gebraucht. Denn das gesellschaftliche Ideal auch der armen Mehrheit ist nicht der Arbeiter, sondern der Dienstleister, der Beamte, die Bürokraft, die Angestellte im Callcenter. Es ist ein Überbleibsel des Brahmanismus und seiner Obsession, sich nicht die Hände schmutzig zu machen.

»Mazdoor« dagegen ist ein sozialpsychologisch stark belasteter Begriff. Er meint nicht den selbstbewussten Fabrikarbeiter – in Indien ein Mittelklasseberuf –, sondern den Tagelöhner. Dieser gehört fast immer einer unteren Kaste an, einer Kaste wie den Ghanchis, den Ölpressern – Modis Kaste. Dementsprechend trägt Modi fast immer eine einfache traditionelle Kleidung. Er schmückt sie aber gleichzeitig mit smarten, gehobenen Accessoires: Bulgari-Brille, Movado-Uhr, Montblanc-Schreibzeug.

Das Kurta-Hemd ist kurzärmelig – sein Träger ist anpackend und erfolgreich. Die Kombination ist perfekt: Auf dem Boden einer harten Realität werden gleichzeitig Wunschbilder angesprochen.

»Auch ich bin ein Unberührbarer«, so freundete sich Modi auch mit den Dalits an. Die Parole war eine Anspielung auf seine zahlreichen Gegner im liberalen Establishment, das ihm wegen seiner dubiosen Rolle bei den Pogromen als politisch Unberührbarem aus dem Weg ging. Modi drehte das Wort um: »Ich bin politisch unberührbar, weil ich sozial unberührbar bin«, schien er zu sagen. Er bagatellisierte damit seine fatale Rolle bei den Pogromen von 2002. Gleichzeitig nutzte er seine niedrigkastige Herkunft und half der BJP, das lästige Etikett einer Partei der Banias und Brahmanen loszuwerden.

Er berief seinen engen Vertrauten Amit Shah zum Wahlkampfleiter von Uttar Pradesh (UP), Indiens größtem Bundesstaat, der allein 80 Abgeordnete ins Parlament entsendet. Wer hier eine Erfolgsstrategie fand, so die Meinung aller Beobachter, würde auch in den anderen Staaten des Gangesbecken Sitzgewinne erzielen.

Nach dem Wahlsieg der BJP in UP erklärte Shah in Interviews, der Grundstein des Erfolgs sei die intensive Bearbeitung der Dalits und OBCs gewesen. Sie gehörten in den letzten 20 Jahren zur Stammwählerschaft der ersten erfolgreichen Dalit-Politikerin, Mayawati. Um sie ihr abspenstig zu machen, hatte Shah über hundert *Sammelans* besucht. Diese (halbgeheimen) Versammlungen von Kastenvertretern finden traditionell Monate vor einer Wahl statt. Dort wird entschieden, welcher Partei ihre (Unter-)Kaste die Stimme geben soll, je nachdem, welche Wahlversprechen sie erhalten.

Modis Ausführungsgehilfe Shah griff auch zu handfesteren Mitteln. Monate vor Beginn des eigentlichen Wahlkampfs kam es in der Region von Muzaffarnagar im westlichen UP zu schweren Unruhen zwischen Hindus und Muslimen. Der Anlass war, wie so oft, relativ banal: Ein junger Muslim, der ein Hindu-Mädchen heiraten wollte, wurde ermordet. Ein Revancheakt forderte den Tod von zwei jungen Hindus, darunter der Bruder des Mädchens. Die brutale Henkersszene des Racheakts kursierte bald schon in Facebook, auf YouTube und Twitter. Erst viel später stellte sich heraus, dass das Video aus einer pakistanischen Website kopiert worden war. Es war zu spät, um zu verhindern, dass in zahlreichen Dörfern muslimische Heimstätten in Brand gesteckt wurden. Es kam zu Messerstechereien, Vergewaltigungen, Zusammenrottungen. Tausende Muslime flohen in notdürftig eingerichtete Lager.

Der »Zufall« wollte es, dass die jungen Hindu-Opfer unterkastige OBCs gewesen waren. Das verwandelte zum ersten Mal die beiden ärmsten Gemeinschaften zu Gegnern. Muslime wie Dalits/OBCs wohnen nah beieinander, und so wurden aus den engen Dorfgassen eigentliche Kampfzonen. Jahrzehntelang war in dieser Region die Kasten- und Klassenzugehörigkeit wichtiger gewesen als die Religion. Zum ersten Mal verliefen die Konfliktlinien entlang religiöser Markierungen: arme Muslime gegen arme Hindus.

Oppositionspolitiker klagten die BJP an, unter den Dalits und OBCs die Angst vor Muslimen geschürt zu haben. Damit machte sie die Dalits der Partei der Dalit-Politikerin Mayawati abspenstig. Das Resultat war für Narendra Modi sehr schmeichelhaft: Mayawatis Partei verlor alle ihre 20 Sitze, die BJP verbesserte ihren Anteil im wichtigsten Bundesstaat von 10 auf 71 – ein Viertel ihres landesweiten Ertrags.

Modi selbst äußerte sich nie öffentlich zu den Unruhen. Er sprach nur selten direkt zu den Muslimen, und wenn, dann mit dem konzilianten Ton eines Landesvaters. In Bihar rief er aus, statt sich gegenseitig zu bekämpfen, sollten Muslime und Hindus doch ihren gemeinsamen Feind, die Armut, besiegen. Auf der Liste der BJP-Kandidaten befand sich aber kein einziger Muslim. Das Resultat: Noch nie in der Geschichte des Parlaments haben die Muslime derart wenige Vertreter – nur vier Prozent der Abgeordneten, bei einem Bevölkerungsanteil von 13 Prozent.

Dalits dagegen wurden fast in jeder Rede angesprochen, oft als brüderliche Hindus. Auf dem Weg zur Registrierung als Wahlkandidat von Varanasi machte Modi bei einer Ambedkar-Büste Halt und ehrte diesen mit einer Girlande. Eine Reihe von Dalit-Politikern bekam ein BJP-Ticket. Auch Udit Raj gehörte dazu, mein alter Nachbar in Delhi. Wie alle anderen Dalit-Vertreter ritt auch er auf der Modi-Welle erstmals ins Parlament ein.

Neben Ambedkar hatte Modi auf dem Weg zu seiner Wahlregistrierung drei weitere Persönlichkeiten geehrt. Alle drei waren Brahmanen. Sie sind ein wichtiges Wählersegment in Nordindien und scheinen den Ghanchi Narendra Modi inzwischen zum Ehren-Brahmanen erkoren zu haben. Folgendes Zitat stammt vom Schreiber eines Leserbriefs in der linksliberalen Tageszeitung *The Hindu:* Modi »ist die Quintessenz des Brahmanismus: Bildung, Wissen, Macht, Kontrolle [...] Und das Schönste: Brahmanismus in einem OBC wirkt für Menschen aus unteren Kasten wie ein Magnet und lässt sie dieselben Ideale verinnerlichen. [...] Dazu kommt, dass Modi hellhäutig ist. Je heller du bist, desto brahmanischer bist du. [...] Noch besser: Er trägt seine Religion offen zur Schau und fordert den anderen, die Muslime, heraus. Brahmanen bewundern diese selbstbewusste Art, weil sie ihnen selbst oft abgeht.«

Publikumsreaktionen wie die des *The-Hindu*-Lesers T. M. Krishna sind ein Indiz, dass der massive Wahlsieg der BJP weit mehr bedeuten könnte als einen Wechsel zwischen Regierung und Opposition, wie er in reifen Demokratien üblich ist. Er ist auch mehr als ein wirtschaftsideologischer Pendelausschlag zwischen links und rechts von der politischen Mitte.

Narendra Modi befleißigte sich großer Zurückhaltung in der Herausforderung des »Anderen«. Kaum ein böses Wort kam über seine Lippen. Für die giftigen Kommentare seiner Scharfmacher fand er aber nur beschwichtigende Worte. Neu war jedoch die Selbstverständlichkeit, mit der er nach dem Wahlsieg seine Religion offen zur Schau trug. Er rüttelte dabei an einer der Grundfesten der indischen Demokratie, dem Säkularismus. Dieser war, wie bereits früher erwähnt, schon immer weit entfernt von Europas aufklärerischem Ideal eines laizistischen Staats. Doch selbst die vorgebliche staatliche Äquidistanz zu allen Religionen schien Modi nun aufzugeben.

Der dominierende Diskurs der linksliberalen intellektuellen Elite hatte – mit einem agnostischen Nehru als Schutzpatron – hinduistische Alltagsrituale immer aus der Öffentlichkeit verbannt, indem er diese als antimodern und obskurantistisch verhöhnte. Dahinter lag die berechtigte Angst, dass die demografische Übermacht der Hindus die Selbstbehauptung der religiösen Minderheiten gefährde. Sie ging aber so weit, dass selbst Dinge quasi »Minderheitenschutz« genossen, die Menschen- und Verfassungsrechte verletzten – während ähnliche Praktiken der Hindus verurteilt wurden.

Dieser »Pseudosäkularismus«, wie die BJP ihn nannte, übersah geflissentlich, dass die alltägliche Religiosität vieler Hindus keineswegs ein antimodernes Überbleibsel war. Sie ist vielmehr ein wichtiges Mittel für viele, bei einer Sinnsuche und ethischen Orientierung. Sie erfüllt damit die positive Funktion, den Säkularisierungsprozess des modernen Lebens anzunehmen und zu integrieren.

Modi nutzte dieses Bedürfnis vieler Wähler, sich für ihre Religion nicht schämen zu müssen, sondern stolz auf sie zu sein. Der historisch »Andere« – der angebliche, muslimische Eroberer und Zwangsbekehrer – bleibt im Hintergrund immer präsent. Er ist ein Feindbild, das der Rückgewinnung einer eigenen positiven Identität dient. Modi hatte die psychologische und kulturelle Distanz nach den Pogromen von 2002 aggressiv markiert. Er tat dies derart deutlich, dass er es sich später leisten konnte, sie gar nicht mehr anzusprechen.

Hätte er die hasserfüllte Rhetorik weiter gepflegt, hätte er auch die Liberalen in ihrem Verdacht bestärkt, dass sich für Modi das Fundament eines aggressiven Hindutva-Staats nur auf den

Ruinen des Islam errichten lasse. In ihm wären die Minderheiten dann »Bürger zweiter Klasse«, wie der RSS-Ideologe Golwalkar gedroht hatte.

Modi dagegen bediente sich der Symbolsprache eines sanften, inklusiven Hinduismus. Er machte dies bei seiner Siegesfeier in Varanasi besonders deutlich. Statt eines Triumphzuges bevorzugte er eine religiöse Zeremonie am abendlichen Ufer des Ganges, voller Lichter, Sanskrit-Gesängen und Blumen. Selbst liberale Inder, die nie Modi wählen würden, waren ergriffen.

Die Wahl Varanasis für Modis Kandidatur war ein politischer Geniestreich. Der Ort trägt die Patina einer der ältesten städtischen Siedlungen der Welt. Sie ist immer noch ein zentraler Referenzpunkt in der religiösen Geografie eines jeden gläubigen Hindus. Sie ist aber auch eine Stadt, die mit ihrem Schmutz und dem krassen Kommerzialismus seiner Todesrituale den Niedergang von Gesellschaft und Religion anzeigt. Damit wird Varanasi der ideale Ausgangspunkt für Modis Agenda von Entwicklung und Renaissance. *Ganga Mata*, »Mutter Ganges«, muss wieder in ihrer Schönheit erstrahlen. Das Handwerk, explizit auch die muslimische Sari-Weberei, muss wiederbelebt werden – »Jede indische Braut ist eure potenzielle Kundin«, rief er im Wahlkampf den Webern zu.

Noch ist unklar, ob Modi mit dieser Koppelung von Religion und wirtschaftlicher Entwicklung ein neues staatspolitisches Paradigma schafft: Nicht mehr die Verfassung garantiert die Gleichbehandlung aller Religionen, sondern die religiöse Ideologie des Staats. Ihr inhärentes Toleranzprinzip würde in dieser Lesart sicherstellen, dass alle gleich geachtet werden. Noch fehlt dafür der Beweis. Er wird nur dann positiv ausfallen, wenn Modi – falls er dies kann und will – die radikalen Muslimhasser aus den eigenen Reihen in die Schranken weist.

Die Folgen wären sonst unabsehbar. Denn wenn statt eines Verfassungsprinzips eine überwältigende Mehrheit der Bürger (respektive seiner Volksvertreter) darüber entscheidet, ob und wie Toleranz gewährt wird, entscheidet diese auch, wo sie ein Ende hat.

Noch ist es zu früh, einen wirklichen Paradigmenwechsel festzustellen. Stimmenmäßig hat die BJP gerade einmal 31 Prozent der Wähler auf ihre Seite gebracht. Sie verdankt das Ausmaß ihres Siegs einem Wahlsystem, das relative Gewinner alles gewinnen lässt und relative Verlierer schwer bestraft. Die Dalit-Politikerin Mayawati kann ein Lied davon singen: Sie gewann 20 Prozent der Stimmen und führt gemäß diesem Stimmenanteil die drittgrößte Partei Indiens. Im Parlament ist sie mit keinem einzigen Sitz vertreten. Auch Demokratie kann antidemokratisch sein.

Familie: Indische Ehe, im Himmel geschlossen

Unter unseren Bekannten in Awas befinden sich zwei junge Frauen mit dem Namen Pinky. Eine helle Hautfarbe – und Rosa gehört dazu – ist ein begehrtes Attribut, gerade für Mädchen. Der zweite prüfende Blick auf das Neugeborene geht jeweils auf die Haut und gibt Antwort darauf, ob die Bitte für ein hellhäutiges Kind erhört wurde. Wenn schon ein Mädchen, bitte nicht auch noch ein dunkelhäutiges!

Die Hautfarbe der Braut ist besonders auf dem Heiratsmarkt von Bedeutung. Pinky-1, wie ich sie nennen will, die jüngere Schwester unserer Köchin, ist tatsächlich recht hellhäutig, aber es hat ihr bislang wenig geholfen. Seit drei Jahren sucht ihre Mutter einen Bräutigam, ohne Erfolg. Die Familie lebt in einem winzigen Zweizimmerhäuschen, durch das die Hühner flattern. Sie ist arm, aber als Marathen gehört sie der dominanten Bauernkaste an, und passende Partien gäbe es zuhauf. Das Problem heißt Pinky. Sie findet es gut, dass die Eltern Ehekandidaten auswählen. Aber sie will das letzte Wort haben.

Bisher hat ihr keiner gefallen, und die Familie wird allmählich nervös. Jedes Jahr macht sie ein Jahr älter und unattraktiver, selbst wenn sie immer schöner wird. Die Angst herrscht in jeder Familie: Eine 30-jährige Tochter, die nur noch die Wahl zwischen einem ältlichen Junggesellen oder einem Tunichtgut mit Alkoholfahne hat; vom Horrorszenario – eine Jungfer bleiben – gar nicht zu sprechen. Einen der Kandidaten hätte Pinky gern geheiratet, aber da streikte die Familie. Schulabschluss, Job, Motorrad, Alter, Aussehen – alles stimmte. Aber er gehörte der falschen Unterkaste an.

Pinky-1 repräsentiert den indischen Normalfall, abgesehen davon, dass die Bräutigamsuche nicht schon in ihrem 13. Lebensjahr begonnen hatte. Sie war das Nesthäkchen, und die Eltern warteten, bis Pinky bereits »ein Wort mitreden wollte«, so ihr Schwager Viraj Vakhre. Dasselbe geschah bei Pinky-2, nur dass diese noch hartnäckiger war. Pinky-2 bekam schließlich ihren Mann (und wir unseren Gärtner). Sie und ihr Sagar waren bereits als Nachbarskinder beste Freunde. Aber Sagar war der Sohn armer Eltern – ein Handicap, umso mehr, als Sagars Vater der Familie kein Dach über dem Kopf bieten konnte. Sie kamen im Haus des Schwiegersohns unter – eine Schande.

Sagar wurde ständig aus der Schule genommen, weil ihn sein Schwager als Handlanger benötigte. Dagegen war Pinky fleißig, sie schaffte die High School, lernte Englisch und *Computing*, wie man es auf dem Land nennt. Sie war eine gute Partie. Als ihre Eltern einen Kandidaten fanden, brach für sie und Sagar die Welt zusammen. Doch die beiden, und dies ist neu in Indien, rebellierten, selbst als sich das halbe Dorf gegen sie stellte.

Sie hatten weder Jobs noch Geld oder eine Wohnung. Plötzlich tauchte das Gerücht auf, dass die beiden in ihrer Verzweiflung einen Todespakt geschlossen hätten. Meine Frau wurde eingeschaltet, weil sich herumgesprochen hatte, dass sie Psychotherapeutin ist. Sie ermutigte die beiden, die Herausforderung anzunehmen. In einem abgelegenen Weiler fanden wir einen Pandit, der durchgebrannte Pärchen traute. Um der Zeremonie eine minimale soziale Sanktion zu geben, halfen wir, ein paar Leute aus dem Dorf zur Teilnahme am Hochzeitsakt zu ermuntern, darunter Sagars Eltern.

Die Geschichte von Renuka Ramaswami nahm einen ähnlichen Verlauf. Anstelle des Weilers Dhokode spielte sich Renukas Geschichte allerdings in Weltstädten wie Singapur, Bangkok, London und Washington ab. Sie hatte in England Medizin studiert und arbeitete als Onkologin im britischen National Health Service. Sie war 25 Jahre alt, überfällig für die Heirat, aber viel zu beschäftigt, selber auf die Suche nach einem Ehemann zu gehen.

Renuka überließ dies lieber ihrer Mutter. Vidya Ramaswami, eine erfolgreiche Geschäftsfrau in Singapur, ging an die Aufgabe, als sei es die Akquisition einer Firma. Sie konsultierte Webseiten, lancierte Suchinserate, kontaktierte Heiratsmakler in Chennai (die Ramaswamis sind Tamilen), eliminierte Bewerbungen. Und sie aktivierte ihr breites Netz von Verwandten und Bekannten, galt es doch, einen *TamBrahm* an Land zu ziehen, einen tamilischen Brahmanen.

Alles schien sich gegen die Heiratspläne zu verschwören. Es gab viele Interessenten, doch entweder stimmte das Alter nicht oder der Familienhintergrund, oder die Horoskope waren schlecht abgestimmt. Wenn einmal alles passte und es zu einem Telefongespräch mit Renuka kam, dann wusste sie sofort, dass er nicht der Richtige war.

Die Empfehlung eines Wissenschaftsautors namens T. Gururaj war ebenfalls steckengeblieben. Vidya hatte den Namen gegoogelt, Familienhintergrund und Werdegang ausgeleuchtet, ihm einige Eckdaten Renukas kommuniziert, eine Antwort erhalten (»I will be in touch«). Doch dann – Funkstille, ein Jahr lang. Bis Vidya Ramaswami eines Tages in der Abflughalle des Flughafens von Bangkok eine E-Mail von Gururaj erhielt. Er entschuldigte sich. Ob sie miteinander telefonieren könnten?

Das taten sie, einmal, zweimal, dann jede Woche. Gururaj traf Renuka in London, sie reiste nach Washington, Renukas Eltern flogen zum Kennenlernen nach England. Schließlich kam Renukas erlösende Ankündigung: Wir wollen heiraten. Vidya fiel ein Stein vom Herzen, aber ihre Arbeit war noch nicht vorbei. Gururaj war zwar ein *TamBrahm*. Aber sein Vater war ein einfacher Gemeindebeamter in einer Kleinstadt von Tamil Nadu. Ein Klassenunterschied also, schließlich gehörte eine Großmutter Renukas tamilischem Landadel an.

Als diese von den Heiratsplänen ihrer geliebten Enkelin erfuhr, wollte sie von der miesen Partie nichts wissen. Nun trat Renukas Vater in Aktion. Er erinnerte seine Mutter daran, dass er selber in ärmlichen Verhältnissen aufgewachsen sei (die Eltern hatten ihn seinem Onkel zur Adoption überlassen – ein alter Brauch, wenn ein verheirateter Bruder keine Kinder hat). Er sei in einem Dorf aufgewachsen, sei barfuß zur Schule gegangen. »Armut ist kein Argument«, stellte er klar.

Auch die Eltern von Gururaj mussten beruhigt werden. Doch als sich zeigte, dass beide Seiten auf den offiziell verbotenen *Dowry*-Brautpreis verzichteten, verblassten ihre Befürchtungen. Der Trauung stand nichts mehr im Weg. Am 22. August 2014 heirateten die beiden im Pilgerort von Guruvayur, in dessen Nähe Renukas Vater aufgewachsen war. »Sie will nur die engsten Verwandten und Freunde einladen. Nur hundert Leute!«, sagte Vidya resigniert.

Es war eine Hochzeit, so könnte man sagen, »unter Ausschluss der Öffentlichkeit«. In Europa mag eine Liste von hundert Eingeladenen im oberen Mittel liegen, in Indien ist sie fast ein Affront, das Eingeständnis von Knauserigkeit – es sei denn, es handle sich wie bei Pinky-2 und Sagar um eine Mesalliance. Auch in Awas sind Hochzeiten normalerweise ein Fest, zu dem alle geladen sind. Der Anlass ist fast wichtiger als die Trauung selber, da er die Eheschließung quasi sozial absegnet. Bei der Trauzeremonie sind meist nur die Familien dabei, der Augenblick, wenn sich Braut und Bräutigam offiziell zum ersten Mal von Angesicht zu Angesicht sehen.

Wie im Westen haben sich in Indien die sakralen Elemente zu pittoresken Floskeln gewandelt. Das Hochzeitsfest dagegen ist ein wichtiger Anlass für die beiden Familien, ihren Status zu markieren und ihn mit etwas Glück noch etwas anzuheben. Der Rechnungsposten »Hochzeitsfest« ist ein zentraler Bestandteil jedes indischen Familienbudgets. Je nach Kinderzahl wird schon Jahre vor ihrem Flüggewerden gespart, man verschuldet sich nach rechts und links, und es dauert Jahre, bis alle Rückzahlungen geleistet sind. Dies gilt gerade für die Töchter, ist es doch der Vater der Braut, der beim Hochzeitsfest meistens zur Kasse gebeten wird – und die Schwiegertochter, wenn nach der Hochzeit der Druck für Nachbesserungen steigt.

Meine Erfahrung in Awas zeigt allerdings, dass sich die Institution des Dorffests auch deshalb so gut hält, weil sich die Gäste an den Kosten beteiligen. Im April und Mai, der lokalen Heiratssaison, jagen sich die Hochzeiten. Und sie sind für jedermann eine finanzielle Belastung. Denn neben dem üblichen praktischen Geschenk (Haushaltsgegenstände, Saris) leistet jeder Gast seinen Beitrag zu den Essenskosten. Bei einer Hochzeit im Dorf Dodhani sah ich einmal, wie die Gäste bei ihrer Ankunft vor einem Tisch anstanden und ihren Obolus entrichteten. Er wurde mit Gebername und Summe in einem Heft eingetragen und dann laut ausgerufen.

So wird in besseren Kreisen nicht geheiratet. Wenn man seit langem mit Kastenhierarchien zu leben hat, mag es leichter fallen, mit Klassengegensätzen umzugehen. Den meisten liegt ein schlechtes Sozialgewissen ohnehin fern. Wer reich ist, soll es auch zeigen. Es darf geklotzt werden.

Was vor 30 Jahren noch ein Empfang mit Salzstangen und Limonade war, ist inzwischen zuweilen zur Völlerei in Industrieformat verkommen. Das Wachstum einer hochliquiden Mittelklasse und die bittere Erinnerung an das sozialistische Konsumverbot haben sich vereint, um aus dem einfachen »Get-together« das zu machen, was inzwischen weltweit als »Big Fat Indian Wedding« berüchtigt ist.

Ein regelrechter Wirtschaftssektor hat sich etabliert, der auf die Superreichen abzielt, deren Vorzeige-Effekt aber ruinöse Folgen bis tief hinunter haben kann. Als Transmissionsriemen dienen Wedding-TV-Stationen, Hochglanzmagazine sowie über 3000 Wedding-Portale. Mit ihren 150 Millionen regelmäßigen Besuchern kombinieren sie Heiratsangebote mit süffigen Berichten über Traumhochzeiten und kurbeln eine enorme Nachfrage an. Die Zeitung *Business Standard* schätzte den Umsatz des Heiratssektors für 2013 auf 40 Milliarden Dollar.

Eine einzige Hochzeit kann mehrere Millionen kosten. Dazu gehört die Bestellung eines eigenen Hochzeitsschmucks. Modedesigner entwerfen für die Kleider des Brautpaars und der Familie spezielle Garderoben – und zwar für jeden der zahlreichen Anlässe. Oft wählen sie ein bestimmtes Thema – eine Farbe, eine Blume, ein Liebessymbol. Küchenchefs werden eigens eingeflogen, mit exotischen Nahrungsmitteln im Gepäck. Oder es werden Flugzeuge gechartert, um mehrere Hundert Gäste auf ein Schloss im schottischen Hochmoor zu entführen. Ein *Crorepati* – Multimillionär – in Mumbai versandte die Hochzeitseinladung für seine Tochter als Desktop auf einem iPad. Das Gerät war quasi der Briefumschlag – ein Geschenk.

Das exhibitionistische Prassen wurde 2012 beispielsweise von einem Bauern vorgeführt, der durch Landverkauf in der Umgebung von Delhi reich geworden war. Er demonstrierte seinen neuen Status, indem er als Brautvater dem neuvermählten Pärchen einen Helikopter schenkte. Mit diesem konnte es mitten ins Hochzeitsfest platzen, um dann wieder in Richtung der nächsten Party abzuheben. Die Kehrseite dieser Angeberei kann zu lebenslanger Verschuldung führen. Sie erhöht auch den psychischen Druck auf die Frischvermählten – sprich: die Frau –, den Stammhalter zu produzieren, der die Investition eigentlich erst rechtfertigt.

Gegen solchen Druck sind junge Paare schlecht gewappnet, besonders die Braut nicht. Ihr ist schon als Kind eingebläut worden, dass die wichtigste Funktion der Gattin die Lieferung eines (männlichen) Stammhalters ist. Auch die aufwachsenden Jungen verinnerlichen diese Erwartung, und sie projizieren sie nach der Heirat auf ihre Frau.

Dennoch ist der Brauch der arrangierten Ehe mehr als nur eine soziale und ökonomische Zwecklösung. Die Einbettung einer Ehe in einen Familienkreis mit seinen verschiedenen Ringen von Intimität erzeugt zweifellos psychischen Druck. Deshalb wird den familiären Affinitäten der Partner – über ihre gegenseitigen Empfindungen hinaus – so viel Gewicht beigemessen. Und da das Familiennetzwerk trotz der zunehmenden Hinwendung zur Kleinfamilie eng bleibt, genießt die arrangierte Ehe weiterhin eine breite gesellschaftliche Zustimmung. »Heirat ist viel zu wichtig«, erklärte mir einmal ein väterlicher Freund, »um es so flüchtigen Emotionen wie ›Verliebtheit‹ zu überlassen.«

Die Vielzahl von familiären Bezugspersonen – Onkel, Tanten, Cousins, Großmütter – ist auch eine Last. Sie verstärkt den Konformitätsdruck und für die junge Gattin auch die Zahl von Verpflichtungen. Sie gibt aber auch emotionale Geborgenheit und federt den Besitzanspruch der Eltern ab, nicht zuletzt auf den verheirateten Sohn. Die junge Frau kann den Erwartungsdruck, etwa von Schwiegermutter und Gatten, ausgleichen durch ihre Bande zu den eigenen Geschwistern. Beim Fest von Rakhi knüpft eine Schwester ihrem Bruder (oder Cousin) ein Band um das Handgelenk, als Bitte um seinen Schutz.

Ich habe selbst in eine *joint family* geheiratet. Es war ein schwieriger Beginn, vom Hausverbot durch den großväterlichen Familienpatriarchen bis zu seinem Versuch, hinter unserem Rücken meinen sofortigen Landesverweis zu arrangieren. Nachdem diese Hindernisse einmal aus dem Weg geräumt waren und der eheliche Brückenkopf stand, wurde ich anstandslos Vollmitglied der Familie. Ich genoss das *love interest* zahlreicher Tanten, Onkel und Vettern, von Zuneigung bis zu Inbesitznahme. Ich war umgeben von einer Galerie von skurrilen und interessanten Charakteren und erlebte das Glück von sich überlappenden Generationen und Altersstufen. Ich kenne keinen Menschenschlag, der eine derartige Sozialkompetenz entwickelt wie die Inder, angeeignet in einem Geflecht von Beziehungen, Konflikten und Arrangements.

Gerade bei Familie und Heirat wird deutlich, dass in Indien Modernität und Tradition kein Gegensatzpaar sind. In einer »Matrimonial Page« der *Economic Times* fand ich in beinahe jedem Inserat den Satz, der Wunschpartner müsse »traditional values and modern outlook« mitbringen, selbstverständlich neben Schönheit, heller Haut und einem standesgemäßen Einkommen. In einigen wurde beschrieben, was mit »modern outlook« gemeint war:

Beide Partner machen Karriere, Kinder sind (später) erwünscht, man reist gern, hat ein globales Netzwerk von Freunden.

Die »traditional values« wirkten daneben geradezu anachronistisch. 68 von 76 Inserenten wünschten sich Partner »aus der gleichen Gemeinschaft«. Was damit gemeint war, ergab sich aus der Beschreibung der eigenen: Region, Kaste und Unterkaste. Selbst die beiden Muslime und die sechs Christen wollten einen Partner aus der »same community«. Eine 27-jährige Kinderärztin aus Chennai etwa führte sich so ein: »Tamilin/Protestantische Christin/Nadar/CSI.« Sie wünschte Gleiches von ihrem Partner. (Die Nadars sind eine Shudra-Unterkaste, ökonomisch erfolgreich und haben in der Church of South India, CSI, ihre soziale Heimat gefunden.)

In den Geschäftskasten sind die Arrangements besonders gut eingespielt, da sie dort von kommerziellen Gesichtspunkten überlagert werden. Noch vor Gestirnen und Stammbaum, aber neben psychologischer Eignung spielen geschäftsstrategische Überlegungen die entscheidende Rolle. Das familiäre Pendant zu Clan und Unterkaste sind Familienunternehmen. 85 Prozent aller indischen Firmen gehören Familienclans. Diese wirtschaften oft erfolgreicher als die fremd geführten Unternehmen, folgt man einer Untersuchung der Firma DeLoitte.

Der Rechtsbegriff »Hindu Undivided Family« erlaubt es, Familie weit und flexibel zu sehen. Sie schließt eine unbestimmte Zahl von Generationen ein, sodass sich die Abgrenzung zwischen Familie und Clan verwischt. Heiraten unter Cousins ersten Grades werden akzeptiert und sind sogar erwünscht, wenn sie die Veräußerung des »Familiensilbers« verhindern. Eine Familienfirma wird mit der Zeit zu einem Netz von verschachtelten Firmen mit Kreuzbeteiligungen. Sie stärkt Familie wie Unternehmen, und der seit Jahrhunderten angereicherte Genpool gilt als geschäftsförderndes Sozialkapital.

Die DeLoitte-Studie weist aber gleichzeitig darauf hin, dass Familienunternehmen auch in Indien Risse bekommen, oft in der dritten Generation. Ein wichtiger Grund dafür sei die Häufung von Geschwister- und Verwandtenrivalitäten. Der plötzliche Einbruch westlichen Konsumdenkens nährt narzisstisch aufgeladene Verhaltensmuster unter männlichen Stammhaltern. Sie können mit der Familientradition strikter Seniorität nur noch wenig anfangen. Wo früher die Vätergeneration vermittelnd eingreifen konnte, wird deren Autorität heute infrage gestellt – ein Vaterkonflikt also, gefolgt vom Bruderkampf.

Die überraschende Lösung, die sich nun abzuzeichnen beginnt, ist der verstärkte Einbezug der Töchter, Schwiegertöchter und Nichten in Führungspositionen. Nicht nur sind viele inzwischen mit einem Master of Business Administration (MBA) ausgerüstet. Frauen entwickeln zudem Kompetenzen, die der jungen Männergeneration zunehmend abgehen: Empathie, Konsensfindung, Mitarbeiterintegration, Teamwork, Loyalität, Solidarität.

Ein oft zitiertes Beispiel ist das Unternehmen Apollo Hospitals, das der südindische Unternehmer Prathap Reddy aufgebaut hat. Er wurde allgemein bemitleidet, als ihm seine Frau vier Töchter gebar. Ironische Kommentare sahen bereits das Ende des rasch expandierenden Gesundheitskonzerns voraus. Heute sind alle vier in leitender Stellung in der Firmengruppe tätig. Drei von ihnen sind verheiratet und sehen ihre Aufgabe gleichermaßen in der Kindererziehung, der Führung eines Haushalts – und eines Unternehmens.

Der indische Psychologe Sudhir Kakar hat in mehreren Studien die eigentümliche indische Form der Sozialisation von Jungen und Mädchen beschrieben. Das Aufwachsen in einem weitläufigen Familiennetz schränkt die Ausformung des individuellen Ichs ein, da es in eine Vielzahl sozialer Beziehungen und Verhaltensweisen hineinwächst. Der freudsche Bruch mit dem Vater als ein Schlüsselprozess der Individuation ist laut Kakar für indische Jungen nicht anwendbar. Ein indischer Junge wird erwachsen, ohne sich diesem Zweikampf zu stellen. Andererseits kann der

Vater für die Tochter ein berufliches Vorbild werden, gerade wenn die Mutter als Hausfrau für ein Mädchen mit Berufsabsichten kein Rollenmodell mehr darstellt.

Viele Mütter kompensieren dieses »Defizit« mit der Vergötterung des männlichen Kinds. Die indische Ehetradition fördert diese Tendenz, weil dort die frisch verheiratete Frau ihre eigene Familie verlässt und fortan als Teil der Familie des Manns angesehen wird. Im patriarchalischen Denken ist die Tochter ein »Lehensgut«, das bei der Heirat der Familie des Manns zurückerstattet wird. Die Mutter des Ehemanns muss ihren Sohn daher nicht aufgeben, er darf bis tief in die Ehezeit hinein *Mama's Boy* bleiben. Dies führt zu den sprichwörtlichen Spannungen zwischen Schwiegermutter und -tochter – ein Standardthema zahlloser Bollywoodfilme und Sitcoms.

Pinky-2 und Sagar in Awas beweisen, dass sich junge Leute bei der Partnerwahl durchaus außerhalb der vorgespurten Pfade bewegen. Die meisten Heiratswilligen finden ihren Partner aber immer noch innerhalb der eigenen Kaste und Unterkaste. Diese soziale Absicherung gibt der indischen Ehe auch ihre große Stabilität. Natürlich gibt es inzwischen auch Internetsuchmaschinen für Geschiedene. Und meine Frau betreut zahlreiche Frauen (und einige Männer) aus städtischen Mittelschichten, die ihrer Ehe entfliehen wollen.

Doch Indien ist kein Scheidungsweltmeister. Das Fehlen von zuverlässigen Statistiken ist ein Indiz dafür. Viele Leute erschraken, als die BBC im Jahr 2013 einen Bericht ins Internet stellte, betitelt »Die indische Scheidungsrate hat sich verdoppelt«. Im Text stellte sich dann heraus, dass diese dramatische Zunahme von einer sehr niedrigen Schätzung ausging: Die Zahl geschiedener Ehen war von einem auf zwei Prozent gestiegen. Damit dürfte Indien weiterhin eine der niedrigsten Scheidungsraten der Welt aufweisen.

Stabilität kann aber auch Stagnation bedeuten. Viele Frauen und Männer fühlen sich in ihrer Ehe eingeschlossen, gefesselt durch den enormen sozialen Druck, die Fassade einer geeinten

Familie um jeden Preis aufrechtzuerhalten. Die niedrige Scheidungsrate ist daher wohl kaum das Abbild von nationalem Eheglück. Psychologen vermuten, dass Großfamilien weit stärker von sexueller Gewalt gegen Mädchen, junge Frauen (und Knaben) bedroht sind als Kleinfamilien. Ein Indiz für fehlende Sicherheit der Frau in der Ehe zeigt sich dann, wenn sie diese verlässt. Eine geschiedene Frau wird, anders als der Mann, krude als »beschädigte Ware« taxiert. Ihre Chancen zur Wiederverheiratung beschränken sich oft auf geschiedene Männer.

Dennoch sind es meist Frauen, die den ersten Schritt zu einer Trennung unternehmen, wenn das Maß an Selbstverleugnung und Opfern zu groß wird. Allerdings eröffnet dies dem Mann die Gelegenheit, sich vor dem Scheidungsrichter als Hüter von Familie und Tradition aufzuspielen. Sein Widerstand gegen eine Trennung mündet dann oft in Urteile, die die Frau zur Familienspalterin stigmatisieren. Sie erhält eine minimale Rente, und wenn der Mann diese nicht bezahlt, kann er mit der Nachsicht des Richters rechnen.

Dies gilt in der Regel nicht für homosexuell veranlagte Männer und Frauen. Die meisten landen aufgrund extremen Familiendrucks in einer traditionellen Ehe. Die Zeitschrift *Humsafar* berichtete im Jahr 2011, 70 Prozent der homosexuellen Männer seien normal verheiratet. Neben Familienstigma spielt dabei auch Angst eine Rolle. Gemäß indischem Strafgesetz gilt Homosexualität immer noch als Verbrechen.

In einer patriarchalischen Gesellschaft wie der indischen übt die Frau zwar die zentrale Funktion der Gebärerin eines männlichen Stammhalters aus. Gleichzeitig behält sie aber ihre untergeordnete soziale Stellung. Diese paradoxe Spannung kann auch gewaltsame Formen annehmen. Besonders drastisch erlebte ich dies bei einer Reise nach Süd-Maharashtra, wo ich für eine Reportage über die Folgen einer Dürre recherchierte.

Zufällig hörte ich dort von einem lokalen Brauch: Wenn das zweitgeborene Kind – »schon wieder!« – ein Mädchen ist, erhält es manchmal den Namen *Nakusha,* »die Unerwünschte«. Dieser abstoßende Brauch stammt aus dem Aberglauben, dass eine solche Namensgebung bei der nächsten Niederkunft einen Knaben produzieren würde.

In einem Weiler beim Städtchen Mhaswad traf ich eine arme Frau aus der Hirtenkaste der Shengdes. Sie hatte eine fünfjährige Nakusha, und ich fragte die Mutter, ob sie denn die Kleine, die neben ihr mit dem – jüngeren! – Bruder spielte, weniger gern habe als diesen. »Natürlich haben wir Naku gern«, sagte die Frau unwirsch. »Aber ein Mädchen zu sein, ist nun einmal eine Verwünschung. Wenn die Familie arm ist, sind die Mädchen die Ersten, die krank werden und früh sterben. Bleiben sie am Leben, sorgen wir uns ständig um ihre Würde, bis sie verheiratet sind.« Es war eine Anspielung auf die zahlreichen Kinderheiraten in armen Gegenden; aber auch darauf, dass Adivasi- und Dalit-Frauen für Männer höherer Kasten oft sexuelles Freigut darstellen.

Die Schande, ein Mädchen zu gebären, lässt sich an der Statistik der Geschlechterverteilung ablesen. Die weltweite leichte Überzahl neugeborener Mädchen gegenüber Jungen (1050/1000) kehrt sich in Indien um. Da das Land im Interesse der Familienplanung ein relativ laxes Abtreibungsgesetz besitzt, nutzen es viele Familien, um mithilfe eines Ultraschallgeräts illegal das Geschlecht des Fötus festzustellen und ihn abzutreiben, falls es ein Mädchen ist.

In Nordindien sind es erstaunlicherweise die Städte und die wohlhabenden ländlichen Regionen, in denen die Verteilung der Geschlechter am stärksten verzerrt ist. Im Agrarstaat Haryana westlich von Delhi ist das Ungleichgewicht inzwischen zu einer sozialpolitischen Zeitbombe geworden. Die heiratsfähigen Mädchen werden rar, die heiratswilligen Jungen immer zahlreicher. Lokale Ehemakler sehen sich nach einer neuen Versorgungsquelle für Bräute um und finden sie meistens in Bihar und Jharkhand, den ärmsten Regionen des Landes. Dort sind Väter bereit, ihre Töchter für einige Tausend Rupien zu verschachern; sie müssen lediglich einer vergleichbaren Bauernkaste angehören.

Inzwischen gibt es in Haryana eine neue (beziehungsweise archaisch alte) Sozialkategorie: Vielmännerei. Der älteste Sohn ist der offizielle Ehemann, aber seine Brüder dürfen ebenfalls mit der Frau schlafen, da diese ohnehin die Magd im Haus ist und allen unverschleiert gegenübertritt. Dieses Arrangement vollzieht sich unter den Augen der Schwiegermutter, die darauf achtet, dass sich die Männer an einen Plan halten, laut dem für eine Zeitspanne jeweils nur einer die Frau anrühren darf.

Ein Grund für das wachsende Ungleichgewicht (und den sexuellen Notstand, der daraus entsteht) liegt in den strengen Regeln von Endogamie und Exogamie. Nach wie vor wird es nicht gern gesehen, wenn außerhalb der eigenen Kaste geheiratet wird – und es darf nicht innerhalb der *Gothra* sein, des eigenen Clans, der Hunderte von Familien umfassen kann.

Die immer häufigere Verletzung dieser Regel als Folge von Schulbildung, Medien und Mobilität hat zur Wiederbelebung der uralten Kastendorfräte geführt. Die *Khap Panchayats* maßen sich die Justizgewalt bei der Durchsetzung dieser alten Kastenregeln an, und sie tun dies oft mit atavistischer Brachialgewalt. So werden Pärchen, in denen beide Partner der gleichen *Gothra* angehören, nicht selten hingerichtet – und dies auf dem Dorfplatz, und durch die Hand der eigenen Familien.

Die gesellschaftliche Zustimmung zu dieser mittelalterlichen Selbstjustiz lässt sich am Verhalten der Polizei ablesen. Sie schreitet meist erst ein, wenn es zu spät ist. Auch Politiker halten sich bedeckt, um ihre künftigen Wahlchancen nicht zu gefährden. Aber nicht nur Wahltaktik erklärt das Schweigen. Die *Khaps* verstehen sich als Hüter uralter Familienwerte. Sie stoßen damit bei vielen Politikern auf offene Ohren.

Es ist gerade die politische Klasse, die der Öffentlichkeit täglich vorführt, wie zentral die Familie selbst in der Politik ist. Ich wurde jeweils daran erinnert, wenn ich mit dem Auto von Awas nach Mumbai unterwegs war. Auf einem kurzen Autobahnabschnitt wurde Straßenzoll erhoben. Vor den Zahlstellen stand ein riesiges

Schild des Verkehrsministeriums, das alle Personen auflistete, die von einer Abgabe befreit waren: Staatspräsident, Premierminister, Kabinettsminister, Oberste Richter. Eine einzige Person wurde namentlich erwähnt: Shri Robert Vadra.

Vadra ist der Schwiegersohn von Sonia Gandhi und war damit Mitglied der »Ersten Familie« des Landes. Es war ein eklatanter Missbrauch staatlicher Symbole und Privilegien durch einen privaten Bürger. Erst als sich die Gerichte mit Vadras privaten Geschäften befassten – ebenfalls durch politische Beziehungen geölt – sah ich kurz darauf die Folgen: Die Nummer 31 auf der Tafel beim Autobahnzoll war übermalt worden.

Wenn es um Familienbande geht, drücken Inder gern ein Auge zu. Und Politiker halten sich zurück, weil sie, einmal am Ruder, ihre Stellung ebenso ungeniert zum Wohl ihrer Familie nutzen. Zwei Drittel aller Vertreter im letzten Parlament (2009–2014) waren Söhne, Töchter oder Witwen von Parlamentariern, 27 von ihnen besetzten bereits in dritter oder vierter Generation einen Parlamentssitz. Die Gandhis waren gleich vierfach vertreten: Mutter Sonia und Sohn Rahul auf den Regierungsbänken, Rahuls Tante Maneka und sein Cousin Varun in der BJP-Opposition. Ähnliches gilt für die Bundesländer. In 15 der 29 Bundesstaaten sind Politiker am Ruder, deren Familien auch im Zentralparlament vertreten sind.

Die einzigen Politiker, die ohne Familienvertretung auskommen, sind (mit Ausnahme der Kommunisten) die Ledigen und die Witwen. Von den drei Bundesstaaten, die sich bei den Wahlen von 2014 erfolgreich gegen Narendra Modi behaupteten, werden zwei von ledigen Frauen regiert: die Bengalin Mamata Banerjee und Regierungschefin Jayalalithaa von Tamil Nadu. Der erfolgreiche Dritte, Naveen Patnaik aus Odisha, ist ebenfalls ledig.

Seit Kurzem haben die drei gewichtige Gesellschaft bekommen: den Premierminister selber. Modi brachte es sogar fertig, aus seinem Status politisches Kapital zu schlagen. Er konnte sich im Wahlkampf von 2014 publikumswirksam als Vater der Nation in Szene zu setzen. Modis Junggesellenstatus begegnet auch einem nationalen Reflex, der jenem der Familienbindung zuwiderläuft. Es ist der wachsende Überdruss gerade junger Wähler über die Arroganz politischer Dynastien, die sich bei politischen Ämtern und Pfründen bedienen, als sei es ein Naturrecht.

Modi verkaufte seinen Junggesellenstatus wie einen Impfausweis gegen Vetternwirtschaft. Das hehre Bild erhielt allerdings einen Kratzer, als die Medien herausfanden, dass Modi sehr wohl verheiratet ist, aber von seiner Frau Jashoda seit 40 Jahren getrennt lebt. Nun erhält die Schullehrerin in einer Kleinstadt in Gujarat staatlichen Schutz. Sie fährt in einem öffentlichen Bus, während 13 Sicherheitsagenten in drei gepanzerten Autos folgen.

Als am 16. Mai 2014 Modis Wahlsieg feststand, galt sein erster öffentlicher Auftritt einem Besuch seiner Mutter, die in einer kleinen Wohnung in Ahmedabad lebt. Das war Sohnespflicht. Gleichzeitig ließ er die Medien wissen, dass er in all den Jahren als Regierungschef von Gujarat seine Familie nie gesehen habe. Eines der ersten Regierungsdekrete nach Modis Vereidigung als Premierminister lautete, dass in Zukunft kein Minister oder Beamter Familienmitgliedern eine Anstellung geben darf.

Wirtschaft: Ein Gigant auf schwachen Füßen

Das Kürzel »Y2K« machte die indische Wirtschaft kurz vor der Jahrtausendwende einem größeren internationalen Publikum bekannt. Es stand für »Year 2000« und war die kleinstmögliche Formel für ein vermeintliches Jahrhundertproblem. Da praktisch alle Computersysteme der Welt für das Jahresdatum nur zweistellige Zahlen, von 01 bis 99, gespeichert hatten, würden nach dem 31. Dezember 1999 alle Geräte dieser Welt wieder bei 1900 beginnen statt bei 2000.

Es war die Stunde der indischen Programmierer. Das Problem war weder technisch noch mathematisch schwierig zu meistern. Es war eine Frage der Menge: Wo konnte man in kürzester Zeit viele Tausend Kodierungs-Kulis mobilisieren, um alle Betriebssysteme der Welt rechtzeitig vor der Stunde null umzuschreiben?

Nur die Inder besaßen die personelle und technische Infrastruktur, die Englischkompetenz sowie ein global verteiltes Netzwerk von Programmierern, um dieser logistischen Herausforderung zu begegnen. Sie nutzten die Chance. Angetrieben von der Angst des Westens vor einem drohenden logistischen »Meltdown«, warf Indiens junge IT-Industrie alle ihre Ressourcen in diese Aufgabe. Schon vor dem D-Day waren die Codes umgeschrieben. Das säkulare Datum kam und ging, und nichts geschah. Jedermann erinnerte sich später nur an die vielen Partys und nicht mehr an die apokalyptische Stimmung, die ihnen vorausgegangen war.

Doch der internationale Ruf der Inder war etabliert. Sie waren Intelligenzarbeiter und gewiefte Krisenmanager des anbrechenden 21. Jahrhunderts. Und sie waren ihrer viele. Sie waren zudem billig, teamfähig, englischsprachig und global beliebig einsetzbar. So sehr, dass sie in Europa Kollektivängste um Arbeitsplätze weckten. »Kinder statt Inder«, lautete damals der Wahlslogan des CDU-Politikers Jürgen Rüttgers in Nordrhein-Westfalen.

Die Angst (oder Hoffnung) eines zweiten Chinas schien sich zunächst zu bewahrheiten. Doch statt Massengütern und Intelligenzarbeitern floss indisches Kapital in den Westen. Die Wirtschaftsreform von 1991 hatte die Unternehmer in kurzer Zeit so fit gemacht, dass sie reihenweise ausländische Unternehmen kauften.

Ein wenig bekannter Fabrikant namens Lakshmi Mittal, der in Indonesien, Mexiko, Venezuela, Rumänien und Zentralasien marode Stahlfirmen gekauft und saniert hatte, erwarb den europäischen Stahlriesen Arcelor. Die Firmengruppe Tata schluckte nacheinander Tetley Tea, Corus (ex British Steel) und Jaguar-Rover, zusammen mit 16 weiteren Firmen. Inder kauften Erzminen in Peru, ganze Regionen von Ackerland in Äthiopien, belgische Firmen für Elektrogeräte, deutsche Walzwerke und Hersteller von Windkraftanlagen. Andere wurden in Südafrika, Australien, Japan, Spanien, Osteuropa und Brasilien fündig.

Niemand fragte sich damals, warum ausgerechnet das knappe Gut Kapital exportiert wurde statt des vermeintlichen Überflusses an Arbeitern und Gütern. Und der zunehmende Erfolg im Ausland ging zum Erstaunen ausländischer Beobachter nicht einher mit einer entsprechenden Stärkung der heimischen Wirtschaft. Die Erwartung, dass mit Indien eine zweite asiatische Großmacht zum Sturmlauf auf den Rest der Welt angesetzt hatte, verflüchtigte sich rasch. Denn die indischen Unternehmen gingen ins Ausland, weil einheimische Infrastruktur und Industriepolitik weiterhin im alten Überlebensmodus funktionierten.

Selbst die neue Regierung unter Narendra Modi schien diesen fortzusetzen. Im Sommer 2014 hatten die 160 Mitgliedstaaten der Welthandelsorganisation WTO auf der Insel Bali ein Abkommen über Handelserleichterungen verabschiedet, bei dem auch Agrarsubventionen eingeschränkt werden sollten. Doch als der Vertrag im Juli unterschriftsreif war, scherte Indien aus. Es wollte weiterhin uneingeschränkt an seinen jahrzehntealten und ineffizienten Agrarsubventionen festhalten.

In diesem System kauft der Staat Bauern Getreide ab und bietet dieses in sogenannten Fair Price Shops verbilligt den Armen an. Die Lager- und Transportlogistik hat jedoch mit der immer größeren Lagerhaltung (2013: 63 Millionen Tonnen) nicht Schritt gehalten. Rund 20 Prozent gehen zugrunde, durch Diebstahl, Ratten und Fäulnis. Der Rest gerät allzu oft in die falschen Hände und in die Mägen von Leuten, die gar nicht arm sind. Ein Indiz ist die Zahl der ausgegebenen Lebensmittelkarten. Es sind doppelt so viele, wie das Land Bedürftige hat. Den Fair Price Shops geht oft der Nachschub aus, das Getreide landet auf dem Schwarzmarkt.

Das handelspolitische Ausscheren Indiens war ein Eingeständnis, dass es seiner Armut immer noch nicht Herr geworden ist, es weiterhin an einer längst stumpf gewordenen Waffe festhält. Sie war entwickelt worden, als das Land noch viel weniger Einwohner hatte. Die Bevölkerungszunahme um das Vierfache innerhalb von hundert Jahren hat das historische Gleichgewicht zwischen Bodenfruchtbarkeit und Bevölkerungszahl zerstört. Immer mehr Menschen müssen auf Regionen mit geringen Niederschlägen ausweichen oder werden in Zonen mit hoher Flutgefahr gedrängt.

Dieser Prozess hatte bereits mit der Kommandowirtschaft der Kolonialmacht eingesetzt. Sie hatte ihre landwirtschaftlichen Investitionen, etwa Kanalsysteme, auf die Kornkammern des Landes ausgerichtet. Auf Dürren und Flutkatastrophen in anderen Regionen reagierte sie mit Hilfsprogrammen. Auch das unabhängige Indien forcierte den Kanalbau und die Verbreitung wasserintensiver Saat-Technologien im fruchtbaren Fünfstromland des Panjab und in den Deltagebieten des Südens.

Diese »Grüne Revolution«, stark von Düngemitteln abhängig und wasserintensiv, vernachlässigte wasserarme und flutanfällige Gebiete. In Krisenzeiten wurden deren Bewohner mit Panjabgetreide durchgefüttert. Es war eine wirtschaftlich fatale Strategie, sie war aber wahlpolitisch ertragreich. Die Kongresspolitiker schufen damit eine doppelte Abhängigkeit: Die wohlhabenden Bauern wurden mit Getreidekäufen bei der Stange gehalten, die Armen in den Defizitregionen konnten in Dürrezeiten mit Billigrationen rechnen, ein Geschenk des *Ma-Bap-Sarkar*, des »Vater-und-Mutter-Staats«. Die beste Ernte fuhren die Politiker ein, in Form von Wählerstimmen.

Das Nebeneinander von Armut und Überschuss sicherte der Kongresspartei politische Macht, beendete aber die ländliche Armut nicht – im Gegenteil. Im Lauf der Jahre wurde das Klientelsystem für Reich und Arm zum wichtigsten Instrument politischer Machterhaltung. Armut wurde systemrelevant und musste weiterexistieren. Sie fügte sich zudem gut in die modernistische und dorffeindliche Ideologie des Staatsgründers Jawaharlal Nehru ein. Im Unterschied zu Mahatma Gandhi, der von Dorfrepubliken geträumt hatte, war Nehru ein urbaner Antitraditionalist. Er erblickte im Dorf ein sozial rückständiges Reststück des Feudalismus.

Nichts macht Nehrus Ideal so sinnfällig wie der kühne städtebauliche Entwurf von Chandigarh, den der französisch-schweizerische Architekt Le Corbusier mitten im Agrarstaat Panjab realisiert hat. Nördlich davon, am Fuße des Himalaya, hatte Nehru das Wasserkraftwerk von Bakra erstellen lassen. Dessen Strom ließ das nächtliche Chandigarh hell und weit in die nachtdunklen Dörfer leuchten. Und er floss in die Schmelz- und Walzwerke großer Stahlkombinate. Neue Städte, Dämme und Fabriken waren für Nehru die »Tempel des Neuen Indiens«. Sie sollten auch die Auffangbecken für den Bevölkerungsüberschuss aus dem ländlichen Indien werden und ihn vom Stachel der Armut befreien.

Dieses Wirtschaftsmodell hatte Ähnlichkeiten mit jenem der frühen Sowjetunion. Nehru hatte in seinen jungen Jahren mit kommunistischen Ideen gespielt. Er war der Spross einer aristokratischen Brahmanen-Familie, aber auch ein Schüler Mahatma

Gandhis und schwärmte für basisdemokratischen Sozialismus. Der Kollektivismus einer kommunistischen Gesellschaft war ihm allerdings ein Gräuel. Dennoch glaubte er bis zuletzt an die Fähigkeit des Staats, als zentraler Akteur eine arme Agrargesellschaft in einen Industriestaat zu überführen.

Nehru hatte die indischen Unternehmer während des Unabhängigkeitskampfs hofiert. Im neuen Staat behielt der Privatsektor daher seine legitime Rolle. Doch sie war jener der Staatswirtschaft politisch nachgeordnet und beschränkte sich auf die Produktion von Konsumgütern und deren Verteilung. Grundstoffindustrien und Infrastruktur blieben dem Staat vorbehalten. Nur dieser entschied, wie der Privatsektor seine Tätigkeit optimieren konnte. Das Mittel waren Fünfjahrespläne, die vorschrieben, wer wie viel und welche Güter zu welchen Preisen produzieren durfte.

Unter Nehrus Tochter Indira Gandhi wuchs die Angst, dass Markt und Privatkapital die nationale Wirtschaft beherrschen könnten, zur Paranoia. Sie wurde zur Triebfeder der wirtschaftlichen Gesetzgebung. Bis heute genügen sieben Angestellte, um eine Gewerkschaft zu gründen. Erreichte ein Betrieb die Marke von 80 Beschäftigten, durfte jeder Angestellte nur nach behördlicher Einwilligung entlassen werden.

Gleichzeitig musste der Staat verhindern, dass sich private Monopole bildeten. Erreichte der Firmenumsatz (umgerechnet) 30 Millionen Dollar, galt das Unternehmen als Monopolbetrieb und unterlag einer erdrückenden Steuerlast. Um ihr Überleben dennoch zu sichern, wurde die Wirtschaft vom Ausland abgeschottet. Indien durfte nicht ein zweites Mal – nach der britischen East India Company – zum Spielball des internationalen Handelskapitals werden.

Was immer das Land selber produzieren konnte, wurde lokal hergestellt, von der Stecknadel bis zur Rakete. Devisen waren deswegen knapp. Firmen mussten sie selber verdienen, indem sie für jeden Import das Doppelte an Exporteinnahmen vorweisen mussten. Zölle waren exorbitant hoch. Als die IT-Firma Tata Consultancy Services 1987 einen IBM-Computer einführen wollte, wurde der Import der Zollposition »Elektrische Haushaltsgeräte« zugeordnet und mit einer Einfuhrsteuer von 170 Prozent belastet; statt vier kostete der Computer dann zehn Millionen Dollar.

Als ich mich 1984 in Indien niederließ, waren diese wirtschaftlichen Verzerrungen noch fest verankert. Alles war billig zu bekommen, und beinahe alles funktionierte schlecht. Streichhölzer brachen beim Anzünden, und vom Auto der Marke Ambassador ging das geflügelte Wort: »Eine Panne kann in jedem Dorf repariert werden. Und in jedem Dorf tritt eine ein.«

Überhaupt die Autos: Neben dem Ambassador, der bis zu seinem klanglosen Ende im Jahr 2014 mit Retuschen das Karosseriedesign des Ursprungsmodells (eines Morris Oxford 1948) beibehielt, gab es nur noch die Marke Fiat Premier. Deren Modelle rollten von den ausgedienten Fiat-Produktionsstraßen, die billig aus Turin eingeführt worden waren. Viel später kam der Maruti hinzu, der dank japanischer Technologie und staatlicher Unterstützung – er wurde vom Sohn Indira Gandhis lanciert – die anderen zwei bald in Grund und Boden fuhr.

In den 1980er Jahren war ein Gebrauchtwagen teurer als ein neuer. Denn ein altes Auto konnte man sofort erstehen, während man auf einen neues jahrelang warten musste. Das Telefonieren galt bis 1993 als Luxusbeschäftigung, geregelt im Indian Telegraph Act von 1885. Wer einen Anruf machen wollte, bestellte diesen bei der Zentrale; je nach Dringlichkeit (und gegen Aufpreis) wurde man nach einiger Zeit durchgestellt. Das Gespräch wurde aber immer wieder durch die Stimme der Telefonistin unterbrochen. Drei Gesprächsminuten seien vorbei – »continue?«.

In ihrem Verstaatlichungseifer nationalisierte die Nehru-Tochter 1970 große Teile der Dienstleistungsindustrie – Banken, Versicherungen, Handelsgesellschaften. Aufgrund des eklatanten Misserfolgs der ersten 20 Jahre blieb Indiens Wirtschaft weitere 20 Jahre hochverschuldet. Sie war von zwei Beziehungsmustern geprägt (und bleibt es bei der Landwirtschaft bis heute): Die Bauern waren Subventions-, die Unternehmen Befehlsempfänger.

Die Kombination war fatal. Statt auf der Grundlage fruchtbarer Böden und neuer Technologien eine moderne und diversifizierte Landwirtschaft zu fördern, setzte der Staat auf paternalistische Armutsbekämpfung. Die Getreideproduktion wurde erhöht, jedoch nur in den traditionellen Kornkammern des Landes. Das Verhältnis von Agrarinvestitionen zu Agrarsubventionen kehrte sich um, von 4 : 1 im Jahr 1980 zu 1 : 4 30 Jahre später. Das Fehlen einer Landreform akzentuierte die ländliche Armut. Die Parzellierung der Böden senkte die Wirtschaftlichkeit der Gutsbetriebe, führte zu Landlosigkeit und Landflucht.

Nehrus Traum, die ländlichen Armen zur Migration in die Städte zu bewegen, ging in Erfüllung. Doch dort warteten auf sie keine Fabriken und auch nicht der versprochene Wohlstand. Die Einschnürung der industriellen Tätigkeit durch ein Netz von Gesetzen und Regeln – allein die Fabrikgesetze füllen ein Bücherregal – erstickte bald genug die erhoffte industrielle Dynamik einer Massenproduktion durch Massenbeschäftigung, wie sie China gelang. Statt Arbeitersiedlungen, für die Le Corbusier ebenfalls hübsche Modelle gezeichnet hatte, breiteten sich die Slums aus.

In den ersten 30 Jahren wuchs die Gesamtwirtschaft um 3,5 Prozent, nur knapp mehr als die Bevölkerung. Dies kam einer Stagnation gleich, und der Landwirtschaftssektor schrumpfte. Von einem 50-Prozent-Anteil an der Wirtschaftsproduktion fiel er auf heute 14 Prozent zurück. Dies allein wäre nicht ungewöhnlich für eine sich rasch modernisierende Wirtschaft. Ungewöhnlich ist, dass der Bevölkerungsteil, der weiterhin von ländlicher Beschäftigung abhängig blieb, weit weniger schrumpfte, von 65 auf heute 50 Prozent. Dieser simple Zahlenkontrast zwischen Produktion und Bevölkerung bietet eine knappe und schlüssige Definition für Armut: Die Hälfte der Bevölkerung erarbeitet nur ein Sechstel der Wirtschaftsleistung.

Trotz der zahlreichen Fesseln konnten sich Privatindustrie und private Dienstleistungen über Wasser halten, nicht zuletzt dank des Unternehmergeists der Geschäftsleute und ihrer sozialen Netze. Alte Loyalitäten ließen sich ökonomisch nutzen. Um etwa das Korsett der Monopolgesetzgebung zu lockern, spalteten sich Unternehmen in rechtlich selbständige Einzelfirmen auf, die sich beim Staat um Fabriklizenzen in allen möglichen Sparten bewarben. Mit verschachtelten Beteiligungen konnten sie kreuzsubventioniert werden und – überlebten. Sie profitierten zudem von exklusiven Herstellungslizenzen, die ihnen die inländische Konkurrenz vom Leib hielt, und die hohen Zölle schützten sie vor der ausländischen.

Der unvermeidliche Preis des bürokratischen Sozialismus war ein Aufblühen der Korruption. Ein Unternehmer konnte sein Geschäft nur betreiben, wenn er die staatliche Bürokratie dazu brachte, Augen und Ohren zu schließen vor Verletzungen des einen oder anderen Gesetzes. Im Wildwuchs von oft widersprüchlichen Regelwerken konnte man der Illegalität fast nicht entrinnen. Wer nicht schmierte, war selber schuld. Legalität und Legitimität klafften auseinander. Der Unternehmer nutzte diese Spaltung als Rechtfertigung illegalen Handelns. Wenn ein *Lifafa* – ein Briefumschlag – über das Weiterleben entscheidet, ist Schmieren legitim.

Bis heute gelten Schmiergeldzahlungen als Kavaliersdelikt. Die meisten Arbeits- und Fabrikgesetze sind ohnehin noch in Kraft. Sie dienen Politikern und Beamten weiterhin als Erpressungsmittel. Korruption wird als notwendiges Übel akzeptiert. Dazu kommt, dass Bestechung für die Armen oft zur ökonomischen Überlebensfrage wird. Die Fischersfrau kann den Tagesfang nur auf der Straße ausbreiten und verkaufen, wenn sie dem Polizisten für diese illegale Nutzung öffentlichen Bodens ein Schweigegeld bezahlt.

Jedermann ist sich einig, dass der Wildwuchs von Arbeitsgesetzen das Gegenteil von Arbeitsschutz produziert hat. Ich kenne einen Fabrikanten von Sommersandalen, der 79 Festangestellte auf seiner Lohnliste führt. Die übrige Belegschaft schwankt zwischen 800 und 1400 Vertragsarbeitern. Sie werden von einem Agenten vermittelt, können kurzfristig eingesetzt und entlassen werden. Sie genießen keinerlei Sozialschutz. Nur so, sagte mir der Unternehmer, sei er imstande, auf die saisonalen und konjunkturellen Schwankungen in seiner Branche zu reagieren. »Meine Kunden in der EU können von heute auf morgen 50 000 Sandalen bestellen oder kündigen, je nach den Sommertemperaturen.« Würde er dem Buchstaben des Gesetzes folgen, wäre er schon lange bankrott – »aber nicht mal die Bankrotterklärung erlaubt mir der Staat ohne Schmiergeld!«

Der Gesamtwirtschaft bringt solches Verhalten wenig Gutes. Um dem *Inspector Raj* – der Herrschaft und Habgier der Bürokraten – zu entgehen, setzt Indiens Privatindustrie seit 30 Jahren schwergewichtig auf den Faktor Kapital statt auf den Faktor Arbeit. Wo Maschinen den Arbeiter ersetzen können, haben sie Vortritt, selbst wenn die Lohnkosten auf dem Papier unter den Kapitalkosten liegen.

Statt die Landwirtschaft als wichtigsten Arbeitgeber abzulösen, wächst der Anteil der Industrieproduktion an der Gesamtwirtschaft seit 15 Jahren nicht mehr; dabei hat er 20 Prozent nie überschritten – für Ökonomen viel zu wenig für eine sich modernisierende Wirtschaft mit einem riesigen Arbeitskräfteüberhang. Ebendieser Faktor Arbeit sollte in einem Land von der Größe Indiens das zentrale wirtschaftspolitische Anliegen sein. Jedes Jahr betreten zwölf Millionen junge Menschen den Arbeitsmarkt. Nur zehn Prozent finden in der (staatlichen und privaten) Industrie eine Anstellung. Die große Mehrheit ist im informellen Dienstleistungssektor tätig. Informell ist ein Euphemismus dafür, dass die Menschen meist unterbeschäftigte Gelegenheitsarbeiter sind und auf eigene Faust eine Beschäftigung ausüben, und sei es, auf dem Gehsteig den Passanten das Schmalz aus den Ohren zu entfernen.

Diese Millionen von Menschen sind meist unsichtbar, denn sie fallen noch nicht einmal durch staatliche Auffangnetze und erscheinen so auch nicht in der regulären Arbeitslosenstatistik. So müssten die offiziellen Arbeitslosenzahlen eigentlich überaus hoch ausfallen, da von den jährlich zwölf Millionen Arbeitsmarktneulingen nur etwa 1,5 Millionen einen festen Job erhalten. Das Gegenteil ist der Fall. Die offiziellen Arbeitslosenzahlen lagen 2014 bei rund sechs Prozent. Dahinter liegt ein definitorischer Trick: Arbeitslos ist nur, wer zuvor bereits für einen Lohn gearbeitet hat – und das haben die wenigsten. Zudem können es sich die meisten Armen gar nicht leisten, arbeitslos zu sein. »In Indien ist Arbeitslosigkeit ein Luxus«, schrieb die Wirtschaftszeitung *Mint*, »denn ein offizieller Arbeitsloser signalisiert damit, dass er genug Geld hat, um für einige Zeit ohne Lohn zu leben.«

Indiens neuer Premierminister Narendra Modi scheint die zentrale Rolle der Beschäftigung erkannt zu haben. Mit seiner Kampagne »Make in India« versucht er, das »Made in China« mit dessen Massenproduktion auszustechen und ausländische Industrieunternehmen nach Indien zu locken. Den einheimischen Unternehmern, die ins Ausland ausweichen, wirft er das Kürzel »FDI« an den Kopf – in einer neuen Interpretation: Statt »Foreign Direct Investment« übersetzt er es mit »First Develop India!«

Die weltweiten Umbrüche von 1989, gefolgt von Golfkrieg und Erdölpreisschub, erschütterten auch in Indien das System. Dank demokratischer Strukturen verlief der wirtschaftliche Machtverlust des Staats aber ohne politische Umwälzung. Die Regierung mit dem damaligen Finanz- und späteren Premierminister Manmohan Singh öffnete weite Teile der Wirtschaft dem privaten Unternehmertum, behielt aber wesentliche Funktionen bei. Die Grundstoffindustrien wurden an die Börse gebracht, doch der Staat blieb Mehrheitsaktionär. Banken und Versicherungen blieben staatlich. Verkehr und Energie wurden geöffnet, doch die Stromverteilung blieb staatlich, trotz der chronischen Misswirtschaft der öffentlich-rechtlichen Stromanbieter.

Die staatstragenden Parteien appellierten an die große Mehrheit armer Bürger auf dem Land, nur ein starker Staat könne ihnen unter die Arme greifen. Sie hatten richtig getippt. In fünf Parlamentswahlen zwischen 1991 und 2009 wählte eine Mehrheit den Status quo. Sie zog eine ineffiziente und korrupte Stabilität dem sozialen Stresstest des Marktes vor. Erst der Sieg von Narendra Modi könnte ein Zeichen sein, dass eine Mehrheit des Volks dem omnipräsenten allesversprechenden Staat nicht mehr traut.

Die neue wirtschaftliche Dynamik spielt sich aber noch lange nicht auf dem Land ab, sondern bleibt auf Stadtregionen beschränkt. Die relative Armut der Mittelschichten, die für einen Kleinwagen 15 Jahre sparen mussten, hatte die wirtschaftliche und soziale Dynamik eingemottet. Mit der Liberalisierung brach sie sich nun Bahn. 20 Jahre später liegt das Pro-Kopf-Einkommen zwar immer noch bei mageren 1600 Dollar pro Jahr. Doch dahinter verbirgt sich eine andere Zahl, die die neugewonnene Dynamik besser verdeutlicht: In den letzten 25 Jahren hat sich das Wirtschaftsprodukt beinahe versechsfacht, von 350 Milliarden Dollar auf zwei Billionen.

Nichts zeigt diese Dynamik so deutlich wie die Mobiltelefonie. Nicht einmal in China wächst der Kauf von Handys wie in Indien mit seinen vier Millionen Stück pro Monat. Es hatte 50 Jahre gedauert, bis die Zahl der Telefonfestanschlüsse auf 60 Millionen gestiegen war. Nun genügten 15 Jahre, um die Zahl der Mobiltelefone von null auf 850 Millionen hochschießen zu lassen.

Auch die Geschwindigkeit, mit der sich die Unternehmen in einem liberalisierten Marktumfeld zurechtfanden, zeigt, dass die frühere Autarkiepolitik mit ihren Einschränkungen im Endeffekt auch positive Auswirkungen gehabt hatte. Das wirtschaftsfeindliche Umfeld hatte die Unternehmer erfindungsreich, zäh und fit gemacht.

Ein Beispiel dafür ist die Pharmaindustrie. In der Zeit vor der Marktöffnung hatte Indien den internationalen Patentschutz auf Medikamenten nicht anerkannt. Dies bremste den Zufluss ausländischer Gesundheitsmittel. Um dennoch an solche zu gelangen, hatte der Staat ein Patentgesetz eingeführt, das statt des Schutzes des Endprodukts nur den Herstellungsweg des Arzneimittels als geistiges Eigentum anerkannte. Damit war der Grundstein der indischen Generikaindustrie gelegt. Chemiker tüftelten an alternativen Herstellungswegen für dieselben Wirkstoffe herum. Heute zählen indische Chemiker zu den Weltbesten, und der Generikasektor ist der größte weltweit. Die Firma Cipla legte mit der Erfindung eines billigen Anti-HIV-Cocktails die Grundlage dafür, dass die Epidemie auch in den armen Ländern bekämpft werden konnte.

Auch die Informationstechnologie wäre ohne das Stahlbad von industriefeindlichen Einschränkungen nie so rasch robust und international erfolgreich geworden. »Wir mussten innovativ sein, um zu überleben«, sagte mir S. Ramadorai, der ehemalige Direktionspräsident von Tata Consultancy Services (TCS). Er erzählte mir, wie sein Team alte Computer flicken musste, ohne Anleitungen und Ersatzteile, da diese nicht eingeführt werden durften; selbst die Werkzeuge mussten die TCS-Ingenieure selber herstellen.

Aus Verzweiflung über den Importstopp wurde Ramadorai in den 1970er Jahren in die USA geschickt. Er sollte dort Aufträge hereinholen, um die nötigen Devisen zu generieren, sodass TCS lebenswichtige Importe tätigen konnte. Doch was ließ sich mit dem Made-in-India-Label überhaupt verkaufen? »1978 war IBM aus Indien hinausgeworfen worden. Wir mussten unsere Computer selber warten und sie mit anderen Systemen kompatibel machen. Wir entwickelten eine Software, die solche Datentransfers ermöglichte. In den USA gab es viele Firmen, die ähnliche Migrationen vornehmen wollten. Unsere ›TCSler‹ konnten dies tun – zuverlässig, billig und rasch. TCS war eine globale Firma, bevor wir ein indisches Unternehmen wurden!«

Warum, so fragte ich Ramadorai, führte dieser erzwungene Do-it-yourself-Ansatz nicht zu chronischer Mittelmäßigkeit? »Das industriefeindliche Umfeld schweißte uns zu einer verschworenen Bande zusammen. Und zur kollektiven DNA Indiens gehört frugality«, fügte er hinzu – Sparsamkeit, Bescheidenheit, Askese. »Wir waren stolz darauf, mit äußerst wenig Geld in einem ärmlichen technischen Umfeld innovativ zu sein.« Als dann das Y2K-Problem auftauchte, waren TCS und Firmen wie Infosys, Wipro und Satyam in den Startlöchern. Sie ergriffen die Chance, sich bei den Hunderten von Firmen, denen sie beigesprungen waren – »von Südkorea bis Chile« –, als Software-Lieferanten zu empfehlen.

Innerhalb von vier Jahren verdoppelte TCS seine Belegschaft auf 20 000 Menschen. 2002 erreichte der Umsatz erstmals eine Milliarde Dollar. Beim partiellen Börsengang von 2004 entsprach die Marktkapitalisierung acht Milliarden Dollar. Zehn Jahre später erreichte der Umsatz zehn Milliarden Dollar und der Marktwert 60 Milliarden. Die Belegschaft ist auf 300 000 Angestellte gewachsen. »Und für die nächsten Jahre kommen jährlich 30 000 bis 35 000 Neue hinzu.«

Wie bringt es ein solcher Firmenkoloss fertig, jeden Mitarbeiter zu motivieren, seine Loyalität zu gewinnen und zu halten? »Der Mitarbeiter ist unser Kapital«, sagte Ramadorai. »IT-Firmen geben relativ wenig für Hardware und Kapitalgüter aus. Sie investieren in Intelligenz, und diese ist immer noch wesentlich in Menschen eingebettet. Für uns sind Rekrutierung, Ausbildung und Training, Teambildung sowie optimale Gruppenprozesse lebenswichtig. Die Abwanderung von Mitarbeitern beträgt keine zehn Prozent, obwohl TCS inzwischen das größte IT-Unternehmen Asiens ist. Wir machen offenbar etwas richtig.«

Den eigentlichen Loyalitätskitt sieht Ramadorai nicht in den Gehältern. Der wichtigste Faktor sei immer noch das »T« in TCS – der Name Tata. »Die Tatas verbinden Unternehmergeist mit sozialer Verantwortung. Es ist eine Kombination, die drei Grundzüge unserer Mentalität ausmacht: Risikobereitschaft, Problemlösung, Geschäftsethik. Vergessen Sie nicht, dass die Tata Sons-Muttergesellschaft mehrheitlich zwei Stiftungen gehört, die einen überragenden Anteil des jährlichen Gewinns in Sozialprojekte investieren.«

Unser Gespräch fand im Bombay House statt, der Zentrale von Tata Sons. Es ist ein Mischkonzern von mehr als hundert Firmen, die vom Tee bis zur Raumfahrttechnologie beinahe alles herstellen. Sein Gründer Jamshedji Tata hatte vor über hundert Jahren mit einer Textilfabrik begonnen, diversifizierte in ein Stahlwerk, dann in den Lokomotivenbau. Tata profitierte vom Wohlwollen der Kolonialregierung, aber war auch ein Nationalist. Sein Bruder unterstützte Mahatma Gandhi in Südafrika. Den Ausschluss von Indern aus dem vornehmsten Hotel der Stadt Bombay konterte Tata mit dem Bau des Taj Mahal Hotels. Es wurde zum Grundstein einer weltweit tätigen Hotelkette. Britische Gäste, so ließ er verlauten, seien willkommen.

Ich fragte Ramadorai, wie er die »Corporate Social Responsibility« der Tatas mit der Unternehmensstrategie in Einklang bringe, Auslandsinvestitionen zu forcieren. Die Firma schaffe Arbeitsplätze im Ausland, während im Heimatstandort Millionen arbeitsfähiger Menschen keine Beschäftigung fänden. »Das Beispiel TCS zeigt, dass die Tatas hier immer noch zahlreiche Jobs schaffen«, konterte er. Doch der ewige Hürdenlauf von Bewilligungen und die grassierende Korruption verletzten sowohl Geschäftsethik wie Fairness unter Konkurrenten.

Die Schaffung von Jobs ist auch für Ramadorai ein Anliegen. Nach seinem altersbedingten Rücktritt aus der Geschäftsleitung übernahm er 2013 auf Bitte der Regierung den Vorsitz der National Skill Development Corporation (NSDC). Sie soll der Berufsbildung, namentlich der Lehrlingsausbildung, neue Impulse geben. Die Gründung der NSDC zeige, dass die Regierung die Alarmglocke des enormen Jobdefizits vernommen hat. Niemand anders als Finanzminister Chidambaram habe das Problem der Unterbeschäftigung die »Achillesferse der indischen Wirtschaft« genannt.

Bisher hatten Politiker immer von Indiens demografischer Dividende geschwärmt: Das große Bevölkerungsbecken der jungen indischen Bevölkerung werde auf Jahrzehnte hinaus die Welt mit arbeitsfähigen Menschen versorgen. Während der Bevölkerungsrückgang in den Industriestaaten zur Überalterung der großen Nationen führt, wird Indiens junge Bevölkerung von 757 Millionen (2010) auf 972 Millionen im Jahr 2030 wachsen und damit Chinas sinkenden Anteil an der Weltbevölkerung überholen. 25 Prozent der weltweiten Arbeitsbevölkerung sind dann Inder.

Doch die Definition »arbeitsfähig« bezieht sich nur auf das Alter der 19- bis 59-Jährigen und nicht auf deren berufliche Fähigkeiten. Nur rund drei Prozent haben eine Berufsschule durchlaufen. Selbst unter den Absolventen der Hochschulen sind heute zwölf Millionen arbeitslos. War es nur Bürokratie und Korruption, die die Auslandsstrategie der Tatas und anderer Firmengruppen erklärten? Oder war es auch der Mangel an ausgebildeten Arbeitern, Technikern und Ingenieuren aus dem eigenen Land?

Ramadorai entgegnete, alle großen Tata-Töchter führten ihre eigene Lehrlings- und Technikerausbildung durch. Er nannte TCS als Beispiel. Jeder der 55 000 neu rekrutierten TCSler des Jahres 2014 wurde in einem hauseigenen Campus nochmals einem intensiven fachspezifischen Training unterworfen. Alle großen IT-Firmen verfügten über eigene Universitäten. Beweise nicht gerade dies die Morschheit des normalen Bildungssystems, wandte ich ein. Mit einer hauseigenen Ausbildung sei die industrielle Strukturschwäche nicht behoben.

Ramadorai, nun in seinem NSDC-Hut, erkannte an, dass mit einer firmeninternen Ausbildung »das Glas nur halbvoll« sei. Nur die Großen können sich eine eigene Schulung leisten. Der Mehrheit kleiner und mittlerer Unternehmen bleibt nur übrig, mit ihren Arbeitern *training on the job* zu betreiben, was Qualität und Jobmobilität stark einschränkt. Er plädiere dafür, Berufsbildung bereits in den Primarunterricht einzubauen. Indien liege mit seinen drei Prozent Berufsschulabsolventen noch weit hinter dem internationalen Durchschnitt zurück. Dennoch war er optimistisch: »Wenn TCS innerhalb eines Jahrzehnts seine

Belegschaft verzehnfachen konnte, warum sollen es andere Firmen nicht können?«

Die sinkende Arbeitsproduktivität der indischen Landwirtschaft wird auf jeden Fall nicht mehr lange imstande sein, die Millionen von *unemployable youth* mit Gelegenheitsarbeit durchzufüttern. Heute produzieren 150 Millionen Bauern gleich viel Nahrungsmittel wie sechs Millionen Amerikaner. Dies erklärt den Abwanderungssog in die Städte. Aber dort müssen sich 85 Prozent der Arbeitswilligen mit Gelegenheitsjobs durchkämpfen. Denn sie haben nichts vorzuweisen, was ihnen im formellen Sektor der Fabriken, Callcenter und Amtsstuben einen Job verschaffen würde. Es ist eine Arbeit ohne Sozial- und Gesundheitsschutz, ohne Minimallöhne, Ferien und Pensionskasse. »Informelle Arbeit«, so lautete das Urteil des Unternehmers Manish Sabharwal, »ist die Sklaverei des 21. Jahrhunderts.«

Diaspora: Der Mann im Mond

Als der amerikanische Astronaut Neil Armstrong auf dem Mond landete, stellte er verwundert fest, dass er nicht der erste Mensch war, dem dies gelungen war. Eine Sikh-Familie lebte bereits dort. Er fragte sie, wie lange sie denn schon hier lebten. »Seit der Zeit der Teilung«, war die Antwort.

»Partition« ist das Wort, das in Indien 1947 die große historische Zäsur von Unabhängigkeit, Staatenteilung und Flucht bezeichnet. Der kleine trockene Witz (die Sikhs sind berühmt für Witze über sich selbst) spielt auf diese Völkerwanderung von rund zwölf Millionen Menschen an. Viele Flüchtlinge wanderten aber nicht in eines der beiden neuen Länder, sie wanderten aus.

»Das Auswandern liegt in unserem Blut«, sagte mir einmal ein Sikh-Bauer, der auf den liebenswerten Namen Manmohan Singh Lovely hörte. Sikhs zeichnen sich nicht nur als Spaßmacher aus, sie haben auch die Gabe, sich einprägsame Rufnamen zu verpassen. Billy, Bunty, Bully, Dumpy, Puppy, Pickles lauten einige Männernamen.

Ich traf Manmohan bzw. Moni in den 1990er Jahren, als ich im Panjab über den Khalistan-Konflikt recherchierte, einen kurzen, brutalen Bürgerkrieg, weil die Sikhs einen eigenen Staat namens Khalistan wollten. Wir hatten einen gemeinsamen Freund in Delhi, und Moni beherbergte mich in seinem Dorf in der Nähe der Stadt Phillaur. Einige Wochen später tauchte er in Delhi auf. Ich sollte seinem Sohn ein Visum in die Schweiz besorgen. Er hatte gehört, dass die Schweiz an Italien grenzt. Dort arbeitete der Onkel eines Vetters in einer Autowerkstatt. Dieser würde Pappu Unterschlupf gewähren und für ihn einen Job finden.

Moni legte, um die Ernsthaftigkeit seines Vorschlags zu unterstreichen, einen dicken Umschlag voller Geldscheine auf den Tisch, »für deine Unkosten«. Für ihn war es eine normale Geschäftstransaktion, und er wollte nicht verstehen, dass ich ihm nicht helfen konnte. Sikhs seien doch die geborenen Migranten, und es sei nichts als Anstand, ihnen zu helfen. Es hätte ihn kaum erstaunt, wenn sie tatsächlich als Erste auf dem Mond gelandet wären.

Jahre später hörte ich vom Dorf Talhan, nicht allzu weit von Monis Dorf entfernt. Dort steht ein Sikh-Tempel namens Hawai Jahaaz Sahib. »Hawai Jahaaz« bedeutet »Flugzeug«, und der Gurdwara (wie die Sikh-Tempel heißen) genießt den Ruf, den Wunsch nach einem Visum zu erfüllen, wenn man ihm einen Spielzeugjet opfert. Die Läden rund um den Gurdwara sind voller Flugzeuge aller Typen und Größen sowie der Farben aller großen Fluglinien der Welt. Viele Reisebüros bieten ihre Dienste an, hinter denen sich manchmal wohl auch Schleppermafias verbergen.

Vielleicht hatte Moni dort angeklopft, denn ich wusste inzwischen, dass er seinen Sohn einem Schlepper anvertraut hatte. Pappu war mit einer Gruppe junger Sikhs über Taschkent und Moskau nach Kiew gelotst worden. Von dort ging es zu Fuß über die rumänische Grenze, dann schlugen sie sich bis nach Italien durch. Es war eine ähnliche Route, wie sie die Sikhs genommen hatten, die die indische Journalistin Pallavi Ayar in ihrem Buch über Europa interviewt hatte. Es heißt *Punjabi Parmesan*, und in seiner Titelgeschichte erzählt es von den rund 116 000 Indern, die abseits der großen italienischen Städte – und dem Augenmerk der Medien – als Forstarbeiter, Bauerngehilfen und Fabrikarbeiter arbeiten, unter anderem in den Käsefabriken der Emilia Romagna. Sie stellen sicher, dass Parmesan und Grana Padano auf die europäischen Tische kommen.

Die meisten dieser Italienmigranten sind Sikhs, und sie tun ihrem auch in Indien verbreiteten Ruf als Schwerarbeiter alle Ehre. Dies mag ein Grund sein, warum Arbeitgeber und die italienische Polizei nachsichtig sind, wenn sie ohne Papiere erwischt werden. Die Behörden stellen ihnen lieber gleich Ausweise aus und lassen sie weiterarbeiten.

Dass gerade Sikhs unter den europäischen Ländern Italien bevorzugen, liegt nicht nur an der wachsenden Abneigung der Italiener, sich die Hände schmutzig zu machen. Sie sind auch toleranter. Aiyar zitiert einen Gewährsmann namens Gurtej Singh, der zuerst in Deutschland gearbeitet hatte. Auch dort gebe es viele Arbeitsmöglichkeiten, etwa in Gärtnereien, sagte er ihr. Aber seine Arbeitgeber hätten verlangt, dass er seinen Turban ablege und sein Haupthaar schneide – beides sind zentrale Bestandteile seiner Religion. »Sie dachten, ich sähe aus wie ein Terrorist. Doch für mich ist meine Religion alles.« In Italien dagegen gibt es inzwischen, so Aiyar, sogar 35 Gurdwaras.

Die Toleranz hört allerdings rasch auf, wenn die Arbeitsleistung nicht mehr stimmt, erfuhr sie. Inder der zweiten Generation, die in die lokalen Schulen gehen und als Italiener aufwachsen, sind nicht mehr so willkommen, wenn sie Dienstleistungsjobs anpeilen. Diese sind knapp und für die Alteingesessenen reserviert. Den jungen »Secondos« wird die Staatsbürgerschaft dann verweigert. Ironie der Geschichte: Genauso ist es vor 50 Jahren den italienischen Gastarbeitern in Deutschland oder in der Schweiz ergangen. Trotz ihres Rufs als gute Arbeiter wurde ihnen das Bürgerrecht verweigert.

Die britische Kolonialmacht hatte den Spaltpilz von Teilung und Migration als letztes Vermächtnis im Subkontinent zurückgelassen, aber nicht zum ersten Mal. Bereits im 19. Jahrhundert hatte Großbritannien beträchtliche Migrationsströme in Bewegung gesetzt. Der Auslöser damals war die Abschaffung der Sklaverei. Plantagenbesitzer in den britischen Kolonien waren gezwungen, in Indien Leute anzuwerben. Diese »indentured labourers«, »Vertragsarbeiter«, wurden in die Karibik, nach Malaya oder nach Ostafrika verfrachtet.

Die Vertragsdauer von mindestens fünf Jahren sorgte dafür, dass die meisten ihre Heimat nie mehr zu sehen bekamen. Experten schätzen, dass bereits zur Kolonialzeit über sechs Millionen Inder über die ganze Welt verstreut wurden, von Fidschi bis in den Norden Kanadas.

Zu diesen sechs Millionen zählten nicht nur die Plantagenarbeiter. Die Briten waren als kluge Kolonialisten darauf bedacht, Mitglieder von Händlerkasten zur Emigration zu bewegen. Diese »Free Passage Indians« stellten sicher, dass Elemente der indischen Kultur weiterhin verfügbar blieben. Schuhmacher, Schneider, Barbiere, Goldschmiede und nicht zuletzt Brahmanen-Priester und Mullahs verpflanzten indische Lebensformen in die Exilländer. Auch sie schlugen dort Wurzeln. Dank dieser kulturellen Transplantate erneuerten die meisten Kulis ihre Verträge und blieben der Plantagenökonomie erhalten.

Auch die Free Passage Indians wurden nach dem Ende der Kolonialzeit Bürger der entkolonisierten Staaten. Zu ihnen gehörten unter anderen die rund 60 000 Gujaraten in Uganda, die in den frühen 1970er Jahren vom Militärherrscher Idi Amin zu einer zweiten Emigration gezwungen worden sind. Die Hälfte von ihnen erhielt die britische Staatsbürgerschaft und floh nach Großbritannien. Ihre eigene alte Heimat zeigte sich dagegen zugeknöpft. Indira Gandhi weigerte sich, die Flüchtlinge aufzunehmen, dies sei Sache der ehemaligen Kolonialmacht, kommentierte sie schnöde.

In Großbritannien übernahmen viele Uganda-Inder einen der allgegenwärtigen Zeitungsläden. Schon bald boten diese neben Zeitungen und Magazinen auch Zigaretten und Lotterielose an, dann auch Güter des Alltagsgebrauchs – Milch, Butter, Brot –, bis sie sich zu regelrechten Gemischtwarenläden mauserten. Sie heißen bis heute »News Agents« und unterstehen damit nicht dem Ladenöffnungsgesetz. Und weil alle Familienmitglieder im Laden mithelfen, sind sie oft 24 Stunden geöffnet. Kein Wunder, dass die Krämerstochter Margaret Thatcher ihren Landsleuten die Patels als Vorbild für harte Arbeit zur Nachahmung empfahl.

Ähnlich erfolgreich waren die Uganda-Inder in den USA, wo ebenfalls rund 30 000 von ihnen Asyl erhalten hatten. Dank des engen Netzes von Familie, Clan und Kaste sprach sich rasch herum, dass dort nicht »News Agents«, sondern Motels billig zu kaufen waren. Innerhalb weniger Jahre wurde aus diesem Dienstleistungszweig ein Reservat der Gujaraten. Heute sind rund 60 Prozent aller amerikanischen Autobahnraststätten in den Händen indischstämmiger Familien. Ein Drittel von ihnen heißt Patel, und Humoristen haben die Motels in »Potels« umbenannt.

Manchmal braucht es nicht einmal eine große regionale Kaste wie jene der Patels, um in der neuen Heimat einen ganzen Berufszweig zu monopolisieren. Es genügen eine Kleinstadt wie Palanpur in Nord-Gujarat, eine gemeinsame Religion wie der Jainismus und ein paar lokale Clans namens Mehta oder Shah. Palanpur war einmal Sitz eines Kleinfürsten gewesen, und wie jeder Maharadscha hatte sich auch dieser Hoflieferanten von Edelsteinen und -metallen gehalten. Als Indira Gandhi 1972 die staatlichen Apanagen für die ehemaligen Fürsten aufhob, bedeutete dies das Ende für die meisten der 573 Maharadschas.

Auch die Juweliersfamilien mussten sich nach neuen Erwerbsmöglichkeiten umsehen. Viele wanderten nach Mumbai aus, wo sie einen bescheidenen Handel mit ausländischen Diamanten aufzogen, weil die indischen Diamantenminen – früher die reichsten der Welt – leergefegt waren. Als auch die Einfuhr von geschliffenen Diamanten verboten wurde, begannen die Palanpuris, ihre Vertretungen in Antwerpen zu verstärken, dem damaligen Weltzentrum für Diamantenschleiferei.

Antwerpen war weitgehend von belgischen Juden dominiert. Doch die Rassenpolitik der Nazis und der Zweite Weltkrieg hatten viele der jüdischen Händler und Schleifer in den Tod oder ins Exil getrieben. Als sich die ersten Inder dort niederließen, hatten die überlebenden Chassidim die Kontrolle über Handel und Produktion wieder übernommen. Doch es fehlte der Nachwuchs und damit die nötige Agilität, um rasch auf neue Trends zu reagieren.

Die Antwerpener Schleifer waren auf das Schleifen großer Steine spezialisiert, die ihnen der weltweit dominante Konzern De Beers lieferte. Als die Russen den Markt plötzlich mit kleinen Steinen überschwemmten, rechneten sich die relativ hohen Löhne nicht mehr. Die Inder sprangen in die Lücke. Sie kauften die kleinen Rohlinge und exportierten sie zum Schleifen in ihre Heimat. In Mumbai waren Verwandte zur Stelle, um sie in Gujarat buchstäblich unter die Leute zu bringen. Bahnkuriere brachten die winzigen Steine nach Surat, dort wurden die gefalteten Papierumschläge per Fahrrad in die Dörfer geliefert.

Als ich in den 1990er Jahren für eine Reportage über Diamantenschleifer unterwegs war, fand ich im Dorf Kamrej gleich mehrere Dutzend einfache Schleiftische, einige standen in Kuhställen. Ich unterhielt mich mit einem Fährmann namens Subhash Mali, der pro Tag einen Diamanten von etwa 0,2 Karat Größe schliff. Er war über eine mit einem Fußpedal angetriebene Scheibe gebeugt und drückte mithilfe eines Metallarms den darauf befestigten Stein auf die mit Diamantenstaub beschichtete Platte, bis er 58 Facetten poliert hatte.

Am Ende des Tages hatte Subhash 30 Rupien verdient – so viel wie sein restliches Einkommen. 30 Rupien waren damals nicht mehr als einen Dollar wert. Für die Palanpuris in Surat, Bombay und Antwerpen war es ein Stückpreis, mit dem sie die Konkurrenz förmlich vom Tisch fegten. Innerhalb von wenigen Jahren wurden in Indien, das nur noch 0,03 Prozent aller Diamanten der Welt förderte, 50 Prozent des weltweiten Handels mit Diamanten umgesetzt. Heute bringen die Ausfuhren geschliffener Diamanten dem Land mehr Devisen ein als die Ausfuhr von Tee. Das Schleifen der Steine beschäftigt etwa 750 000 Menschen.

In ihrem Buch über die indische Diaspora in Europa beschreibt Pallavi Aiyar die Wirkung auf Antwerpen. Rund 400 Familien aus Palanpur leben heute dort, sie beherrschen 70 Prozent des Handels. Die Zahl der lokalen jüdischen Schleifer ist gemäss Aiyar von 30 000 in den 1970er Jahren auf 1000 geschrumpft. Aiyar zitiert einen alteingesessenen jüdischen Händler namens Abraham Pinkusewitz. Er klagte ihr: »Die Inder arbeiten zu hart. Sie können über nichts anderes reden als Diamanten. Nichts hält sie zurück, wenn es darum geht, Kunden zu finden. Selbst wenn sie mit Verlust verkaufen müssen.«

In Mumbai hatte mir damals ein Palanpuri namens Mahendra Mehta erklärt, die billigen Produktionskosten seien nur die eine Facette des Geschäfts. Ebenso wichtig sei das feinmaschige Verkaufsnetz. Weil der Handel mit Diamanten meist auf Kommissionsbasis und per Handschlag abgewickelt wird, sei Vertrauen von entscheidender Wichtigkeit. Und Vertrauen sei dann am besten gewährleistet, wenn die vielen Zwischenhändler in ein soziales Netz von Familie, Clan und gemeinsamer Herkunft eingebunden sind. »Sie können heute fast in jede amerikanische Stadt gehen, und Sie finden dort einen Inder. Meist sogar einen Gujaraten. Er ist vielleicht Arzt oder Motelbesitzer, IBM-Techniker oder Lehrer. Unsere Kuriere logieren bei ihnen statt in teuren Hotels. Sie händigen ihren Gastgebern ein paar Briefchen mit den winzigen Steinen aus. Und diese beliefern damit die örtlichen Juweliere.«

Die wirtschaftlichen Erfolge der Uganda-Inder waren postkoloniale Spätfolgen. Die Geschichte der Palanpuris zeigt, dass sich nun auch im freien Indien eine neue Diasporawelle zu bilden begann. Sie war in wirtschaftspolitischen Entscheidungen des Staats und im stagnierenden Wachstum der indischen Wirtschaft begründet. Der Staat wurde nicht nur der Armut nicht Herr, er verprellte mit seinem Konsumstopp und hohen Steuern auch die städtischen Mittelschichten.

Die Armen und Bauern waren dieser Politik ausgeliefert, doch die städtischen Mittelklassen begannen, mit den Füßen zu wählen. Statt verarmter Landwirte waren es nun städtische Familien, die in der Emigration ihre Rettung sahen. Kinder hatten trotz guter Schulnoten nur geringe Berufsaussichten im Land, nicht zuletzt infolge der Reservierungspolitik. Viele zogen es daher vor, ihren Studienabschluss im Ausland zu machen. Und um deren Studium zu finanzieren, packten viele Eltern ebenfalls ihre Koffer. Für die große Mehrheit von ihnen hatte dieses Ausland nur einen Namen: Amerika. Die amerikanische Regierung brachte zum Push-Faktor der indischen Wirtschaftspolitik einen Pull-Effekt ins Spiel: Stipendien für junge Talente, das Versprechen einer Green Card, um diese nach dem Studium im Land zu halten, die Möglichkeit des Familiennachzugs.

Nach den großen Emigrationswellen des frühen 20. Jahrhunderts aus Europa war den USA nicht mehr an billigen Arbeitskräften gelegen. Sie wollten Intelligenzarbeiter, die der Weltmacht neben der politischen auch die »soft power« wissenschaftlicher und kultureller Dominanz sichern sollten. Dabei war es im Unterschied zu Europa einerlei, ob die Person einen indischen Namen hatte oder einen Turban trug.

Heute sind die USA weltweit das Land mit der größten Zahl von Auslandsindern (Non-Resident Indians oder kurz NRIs) und indischstämmigen US-Bürgern. Diese 3,1 Millionen Indian Americans (nicht zu verwechseln mit der Urbevölkerung der American Indians) bilden die ethnische Gruppe mit dem höchsten jährlichen Pro-Kopf-Einkommen (rund 100 000 Dollar), höher als das der traditionellen Elite der angelsächsischen Weißen und der chinesischen Diaspora. Sie weisen eine überdurchschnittliche Zahl von Anwälten, Richtern, Ärzten, Professoren, Managern und Unternehmern auf. Schon tauchen die ersten Politiker indischer Herkunft im amerikanischen Kongress auf, und in der Fernsehserie *The Simpsons* gibt es eine indische Figur namens Apu Nahasapeemapetelon.

Niemand verkörpert diese indische Version des American Dream besser als Rajat Gupta. In einer Kalkutta-Familie der unteren Mittelklasse geboren und aufgewachsen, musste er nach dem frühen Tod seines Vaters und als Ältester von fünf Geschwistern zuerst einen Job suchen, bevor er studieren konnte. Für sein

Masterstudium erhielt er ein Stipendium in den USA, danach fand er eine Anstellung beim Beratungsbüro McKinsey. 20 Jahre später war er Chef dieses weltweit größten Beratungsbüros und leitete die Firma bis zu seinem Karriereende. Danach stand ihm das Tor zu prestigeträchtigen Aufsichtsräten offen. Einer davon war ein Sitz im obersten Gremium der Bank Goldman Sachs.

Gupta vergaß auch seine Heimat nicht. Er engagierte sich in zahlreichen philanthropischen Initiativen, namentlich im Bildungsbereich. Dank seiner McKinsey-Kontakte war Gupta die treibende Kraft bei der Gründung der Indian School of Business in Hyderabad, die in wenigen Jahren die erfolgreichste Kaderschmiede des Landes wurde. Die Regierung berief ihn in mehrere Reformkommissionen.

Im Juni 2012 wurde diese Galionsfigur eines erfolgreichen NRI plötzlich vom Sockel gestoßen. Die Staatsanwaltschaft erhob Klage gegen Gupta. Als Aufsichtsrat von Goldman Sachs habe er einem befreundeten Geschäftsmann Insiderwissen verraten. Der Investor Warren Buffett hatte mitten in der Bankenkrise von 2008 ein Aktienpaket von Goldman Sachs in der Höhe von 5 Milliarden Dollar gekauft – ein Handel, der die Aktie der Bank nach Bekanntgabe sofort in die Höhe schnellen lassen würde.

Nur Minuten nach der Zustimmung des Aufsichtsrats der Bank telefonierte das Verwaltungsratmitglied Gupta mit dem aus Sri Lanka stammenden Geschäftsfreund Raj Rajaratnam. Der kleine Zeitvorsprung genügte diesem, sofort massiv Goldman-Sachs-Aktien zu kaufen und sie nach dem Kurssprung mit einem zweistelligen Millionengewinn wieder zu veräußern. Gupta beteuerte bis zum Ende seine Unschuld, doch zwei Gerichtsinstanzen sahen seine Komplizenschaft als erwiesen an und verurteilten ihn zu zwei Jahren Gefängnis.

Der Aufstieg und Fall dieser Ikone der Auslandsinder beweist, wie sehr diese Diaspora im Mainstream des amerikanischen Establishments – und dessen Mischung von Philanthropie und Gier – aufgegangen ist. Es gibt aber auch andere Indian Americans. Der

Staatsanwalt, der gegen Gupta Klage führte, heißt Preet Bharara. Wie Gupta war auch Bharara als indischer Jurastudent in die USA gekommen und nach seiner Einbürgerung in den Dienst des Justizministeriums getreten. Als Oberstaatsanwalt für den Justizdistrikt von Lower Manhattan besetzt Bharara einen der wichtigsten Posten, die das amerikanische Rechtssystem zu vergeben hat. Bharara hatte den Prozess gegen Gupta mit unerbittlicher Härte geführt. Indische Medien schöpften deshalb den Verdacht, er hege wie seine Vorgänger Rudolph Giuliani und Eliot Spitzer politische Ambitionen. Deshalb habe er dem amerikanischen Publikum beweisen müssen, dass seine indische Herkunft sein Verhalten nicht beeinflusst.

Die große Mehrheit der indischen Elite war Bharara aber dankbar, dass durch ihn der Schlag, den Gupta dem Selbstverständnis der Diaspora-Inder versetzt hatte, einigermaßen aufgefangen wurde. Zum ersten Mal nach vielen Jahren war auf sie ein Schatten gefallen. In den 1970er Jahren waren die vielen jungen Leute, die in den USA studieren wollten, in Indien fast als Landesverräter angesehen worden. Der Vorwurf lautete, das arme Indien habe ihnen mit der kostenfreien Schulbildung ein Sprungbrett für eine Karriere geschaffen. Statt der Nation dafür mit einer Tätigkeit im eigenen Land zu danken, verkauften sie sich nun den reichen Amerikanern. Damals entstand der Begriff des »Brain Drain«, der den Vorwurf präzise wiedergibt – das Absaugen von Intelligenz.

NRIs wiesen den Vorwurf entrüstet zurück. Einige von ihnen gingen noch weiter. Der Brain Drain ins Ausland sei immer noch besser als die Alternative zu Hause, sagte mir einmal ein indischer Professor an der New York University. Dort liege »the Brain in the Drain«, »das Hirn in der Gosse«.

Seitdem hat sich aber vieles geändert. Aus den Fahnenflüchtigen von damals sind heute Brückenköpfe geworden. Ungeachtet der stramm amerikanischen Haltung eines Preet Bharara hat sich erwiesen, dass die Bereitstellung indischer Intelligenzarbeiter für die amerikanische Wirtschaft und Gesellschaft nur eine Seite der Medaille darstellt. Die Ausbildungs- und Karrierechancen, die amerikanische Hochschulen Tausenden indischen Studenten bieten, kommen direkt und indirekt auch Indien zugute.

Wenn etwa in der Hälfte der 500 größten Unternehmen der Welt Inder in leitenden Positionen sitzen, dann nützt dies nicht nur ihren Arbeitgebern. Diese Firmenchefs, Finanzvorstände und Ingenieure sind, so hat Indien inzwischen eingesehen, auch Botschafter für ihr Land. Auch privat sind viele vermögend genug, um politischen Einfluss auszuüben, durch Wahlspenden für Abgeordnete im Kongress oder die Finanzierung von Lobbyfirmen in Washington. Oder sie investieren in indische Start-up-Unternehmen.

Auch Indiens Politiker haben die NRIs inzwischen als Wahlhelfer entdeckt. Oder ist es umgekehrt? Es waren indischstämmige US-Bürger, die Unterstützungsvereine wie die Overseas Friends of the BJP oder den Indian Overseas National Congress gründeten. Als Amerikaner der zweiten und dritten Generation haben sie die Überidentifikation mit dem amerikanischen Way of Life inzwischen abgelegt und sehen sich kulturell als Doppelbürger. Sie kompensieren die negativen Faktoren im Westen – Materialismus, Leistungsstress, Individualismus – mit der Pflege ihrer indischen Wurzeln, romantisiert durch die weichen Konturen der geografischen Distanz.

Diasporavertreter äußern sich zunehmend intolerant gegenüber Darstellungen ihrer Heimat, die auch die dunklen Seiten Indiens hervorstreichen, sei es in akademischen Schriften, Schulbüchern oder Medienberichten. Obwohl sie traditionell demokratisch wählen, hat die polarisierende Gestalt von Narendra Modi auch unter den NRIs zu einem Rechtsrutsch geführt. 2005 erließen die USA ein Einreiseverbot für Modi, den damaligen Regierungschef von Gujarat, wegen seiner Rolle bei den Pogromen gegen Muslime drei Jahre zuvor. Die Reisesperre wurde von liberalen Kreisen begrüßt, die große Mehrheit von US-Gujaraten war aber in ihrem ethnischen Stolz verletzt. Es kam zu zahlreichen Solidaritätsgesten, nicht zuletzt in Form von Spenden für Wahlkampagnen der BJP. Bei der Wahl von 2014 reisten viele Anhänger nach Indien und betätigten sich als Modi-Wahlhelfer.

Vier Monate später erhielten diese Überseefreunde der BJP endlich Genugtuung. Die USA mussten für Narendra Modi, den neuen Premierminister des Landes, der zudem ein klares Mandat der Wähler vorweisen konnte, das Visaverbot aufheben. Im September 2014 dankte Modi 20 000 begeisterten Anhängern im Madison Square Garden von New York für ihre Unterstützung, bevor er zur offiziellen Visite nach Washington weiterreiste. Er wurde wie ein Held gefeiert.

Dass sich ein ehemaliger Teeverkäufer einen Empfang im Weißen Haus erkämpft hatte, erschien ihnen wie eine Krönung ihres eigenen Immigrantenwegs. Während vor dem Stadion einige Demonstranten Protestbanner in die Höhe hielten, wurde drinnen eine riesige »Tea Party« gefeiert, zu der sich auch zwei Dutzend amerikanische Kongressabgeordnete gesellt hatten. Die meisten waren Republikaner, die in der Ideologie des früheren Chaiwallah Anklänge an ihre eigene Tea-Party-Bewegung erkannten.

Diese indoamerikanische Diaspora der Reichen mag politisches Gewicht haben, ökonomisch wird sie aber von der mittelöstlichen Diaspora der Armen in den Schatten gestellt. Die rund vier Millionen Inder in der Golfregion – eine große Mehrheit von ihnen sind unter unwürdigen Bedingungen schuftende Arbeitskulis und nicht Intelligenzarbeiter – senden jeden Monat große Teile ihres Lohns in ihr Heimatland. Die Hälfte von ihnen stammt aus Kerala. Lohn- und Goldtransfers haben einen reichen Bundesstaat aus ihm gemacht. Kerala kommt heute praktisch ohne eine verarbeitende Industrie aus und vermittelt dem Besucher trotzdem das Bild eines Wohlfahrtsstaats.

Die sozialen Folgen sind allerdings nicht so rosig. Das Fehlen heiratsfähiger Männer und verheirateter Väter hat ein akutes sozialpsychologisches Spannungsfeld geschaffen. Junge Mütter haben oft Mühe, den Anforderungen einer vaterlosen Familie gerecht zu werden. Viele sind sexuellem Missbrauch ausgesetzt, da in den halbleeren Dörfern die soziale Kohäsion bröckelt. Trotz einer vorbildlichen Schul- und Berufsbildung wird den meisten Frauen durch die Bürden von Haus und Kindern eine Berufsausübung erschwert. Ein drastischer Hinweis auf dieses Stresssymptom ist die hohe Selbstmordrate unter jungen Keralerinnen zwischen 20 und 40 Jahren – die höchste in ganz Indien.

Mit einem jährlichen Rückfluss von 70 Milliarden Dollar steht Indien heute an der Spitze der Länder mit einer großen Diaspora, weit vor China. Die indische Regierung hat ihr Misstrauen bezüglich des Absaugens ihrer besten Hirne begraben. Stattdessen wurden Gesetze verabschiedet, die neue Kategorien von Indern schaffen: Zu den NRIs gesellen sich die »PIOs« und »OCIs«, »Persons of Indian Origin« und »Overseas Citizens of India«. Sie haben zwar keinen indischen Pass, aber ein hybrider PIO/OCI-Ausweis hilft ihnen mit mehreren Vorrechten darüber hinweg, dass ihr Heimatland keine formelle Doppelbürgerschaft anerkennt.

Europa, und namentlich Kontinentaleuropa, ist die Weltregion, in der Inder im letzten halben Jahrhundert am wenigsten Fuß gefasst haben. Die Geschichten der Sikhs in Italien und der Palanpuri-Gujeraten in Antwerpen beschreiben eher Ausnahmen als die Regel. Ähnlich ist es in Großbritannien, dem früheren Besitzer des kolonialen Kronjuwels. Nur knapp 700 000 der weltweit vier Millionen indischen Auslandsbürger leben dort. Ihre Zahl nimmt eher ab als zu, seit Harvard und Stanford den englischen Eliteuniversitäten den Rang ablaufen. Nach dem Vereinigten Königreich liegt Italien mit 116 000 indischen Bewohnern bereits an zweiter Stelle, und viel weiter dahinter kommt das drittplatzierte Finnland mit 4300 NRIs.

Die Landessprachen sind zweifellos ein wichtiger Grund dafür. Viele Mittelklasseinder verfügen über recht gute passive Kenntnis des Englischen. Fragt man Inder nach der geringen Beliebtheit

Kontinentaleuropas, wird aber die Immigrationspolitik der EU verantwortlich gemacht. Sie sei eine Mischung von Ängstlichkeit und Überheblichkeit, schrieb der Politologe Devesh Kapur in einer Kolumne: »Viele westeuropäische Eliten – in den Universitäten, Parlamenten oder Medien – leben in einem kognitiven Universum, in dem europäische Hegemonie immer noch ein unumstößlicher Fakt ist. Indien wird immer noch gegängelt und exotisiert, und der unterschwellige Rassismus ist deutlich stärker als etwa in den USA.«

Dieser Diagnose stimmt auch der indischstämmige Soziologe Rohit Jain zu. Gerade in der Schweiz, wo Jain geboren wurde, sei »die dunkle Hautfarbe Zeichen einer nur beschränkten Zugehörigkeit«, erklärte er dem Zürcher *Tagesanzeiger*, auch wenn es einige »kosmopolitische Räume gibt, in denen Mehrfachzugehörigkeiten anerkannt sind«. Die tiefsitzende ethnische Distanz Europas kollidiert mit dem Selbstverständnis gerade der »IT-Inder«, die sich dem dekadenten Westen fast schon überlegen fühlen – in Bezug auf Familiensinn, Leistungswille, oft auch Intelligenz.

Im Gegensatz zum Minderwertigkeitsgefühl seiner Elterngeneration, sagt Jain, kümmert den IT-Inder diese unterschwellige Distanz nicht mehr. Er versteht sich als Teil eines kommerziellen Multikulturalismus und einer globalen Diaspora, mit transnationalen Karriereaussichten und entsprechend geringer Lust zur lokalen Assimilation. Ethnische Ablehnung wird als Fußnote der Geschichte abgehakt, ein weiteres Beispiel der Doppelmoral des Westens. Schwierig sei es lediglich für die Arbeitsmigranten aus der Unterschicht. Dort gebe es weiterhin institutionelle Diskriminierung und Assimilationsforderungen. Politischer Multikulturalismus liegt in weiter Ferne.

Eine etwas versöhnlichere Antwort gibt der Film *The Hundred-Foot Journey (Madame Mallory und der Duft von Curry)*, der 2014 mit einigem Erfolg in den europäischen Kinos lief. Er berichtet von einer indischen Familie, die – mittellos und Opfer religiöser Unruhen in Mumbai – in eine französische Kleinstadt verschlagen wird. Dort eröffnet sie ein Curry-Bistro, direkt gegenüber einem feinen Ein-Stern-Restaurant. Es gelingt dem jungen Sohn mit seinem Kochtalent, den offenen Widerstand der arroganten Restaurantbesitzerin zu brechen. Er lässt sich von ihr anwerben, verschafft ihr einen zweiten Michelin-Stern und erbt am Ende – mit einer Kollegin aus der Kleinstadt als Lebens- und Kochpartnerin – das feine Lokal.

Der Film des schwedischen Regisseurs Lasse Hallström thematisiert auf amüsante Weise den Konflikt zwischen dem Ehrgeiz und Talent indischer Emigranten und der Angst einer europäischen kulinarischen Hochkultur, die hochverfeinert und sklerotisch ist. Die beiden Gegensätze können sich dann doch versöhnen. Die intelligente Madame Mallory kooptiert den begnadeten Koch, dieser lernt die Lebensqualität des Städtchens und die hohe Kunstfertigkeit der französischen Küche schätzen.

Man mag dies als typisches Happy End à la Bollywood lesen. Es führt dem europäischen Publikum aber auch vor, was Inder in den USA bereits in dritter Generation praktizieren: Die Qualitäten von Emigranten – Ehrgeiz, Leistungswille, Kreativität – lassen sich zu beider Vorteil mit jenen der einheimischen Kultur vereinen.

Diese Synergie liefert der Film übrigens auch bei den kommerziellen und technischen Aspekten des Films. Von einem europäischen Regisseur und mit einer europäischen Thematik gedreht, ist er eine Hollywoodproduktion von Steven Spielberg. Aber dessen Dreamworks-Studio hat mit Anil Ambani von Reliance Communications inzwischen auch einen indischen Minderheitspartner, der hier als Koproduzent auftritt. Es ist gewissermaßen der erste »Fusion-Film« von Hollywood und Bollywood.

Umwelt: Waste Side Story

Das leuchtende indische Lichterfest Diwali wirft auch dunkle Schatten. Der ersehnte Hausbesuch der Göttin Lakshmi, Schutzpatronin von Wohlstand und Glück, ist wie die christliche Weihnacht verbunden mit einer mehrtägigen Konsumorgie von Geschenken, Festessen, Plastikdekorationen und Kostümen, von holzgefertigten Triumphbögen, umwickelt mit grellen Lichtschlangen, alles begleitet vom ohrenbetäubenden Lärm unzähliger Feuerwerkskörper. Als ich noch in Delhi wohnte, fühlte sich die Stadt in der Dämmerung an wie ein Schlachtfeld aus Zeiten der Musketen und Kanonen: Rauchschwaden hüllen alles in einen dichten Nebel, man hört dumpfe Explosionen, der Geruch von Schießpulver steigt einem in die Nase. Statt menschlicher Leichen sieht man aber zum Glück nur Autoschlangen und Abfall.

Auch bei uns auf dem Land gibt es zu Diwali nächtelang Geschützdonner. Tagsüber sind die Dorfbazare rund um Alibagh überfüllt mit Familien, die sich sattkaufen an chinesischem Ramsch. Beim Morgenspaziergang sehe ich dann die Überreste des Festmahls auf der Straße: Plastikbecher, Styroporteller, Reisreste, halbierte Kokosschalen und zu Hunderten die kleinen ausgebrannten Tonschälchen. Sie hatten so bezaubernd ausgesehen, als sie am Abend zuvor die Simse der offenen Fenster beleuchteten.

Einmal erblickte ich vor einer Haustür ein Ölschälchen, das noch brannte. Ich trat näher und sah ein Arrangement, das im allgemeinen Unrat wie ein Stillleben wirkte: Die Tonschale lag in einem Kartondeckel, daneben ein paar Räucherstäbchen, ein Häufchen Sand und Asche, Blumenknospen und ein süßer Diwali-Krapfen, auf dem Deckel ein kleiner stielloser Reisigbesen.

Als ich unseren Gärtner später fragte, was denn dies nun sei, sagte er fast schüchtern: Bhalli, ein *Bhuut* oder Geist, Schutzpatron des Abfalls. Das Arrangement stammte von einer Pujazeremonie der Hausfrau, in der sie Bhalli angefleht hatte, sich doch des Abfalls anzunehmen.

Wie bequem, dachte ich grimmig: Selbst die Müllentsorgung wird in Gottes Hand gelegt, und man verführt ihn mit einem Pujagebet und einer Süßigkeit! Weiter denken sie wohl nicht, zum Beispiel daran, was denn nun mit den Überresten eben dieses Kartondeckels geschehen wird! Es erinnerte mich an eine Szene an der Quelle des heiligen Yamuna-Flusses im Himalaya. Ich wies eine Pilgerin zurecht, als sie einen Plastikbeutel mit einer faulenden Girlande in das sprudelnde Wasser warf. Sie antwortete voller Entrüstung: »Was wissen Sie schon von der Kraft Gottes? Er kann jedes Wasser wieder reinwaschen!« Gandhi hatte gesagt: »Reinlichkeit kommt gleich nach Göttlichkeit.« Die Reaktion der Inder: »Dann nehmen wir lieber die Göttlichkeit.«

Auch die Hausfrau in Awas war sich der Ironie kaum bewusst. Den Dreck auf der Straße vor ihrem Haus hatte sie ohnehin nicht wahrgenommen, die Fürbitte galt vielmehr dem Inneren ihres Heims – dort, wo sie jeden Tag den Boden wischt, die metallenen Küchengeräte poliert, den Staubwedel über die Gestelle führt, ein paar Blüten auf ihren kleinen Puja-Altar legt. Oft genug hatte ich gestaunt, wie sauber das Innere selbst einer kleinen Slumhütte ist, während sich draußen der Unrat stapelt.

Ich habe diese schizophrene Einstellung nie richtig verstanden: Drinnen ist mein Heim heilig und sauber – was draußen geschieht, geht mich nichts an. So heißt Abfallentsorgung denn auch: über die Mauer mit dem Dreck, manchmal durchs Fenster, raus auf die Straße! Nirgendwo in Indien bleibt einer Besucherin der Anblick von Abfallhaufen erspart. Doch nicht nur die Augen werden ständig herausgefordert. Auch der Geruchssinn muss wahre Angriffswellen über sich ergehen lassen, angefangen bei der Landung auf dem Flughafen von Mumbai etwa, mit seiner typischen Geruchsmischung aus Kot, Kerosin, Abgasen und salziger Meeresluft. Nur unverbesserliche Nostalgiker wie ich atmen ihn tief ein. Die Zeitung *Mumbai Mirror* beschrieb einmal ein Blinde-Kuh-Spiel unter Mitarbeitern der öffentlichen Müllentsorgung: Wer kann mit verbundenen Augen genau sagen, wo er sich befindet – in Sion (Kot und Urin), in Dadar (faulendes Gemüse), in Sewri (Fischabfälle), in Matunga (Fisch plus Dieselrauch), in Bhandup (brennendes Plastik) oder in Mahim und Kurla (Duft-Cocktail aus der Kloake des Mithi-Flusses)?

Es ist naheliegend, mangelnden Bürgersinn für den indischen »Planet Garbage« verantwortlich zu machen. Auf der Fähre nach Mumbai schaue ich einem Schiffsjungen zu, wie er den mit leeren Flaschen und Chipsbeuteln überbordenden Abfallkübel ins Meer entleert. Der zweite Schock folgt sogleich: Keiner meiner Mitfahrer – oft begüterte Leute – nimmt die achtlose Geste wahr.

Die Mittelklasse sündigt durch Gedankenlosigkeit. Alle haben Haushaltshilfen, die den Unrat der Sahibs entfernen. Es gibt für sie gar keinen Anlass, an die Folgen des achtlosen Wegwerfens zu denken. Eine Nachbarin in Awas hatte sich regelmäßig über den Abfall entlang ihrer Straße geärgert, bis sie dort eines Tages ihre eigene ausgeleerte Tasche liegen sah, die sie ihrer Hausangestellten zur Entsorgung überlassen hatte.

Wie im Kleinen, so auch im Großen. Indien produziert jeden Tag 150 000 Tonnen Abfall, Städte wie Delhi und Mumbai haben einen Tagesausstoß von 9500 und 6500 Tonnen. Und jeden Tag landen 3600 Tonnen Plastiktüten und Flaschen neben den Gleisen der Indian Railways. Sie werden vom Fahrtwind hochgewirbelt und auf Felder und in Slumgassen geweht. Dasselbe geschieht auf den riesigen Müllhalden im Weichbild der Metropolen, wo Plastikreste oft einen kilometerbreiten vielfarbigen Kreis um die rauchenden, stinkenden Abfallhügel legen.

Herumliegender Unrat ist eines dieser all-indischen Symbole, die beweisen, dass Indien »ein einig' Land« ist, nicht nur von Göttern und Tempeln, sondern auch in seiner Indifferenz gegenüber Unrat. Und der Kontrast wird durch die Sauberkeit der Wohnstätten oder die Körper- und Kleiderpflege noch akzentuiert. Welche ausländische Besucherin eines Slums reibt sich nicht die Augen, wenn sie zwischen den Blechhütten lachende Schulkinder auftauchen sieht. Sie hüpfen mit frisch geöltem Haar, sauberen Schuhen und gebügelter Uniform fröhlich über die Rinnsale des stinkenden Abwassers.

Die Allgegenwart von Schmutz lässt vermuten, dass sich dahinter mehr als mangelnder Bürgersinn verbirgt. Besonders deutlich wird dies im Umgang mit dem eigenen Kot. Auch hier sind Inder bei der öffentlichen Ablagerung Weltspitze. Indien sei eine »Scatological Superpower«, titelte das Magazin *Open* im Oktober 2011 sarkastisch. Die Hälfte der weltweit anderthalb Milliarden Menschen, die sich draußen vor der Tür erleichtern müssen, lebt in Indien. 53 Prozent aller Inder, so ermittelte die Volkszählung von 2011, haben keinen Zugang zu einer Toilette. Aber warum erledigen selbst die 20 Prozent, die bereits eine Toilette haben, ihr Geschäft auf dem Feld und nutzen die Toilette nicht?

Wer mit der Eisenbahn unterwegs ist, kennt diese Freilufttoiletten. Keiner hat sie so drastisch beschrieben wie der Literatur-Nobelpreisträger V. S. Naipaul. In seinem bissigen Reisebericht *An Area of Darkness* beschreibt er diese kauernden Gestalten, als »ewig und emblematisch, wie Rodins ›Denker‹: Sie entleeren sich entlang der Eisenbahngleise. Und sie entleeren sich an den Stränden; sie entleeren sich auf den Hügeln, und sie benutzen die Flussufer. Sie entleeren sich auf den Straßen. Und sie suchen sich nie ein Versteck.«

Es ist naheliegend, das Kastendenken für diese merkwürdige Ambivalenz zwischen Rein und Unrein verantwortlich zu machen. Für den traditionellen Hindu ist jede körperliche Ausscheidung – Kot, Urin, Haar, Schweiß, Ohrenschmalz, Blut, Schleim, Ausdünstungen, Schuppen – tote Materie, die man sich vom Leib hält beziehungsweise entfernt, denn von ihr droht rituelle Verunreinigung.

Dieses Körperbild gilt auch für die Heimstatt. In Bihar besuchte ich einmal eine Siedlung für arme Familien. Alle nutzten den Raum mit der Toilette als Geräte- oder Vorratskammer. Auf die Frage, wo sie denn …, kam ganz selbstverständlich die Antwort: »Draußen auf dem Feld.« Die Meinung, es könnte doch auch anders sein, ließ sie belustigt den Kopf schütteln. Den Kot im eigenen Haus? Das wäre doch wohl höchst unhygienisch!

Die Dorfbewohner waren in guter Gesellschaft. Die klassische Schrift *Devi Purana* verbietet es einem Hindu, seine Notdurft im oder um das Haus herum zu verrichten. Sie schreibt eine bestimmte Distanz zwischen den Orten der Nahrungseinnahme und Nahrungsresteabgabe vor. Sie fordert das Graben einer Grube, das Zudecken der Fäkalien mit Erde und Pflanzen. Doch wer geht schon mit Picke und Schaufel auf die Toilette, vor allem in der Nacht?

Noch deutlicher korrespondiert dieses Körperbild der Abspaltung von Dreck und Unreinheit mit dem des sozialen Körpers. In ihm erhebt sich der Kopf – der Brahmane – gegen den Himmel, und die Füße – der Shudra – stehen im Dreck. Die Dalits, die damit beauftragt sind, die tote Materie dieses Kastenkörpers anzufassen – Barthaare, Brahmanen-Leichen, Fäkalien – tauchen in dieser Körpermetaphorik gar nicht auf. Sie sind im sozialen Sinne selbst tote Materie, kastenlos.

Entsprechend unsichtbar sind ihre physischen Körper. Die Architektur eines traditionellen Hauses ist so angelegt, dass die Toilette, sofern eine vorhanden ist, auch eine Tür nach außen aufweist. So kann der Mehtar oder Bhangi bei Latrinen ohne Wasserspülung den Kot entfernen, ohne dass man mit ihm auch nur Augenkontakt halten muss. Die Mehtars gelten selbst anderen Dalit-Unterkasten als unberührbar.

Der Staat hat bereits mehrere Gesetze erlassen, die das Handwerk der »Manual Scavengers« (Latrinenreiniger) ächten. Jeder Bundesstaat ist verpflichtet, jährlich nach Delhi zu melden, wie viele Mehtars er quasi aus dem Kot gezogen hat. Kein Bundesstaat hält sich daran. Immer noch gehen rund 750 000 Menschen dieser Tätigkeit nach, 150 000 allein für die staatliche Eisenbahn.

Seit 1986 gibt es staatliche Programme für den Bau sanitärer Anlagen. Insgesamt 22,5 Milliarden Dollar sind allein in den letzten fünf Jahren in dieses Total Sanitation Program geflossen. Dennoch bleibt der Erfolg aus. Auch hier schaut man lieber weg, um sich nicht die Finger schmutzig zu machen. Der Grund ist nicht nur die Engstirnigkeit von Dorfgesellschaften, sondern auch das Wegschauen, das den Programmen den Erfolg versagt.

Statt mit den Dorfgemeinschaften zusammenzuarbeiten, werfen Baufirmen Ziegel und Zement vor die Hütten und überlassen den Rest den Bewohnern. Der Bau von Trockenlatrinen erfordert aber die Einhaltung genauer Vorgaben bezüglich der Tiefe und des Umfangs der Grube. Erst beim richtig dosierten Einfall von Licht und Luft werden die Bakterien aktiv und zersetzen den Kot. Ist die Grube zu tief, bleibt er liegen und stinkt.

Mit dem Gang aufs Feld entgeht man diesen verunreinigenden Gerüchen. Viele Männer empfinden das im wahrsten Sinne des Wortes als befreiend. Frauen hingegen nehmen erhebliche Risiken auf sich. Sie gehen am Morgen vor den Männern aufs Feld und abends nach ihnen. Für sie erhöht sich im Dunkeln die Gefahr, von einer Schlange gebissen oder einem Skorpion gestochen zu werden. Besonders aber steigt das Risiko sexueller Belästigung – Pfiffe, Blitze von Taschenlampen oder Handys, manchmal Vergewaltigungen. Statistiken dazu sind schwer beizubringen, denn Beschämung und soziales Schweigegebot wiegen schwer. Eine Angabe aus Bihar gibt immerhin einen Anhaltspunkt: 2012 wurden 860 Klagen von Frauen eingereicht, die beim Verrichten ihrer Notdurft Opfer sexueller Gewalt wurden.

Auch in den Städten schaut man lieber weg, wenn es um Toiletten geht. Ich war (als Mann) erstaunt, zu erfahren, dass selbst in einer Stadt wie Mumbai viele berufstätige Frauen möglichst wenig Wasser trinken, damit sie nicht auf die Toilette müssen. Entweder gibt es keine Damentoiletten, oder sie sind so schmutzig, dass ein Betreten unzumutbar ist. Selbst in vielen Büros und Fabriken gibt es kein separates Damenklo. Ich habe es mir bei Firmenbesuchen quasi berufshalber zur Gewohnheit gemacht, die Toilette zu inspizieren. Ein Blick genügt dabei meist, um ein erstes Bild über die Qualität des Unternehmens zu gewinnen.

Der verpönte offene Umgang mit persönlichem Hygieneverhalten hat verheerende gesundheitspolitische Folgen. Sie hängen eng mit dem Fehlen von (sauberem) Wasser zusammen. Die Wasserknappheit in Indien hat inzwischen eine hohe Alarmstufe erreicht. In den Slums von Mumbai, wo Gemeinschaftstoiletten der einzige Ort sind, an dem Bewohner ihre Notdurft erledigen können, sind 85 Prozent dieser Anlagen ohne Wasseranschluss. Jeden Morgen bietet sich dasselbe Bild: Schlangen von Männern und Frauen vor den Toilettenhäuschen. Nur die Wasserbehälter in ihren Händen variieren – Cola-Flaschen, Ölkannen, Milchbehälter, Waschzuber, Konservendosen. Oft fließt das gebrauchte Wasser hinter der Toilette in einen Tümpel, in dem sich Tiere suhlen und Kinder spielen.

Rund die Hälfte der 16 Millionen Einwohner von Mumbai lebt in Slums. Sie haben sich überall dort eingenistet, wo der Staat ihnen widerwillig ein Überleben zugesteht – an Straßenböschungen, entlang der Abwasserkanäle, an Eisenbahnlinien oder Uferabschnitten. Für manche Zuwanderer sind es die Abfallhalden selbst, die in die Mangrovensümpfe einer Meeresbucht hineinwuchern und allmählich zu neuen Slums werden.

Der schiere Überlebenswille der Slumbewohner wird gern als Heroismus gepriesen. Auch ich staune oft, wie freundlich Slumbewohner sind, wenn man sie anspricht, wie wohlwollend sie Auskunft geben. Es verstellt den Blick darauf, wie einschneidend allein die Wasserökonomie ihren Alltag beeinträchtigt. Jede Armutsromantik verfliegt, wenn man mit den Zahlen konfrontiert wird, etwa jenen, die das Tata Institute of Social Sciences (TISS) 2011 in einer wissenschaftlichen Studie über 20 Mumbai-Slums ermittelt hat.

Der tägliche Wasserverbrauch einer Slumbewohnerin liegt laut TISS bei 50 Litern (Mittelklasseviertel: 400 Liter). Vier von fünf Haushalten kaufen das Wasser von privaten Anbietern, meist in Zehnliterbehältern. Die Hälfte dieses von Tanklastwagen gelieferten Wassers enthält zahlreiche Krankheitskeime, ist aber dennoch nicht billig: Ein Haushalt gibt monatlich 600 Rupien für Wasser aus, ein Sechstel seines Monatseinkommens. Der Tanklastwagen wartet zudem nicht vor der eigenen Hütte. Im Durchschnitt müssen die Frauen anderthalb Kilometer zurücklegen und bis zu drei Stunden ihres Tags damit verbringen, in einer Schlange anzustehen. Die Hälfte aller Befragten gab an, mindestens einmal im Jahr an Typhus, Gelbfieber, Dengue oder Malaria zu erkranken.

Verschmutztes Wasser und mangelnde Körperhygiene sind inzwischen das größte Gesundheitsrisiko für rund 700 Millionen Inder. Im Wasser sind bis zu 50 verschiedene Krankheitserreger enthalten, und über 200 000 Kinder zwischen null und fünf Jahren sterben jährlich allein an den Folgen von Durchfall. »Zwei von drei Indern«, so schrieb die Zeitschrift *Outlook*, »kämpfen chronisch gegen Durchfall«.

Die Hälfte der indischen Kinder, sagt die NGO Save the Children Fund, ist untergewichtig. Den Müttern geht es nicht besser: Jede zweite erwachsene Inderin ist anämisch. Die volkswirtschaftlichen Kosten in Form von Pflege sowie Arbeits- und Produktivitätsverlust wurden in einem Sanitation Report der Weltbank von 2010 auf 54 Milliarden Dollar geschätzt, vier Prozent des Sozialprodukts. Man weiß heute, dass Indiens Armut gemessen am Einkommen und an der Kalorieneinnahme signifikant zurückgegangen ist. Die schlechte Verdauung aufgrund von Krankheitskeimen und Durchfall macht den erhöhten Nahrungskonsum dann wieder zunichte. Die hohe Sterblichkeitsrate bleibt konstant.

Inzwischen mehren sich die Anzeichen, dass die Abfallberge vor den Türen der politischen Elite in Delhi »ruchbar« geworden sind. Auch die indische Zivilgesellschaft beginnt sensibel zu werden für ihre unmittelbare Umwelt – und noch mehr für das internationale Echo darauf. Als erster prominenter Politiker hat Jairam Ramesh, der letzte Umweltminister der Kongresspartei, mit dem stinkenden Portefeuille im Rucksack seine Hemdsärmel hochgekrempelt. Gefragt seien Verhaltensänderungen. Er prägte den Slogan »keine Toilette – keine Braut«. Das war eine Aufforderung an junge Frauen, nur einen Mann zu heiraten, der zu Hause eine Toilette vorweisen konnte.

Erlösung, so rief er, kommt nicht vom Gang in den Tempel, Toiletten und Reinlichkeit verdienen Priorität. Ein Entrüstungssturm brach los. Hindutva-Flashmobs stellten sich vor Rameshs Residenz auf und pinkelten gegen seine Grundstücksmauer. Als er dann noch das sakrosankte Verteidigungsbudget angriff – »Toiletten sind wichtiger als Mittelstreckenraketen« – ließ ihn Premierminister Manmohan Singh fallen.

Einer der wenigen Politiker, die sich hinter Ramesh stellen, ist ausgerechnet dessen politischer Gegner Narendra Modi. In einer Wahlkampfrede rief er aus: »Zuerst Toiletten, dann Tempel!« Nach seinem Wahlsieg ging er noch weiter. In der symbolträchtigen ersten Rede zum Unabhängigkeitstag am 15. August 2014 wagte er es, das Wort Toiletten erneut in den Mund zu nehmen: »Die Leute sagen vielleicht, was ist das denn für ein Premierminister, der vom *Red Fort* herunter über Toiletten redet. Aber Mahatma Gandhi wollte nicht nur ein freies Indien. Er wollte auch ein sauberes Indien.«

Nicht nur die Volksgesundheit, sondern auch die Schulbildung sei durch das Fehlen von zugänglichen Toiletten beeinträchtigt. »Wir müssen in jeder Schule des Landes Mädchentoiletten einrichten, nur dann werden unsere Töchter nicht mehr vorzeitig die Schule verlassen.«

Die Anspielung auf den desolaten Zustand der Schultoiletten erinnerte mich an eine Reise in Rajasthan. In einer kleinen Dorfschule im Bezirk Pali hatte ich einen Lehrer gefragt, ob die Schule auch Toiletten habe. »Natürlich«, antwortete er jovial, »sogar für Mädchen.« In einer Ecke des Schulgeländes entdeckte ich sie schließlich, ein kleiner Bau, ganz von stacheligen Stauden versperrt. Zwei Türen mit den Konterfeis eines Mädchens und eines Jungen hingen noch halb in ihren Scharnieren, der Boden war völlig aufgerissen.

Die Vertreterin der NGO Educate Girls, die mich begleitete, erklärte, nur 44 Prozent aller Schulen in Rajasthan hätten funktionsfähige Mädchentoiletten. Und sie nahm vorweg, was der Premierminister ein Jahr später der Nation in Erinnerung rief: Das Fehlen von Toiletten sei einer der wichtigsten Gründe, warum Eltern ihre Töchter frühzeitig aus der Schule nehmen. Nicht nur wegen der Belästigungen durch Jungen, wenn sie sich im Umkreis der Schule aus Not irgendwo ins Gebüsch schlagen müssen. Die einzige – ungesunde – Alternative, sieben Stunden in der Klasse zu sitzen und den Harndrang zu unterdrücken, hat zur Folge, dass viele Mädchen im Pubertätsalter an Harnleiterinfektionen leiden.

In seiner Rede zum Unabhängigkeitstag wechselte der Premierminister vom fehlenden zum dreckigen bzw. heiligen Wasser. Er präsentierte den Plan, den Ganges, die Muttergottheit aller Inder, zu säubern. Modi hatte sich Varanasi als Wahlkreis auserkoren. Nach seinem triumphalen Sieg ließ sich der Volkstribun die Chance nicht entgehen, ihn am Gangesufer zu feiern. Er tat dies mit einer großen *Yagna*, einem Feuerritual mit Muschelhörnern und Weihrauch und Sanskrit-Gesängen am Ufer des Ganges.

Zweifellos wollte er damit auch die Brahmanen auf seine Seite bringen, denn die Säuberung des Ganges ist ein noch heikleres Thema als Freilufttoiletten. Für einen frommen Hindu ist der Ganges in seiner Göttlichkeit auch permanent selbstreinigend, wie dessen Nebenfluss Yamuna, in den die Pilgerin an der Quelle unbekümmert ihre fauligen Blumen entleert hatte. Aber gewährt die Göttlichkeit dem Fluss auch die Fähigkeit, seine Anbeter vor bakteriellen Darminfektionen zu schützen?

Noch immer gibt es in Varanasi Absteigen für Pilger, in denen Gangeswasser aus den Leitungen fließt. Die Gäste trinken es, obwohl es eine hohe Konzentration von Kolibakterien aufweist, die manchmal 3000 Mal höher als der Grenzwert ist, den die Weltgesundheitsorganisation angibt. Dennoch lassen sich viele Pilger nicht abschrecken. »Ich bin nun schon zwei Wochen hier«, sagte mir einmal einer unwirsch, als ich ihn bei einem Teeladen am Assi Ghat darauf ansprach. »Sehe ich etwa krank aus? Muss ich mich erbrechen? Nein! Und Durchfall habe ich ohnehin immer, auch bei mir zu Hause. Das kommt nicht vom *Gangajal*!«

Würde auch Modi ungefiltertes Gangeswasser trinken? Er bezeichnet sich als gläubigen Hindu. Aber es ist ein Glauben, der durchtränkt ist von Nationalismus. RSS-Hindus mögen ihre Götter und Rituale haben, ihre oberste Gottheit aber ist »Bharat Mata«, Mutter Indien. Sie ist gottgewordener, bildgewordener Nationalismus. Alles, was ihrer Glorie zuträglich ist, muss gefördert werden. Für einen einfachen Hindu mag der Ganges auch stark verschmutzt immer noch quasi magische Qualitäten haben. Doch für einen Nationalisten wie Modi schon lange nicht mehr. Es sei die nationale Pflicht eines jeden Hindu, sagte er in seiner Rede vom 15. August 2014, alles zu tun, um dem Fluss seine Würde zurückzugeben.

Indiens neue Regierung wird also nicht Heerscharen von Sadhus mobilisieren, um die Reinigung des Flusses herbeizubeten. Im Gegenteil, der Plan, den Uma Bharati, die Ministerin für die Säuberung des Ganges, vorgelegt hat, könnte technokratischer nicht sein. Er sieht vor, in allen Städten entlang des 2500 Kilometer langen Stroms insgesamt 118 Kläranlagen zu erstellen. Zudem sollen zu den bereits bestehenden Staudämmen 16 neue hinzukommen. Und schließlich soll der Fluss mit zahlreichen Kanälen und Schleusen bis zu den ersten Himalayahügeln schiffbar gemacht werden.

Viele Experten schütteln den Kopf über das technische Monster, das aus diesem heiligen Fluss entstehen soll. Bereits das erste große Säuberungsprojekt, der Ganga Action Plan von 1986, war mit ähnlichen Vorgaben gescheitert. Mit der Umleitung aller städtischen Abwässer in Kläranlagen sollte das ganze Röhrennetz unter den dichtbesiedelten alten Städten entlang des Flusses neu verlegt werden. 30 Jahre später fließen täglich aber noch immer zwei Milliarden Liter ungesäuberten Abwassers in den Fluss. In Varanasi werden nur 16 Prozent der Abwässer in die riesige Kläranlage hinter den Ghats geleitet, den breiten Steintreppen, über die die Pilger ins Wasser steigen. Der große Rest ergießt sich in die Nallahs, die Auffangbecken für das Monsunregenwasser, und von dort direkt in den Ganges.

Derweil erfüllt der Strom immer noch seine älteste Pflicht und lässt sein Wasser auf die Felder leiten. Insgesamt werden von ihm und seinen Zubringern 644 Bewässerungskanäle abgezweigt. Er dient einer Bevölkerung von rund 400 Millionen Menschen als Reservoir für Trinkwasser oder die Bewässerung von Feldern, als Fischgrund und nicht zuletzt als Ort für die Rituale der vielen Pilger. Auch jeder der 16 Millionen Einwohner Delhis bezieht täglich 280 Liter Wasser in Form von Trinkwasser und gibt es als Abwasser wieder in den Ganges-Nebenfluss Yamuna zurück.

Hinter der enormen Herausforderung mangelnder Hygiene steckt mehr als kulturelle Ambivalenz gegenüber Dreck und Sauberkeit. Die Widersprüche zwischen wirtschaftlichen Gütern (Lebenssicherheit) und der Bewahrung ökologischer und kultureller Werte (Lebensqualität) sind in Indien deshalb so krass, weil sich das Verhältnis zwischen Natur und Gesellschaft so massiv zugunsten einer immer größeren Zahl von Menschen verschiebt.

Dabei drückt die Ambivalenz durchaus auch etwas Positives aus – die Überzeugung nämlich, dass beides werthaltig ist. Der kulturelle Grundimpuls ist nicht der einer Feindschaft gegenüber der Natur, sondern der einer Symbiose. In den klassischen indischen Epen ist die Natur ein Fluchtort für Menschen in Bedrängnissen aller Art – politischer Willkür, sozialen Zwängen, familiärem Unrecht, spiritueller Dürftigkeit. Nicht nur Rehe, Elefanten und Tiger bevölkern Wälder und Berge, sondern auch Asketen und Götter.

Wenn verblendete Menschen Wälder zerstören, wie es im Mahabharata etwa die Krieger Krishna und Arjuna dem Khandava-Urwald antun, dann wird dies als apokalyptisches Ereignis geschildert. Es ist eine schwere Verletzung des *Dharma*, des Ethos des Kriegers. Die Folgen für Arjunas Familie sind verhängnisvoll, und selbst Gott Krishna macht sich schuldig.

Die weitflächige Bewaldung des indischen Subkontinents war noch bis ins 19. Jahrhundert eine Realität. Die Fruchtbarkeit der Böden, namentlich in den großen Flussdeltas, ermöglichten mehrere Ernten, und die Abholzung der Wälder hielt sich in Grenzen. Erst mit dem Bau von Eisenbahnen und dem massiven Bedarf an Schwellen für die Gleise begann sich dies zu ändern.

Der Umwelthistoriker Mahesh Rangarajan hat diesen Befund Indiens mit jenem Chinas verglichen. Chinas Böden sind weit weniger fruchtbar als die indischen. Nur zehn Prozent des Bodens sei landwirtschaftlich nutzbar, gegenüber 50 Prozent in Indien. Die Kargheit der Natur selbst habe das Verhältnis der Chinesen zu ihr tief beeinflusst: Die Natur war feindlich und zwang die Menschen schon früh zu einer gut überlegten ökonomischen Ausbeutung. Wälder werden in China seit Jahrhunderten systematisch abgeholzt.

Indiens Verhältnis zur Natur ist dagegen von deren Überfluss geprägt. Warum sollte der Mensch die Natur beherrschen, wenn sie alles bietet und als solche gar nicht zerstörerisch ist? Die Kehrseite: Wenn sie im Überfluss vorhanden ist, muss man mit ihr gar nicht sorgsam umgehen.

Der Eindruck der Sorglosigkeit ist nicht zu übersehen. Die Gedankenlosigkeit, mit der viele Inder ihre unmittelbare Lebensumwelt verschmutzen, findet ihre Entsprechung bei den Religionstouristen, die die heiligen Pilgerwege und -orte verunstalten. Da die Natur – Wälder, Flüsse, Berge, Seen, Meer – nicht als knappe

Ressource angesehen wird, findet man nichts dabei, mit ihr verschwenderisch (das heißt auch ausbeuterisch) umzugehen. Sie, das heißt Gott, wird schon dafür sorgen, dass sie sich selbst regeneriert.

Bis vor zwei Generationen vermochte dieses Grundgefühl von Überfluss noch keine tiefgreifenden Folgen zu haben. Doch einer Vervierfachung der Bevölkerung in den letzten hundert Jahren folgte in den letzten drei Jahrzehnten eine Vervierzehnfachung der Wirtschaftsschöpfung. Die Realität einer gestressten Natur und ihre psychologische Imagination als freigiebige Lebensspenderin begannen auseinanderzuklaffen. Heute produziert die Strapazierung natürlicher Ressourcen eine Spirale der Degeneration, die sich beschleunigt und durch natürliche Prozesse unumkehrbar wird.

Spiegelt sich das zunehmend gestörte Verhältnis der Inder zu Erde und Wasser auch in ihrem Bezug zu den Tieren der freien Natur? Der Indische Elefant hieß einmal Asiatischer Elefant, nämlich, als es in China und Südostasien noch viele dieser Dickhäuter gab. Rangarajan belegt in seinem Essay *Vanishing Tiger, Retreating Elephant,* dass das Verhältnis des Chinesen zum Elefanten ebenfalls von Konkurrenz geprägt war, von Gefahr und – im Fall des Elfenbeins – von kommerzieller Nutzung. Die Kombination dieser Faktoren führte zur fast vollständigen Ausrottung des Dickhäuters in der freien Wildbahn Chinas.

In Indien war der Elefant ebenfalls ein Nutztier, sei es bei der Urbarmachung oder als Kriegswaffe, und er ist es bis heute. Während China seit 1662 wegen des Rückgangs der Elefantenpopulation keine Kriegselefanten mehr einsetzte, geschah dies in Indien noch bis zum Zweiten Weltkrieg, als die Engländer 3000 Tiere gegen die Japaner aufstellten. Aber gleichzeitig wird der Elefant verehrt. Ganesh, Indiens vielleicht populärster Gott, hat einen Elefantenkopf, und in dieser sakralen Bildgebung spiegelt sich auch die Auffassung, dass der Elefant ein Existenzrecht hat, das jenem des Menschen gleich-, wenn nicht übergeordnet ist.

Die britische Kolonialmacht sorgte dann mit zügelloser Jägerei für einen dramatischen Niedergang der Elefantenpopulation. Noch in den 1860er Jahren lag die jährliche Ausbeute bei rund 1000 Tieren. Erst nach Abzug der Engländer begann – wie beim Tiger – ein systematischer gesetzlicher Schutz der Tiere und ihres Habitats. Heute hat das Land 515 Wildreservate, dazu kommen eine Reihe weiterer Nationalparks, die insgesamt eine Fläche von 157 000 Quadratkilometern umfassen, beinahe fünf Prozent der ganzen Landmasse.

Doch gegen Bevölkerungszunahme und zunehmende wirtschaftliche Erschließung sind sowohl Schutzgesetze als auch religiöse Verehrung machtlos. Das gilt gerade für die wilden Elefanten. Der gewaltige Nahrungsbedarf der Dickhäuter erfordert große Migrationsräume. Doch Siedlungstätigkeit und Feldbau sorgen dafür, dass diese immer kleiner und die Wanderungskorridore zwischen ihnen immer enger werden. Der Feindkontakt zwischen Mensch und Tier häuft sich, sei es durch das Einbrechen der Tiere in Felder und Dörfer oder wenn Elefanten beim Überqueren von Eisenbahngleisen überfahren werden und durch Stromschlag sterben.

Der existentielle Stress der Tiere in Form von längeren Wanderungszeiten, Nahrungsnot und knappem Lebensraum spiegelt dabei genau die Situation, der auch große Teile der menschlichen Bevölkerung ausgesetzt sind.

Der Journalist Aman Sethi beschreibt in einer Reportage der Zeitung *Business Standard*, wie der Brahmaputra und seine Zubringer zwischen 1990 und 2007 etwa 1700 Quadratkilometer bebautes Uferland geschluckt haben. Er sieht darin die Hauptursache für die zunehmenden ethnischen Konflikte und jene zwischen Mensch und Tier. Manchmal entzündet sich in diesem Dreieck von Siedler, Migrant und Tier ein Flächenbrand, der ganze Dörfer in Flammen aufgehen lässt und Todesopfer fordert. So wurden im Jahr 2012 im semiautonomen Bodoland von Assam 45 Muslime getötet und Tausende vertrieben. Was wie ein Ausbruch von Religionshass aussah, war in Wirklichkeit der Konflikt um die knappen Ressourcen Wasser, Land und Wohnstätten.

Sport: Bizeps und Bhagavad Gita

»Mit Fußball werdet ihr dem Himmel näher sein als durch das Studium der Bhagavad Gita.« Swami Vivekananda hatte gewusst, wie schockiert seine Zuhörer 1897 in Chennai sein würden, als er ihnen empfahl, den fremden Sport einer alten Schrift der Hindus vorzuziehen. Aber er war überzeugt: Wollte der Hinduismus gegen die christlichen Kolonialherren bestehen, musste er sich abwenden von zu viel weltentrückter Mystik.

Es bedurfte vielmehr starker Worte und starker Männer: »Dies sind gewagte Worte. Aber ich muss sie äußern, denn ich liebe euch. Mit eurem Bizeps werdet ihr die Gita besser verstehen. [...] Ihr werdet das *Atman* stärker spüren, wenn euer Körper auf festen Füßen steht und wenn ihr euch als Männer spürt.«

Der Schock saß bei Vivekanandas Zeitgenossen umso tiefer, als er der Lieblingsschüler von Ramakrishna Paramahansa war, dem vielfach verehrten bengalischen Mystiker. Dessen schwärmerischer *Bhakti*-Liebeskult hatte allerdings überhaupt nichts Männliches an sich. Im Gegenteil, die Muttergöttin Kali war ihr Brennpunkt, und in ihrer durchdringenden Präsenz lösten sich für Ramakrishna alle Grenzen auf – zwischen Kreatur und Schöpferin, Frau und Mann, Mensch und Tier. Es kam vor, dass der große Heilige einen Straßenköter umarmte oder in Frauenkleidern ekstatisch sang und tanzte.

In Vivekananda hatte Ramakrishna eine geistig reife Seele gefunden und adoptiert. Dabei war der junge Narendra Datta alles andere als weltabgewandt gewesen. Bereits als Schüler lehnte er das Kastenwesen und den Ritualismus ab, er liebte Sport. Regelmäßig suchte er die Sandgruben der Akharas auf, wo ihm Ringen und Boxen beigebracht wurden. Er war ein Schwimmer, Fechter, Reiter und spielte Rugby. Zeit seines Lebens genoss er Fleisch, er trank Alkohol und rauchte. Nur von seinem Mönchsgelübde – »Kamini Kanchan Vihara«, dem Verzicht auf Sex und Geld – wich er nie ab.

Der »muskulöse Mönch«, wie er im *Economic and Political Weekly* genannt wurde, war mit seinem Männlichkeitskult ein Kind seiner Zeit. Die Kolonialherren beherrschten ihren südasiatischen Besitz – 23-mal größer als die Britischen Inseln – nicht nur mit militärischem Zwang und technischer Disziplin. Sie sicherten ihn auch mit einer Ideologie rassischer Überlegenheit, die den mannhaften weißen Kolonialherrn als natürliches Herrschaftssymbol feierte.

Im Gegenzug stempelte dieselbe Ideologie den Inder als weich, effeminiert, folgsam und passiv ab. Der »Chefideologe« Lord Macaulay artikulierte es so: Verglichen mit den »mutigen und energischen Kindern Europas« kann der Bengale nur »schlaff handeln. Körperlich ist er schwach bis zum Weibischen [...] Und oft haben ihn in früheren Zeiten Männer mit aggressiverem und härterem Geblüt überrannt.«

Diese diffamierende Ideologie wirkte wie ein Stachel unter den hochkastigen Eliten Kalkuttas und provozierte im 19. Jahrhundert eine erste kollektive Selbstbesinnung. Im Gegenentwurf der Reformbewegung Brahmo Samaj lehnten die Bengalen dann allerdings nicht den starken männlichen Körper als Kraftsymbol ab. Sie setzten im Gegenteil dem europäischen Prototypen einen indischen entgegen, den sie in der Kriegerkaste der Kshatriyas ausmachten. Auch wir haben unsere Alphatiere, schienen sie zu sagen, sie sind den englischen ebenbürtig. Der Brahmo Samaj internalisierte gewissermaßen die Argumente der Kolonialherren: Wir Inder sind zwar weltabgewandt, spirituell, resignierend und weich, wir müssen diese geistige Seite aber nicht ablegen, wir müssen sie nur physisch absichern, um dem Westen ebenbürtig zu sein.

Swami Vivekananda war in diesem Klima groß geworden, und der Körperkult war für ihn Teil dieses Reformprozesses. Mit ihm würde Indien dem Westen nicht nur im Bereich der Spiritualität die Stirn bieten, sondern auch bei der politischen Selbstbehauptung. Je körperbetonter die Sportarten, desto besser diese psychophysische Fitness. Nicht Cricket, dieser süffisante Zeitvertreib der englischen Aristokratie, war die erste Liebe, schweißtreibende Sportarten mussten her: Ringen, Boxen, Rugby – und Fußball.

Bereits um 1900 hatten die lokalen Bewohner allein in Kalkutta drei Fußballklubs gegründet, angefangen bei Mohun Bagan FC 1888, dem ältesten Fußballverein Asiens. Ihnen stand eine Unzahl britischer Klubs gegenüber. Jedes Regiment unterhielt ein Fußballteam, jede Handels- und Industriefirma führte eins, ebenso wie die Kolonialverwaltung. Fußball, der Briten männlichster Sport, war für sie der adäquate Ausdruck ihrer Überlegenheit.

Dann geschah 1911 das Unbegreifliche. Vivekananda war schon zehn Jahre tot (er war 1901 38-jährig gestorben), sonst hätte er sich am ersten Sieg einer indischen Mannschaft freuen können. Im Finale der IFA Shield, der viertältesten Fußballmeisterschaft der Welt, besiegte Mohun Bagan die Elf des East Yorkshire-Regiments mit 2 : 1 – und zwar barfuß. Das Resultat wurde als ein erster nationaler Sieg über den kolonialen *Overlord* gefeiert.

Aber es sollten ein anderes Männlichkeitsbild und eine andere Ideologie sein, die 36 Jahre später den endgültigen Sieg über die Kolonialherrschaft brachten. Anstelle des muskulösen Mönchs mit Turban und wehender Robe war der ikonische Sieger ein schmalbrüstiger, ausgemergelter und »halbnackter Winkeladvokat«, wie Churchill Mahatma Gandhi ihn höhnisch nannte. Und statt des kriegerischen Kshatriya hatte Gandhi seinem Land einen anderen Siegertyp verpasst. Entscheidend war nicht die physische Kraft des Boxers und Ringers, der den Gegner zu Boden warf. Es war vielmehr der passive Widerstand gewaltlosen Protests, der die militärische Überlegenheit der Briten aushebelte.

Gandhi wollte beweisen, dass die Fähigkeit, Gewalt zu erdulden, die größere (und schließlich erfolgreichere) Leistung darstellt, als Gewalt anzuwenden. Statt an die Kshatriya-Tradition anzuknüpfen, appellierte er an die spirituelle Kraft eines Asketen. Sie war ein urindisches Ideal und bot, so Gandhis Überzeugung, dem indischen Volk eine größere Projektionsfläche zur nationalen Selbstidentität als die hochkastige Kriegerattitüde.

Allerdings bedeutete dies, dass die von Vivekananda abgelehnte körperfeindliche Seite des indischen Homo ludens wieder in den Vordergrund trat. Gandhi war beileibe kein Cricketfan, er sorgte aber dafür, dass statt Fußball ausgerechnet der Sport der britischen Aristokratie zum indischen Nationalsport wurde. Zunächst ein Sport der Maharadschas, wurde Cricket nach der Unabhängigkeit rasch zum Lieblingssport der städtischen Mittelklasse, zum Statussymbol urbaner Modernität.

Vielleicht geht die Verbindung aber noch tiefer. Cricket ist ein Spiel, bei dem Strategie, Wurftechnik und die Taktik der Mannschaftsaufstellung ebenso wichtig sind wie der Wechsel von einlullenden zu explosiven Schlagabfolgen, das Studium des Rasens oder der Lufttemperatur. Dennoch fand es seinen Weg bis in die Dörfer und Slums. Ein unvergessenes Erinnerungsbild sind die Jungen, die ich einmal auf einem vom Monsunsturm leergefegten Platz sah, die Beine bis zum Knie im Wasser. Sie warfen den Ball in einem Winkel von fast 90 Grad weg vom Ziel, einer Telefonstange, um die Wirkung des Sturmwinds einzubeziehen.

Heute spült Indiens Nationalsport dem Weltverband ICC einen jährlichen Geldfluss in dreistelliger Millionenhöhe in die Kassen. Die Milliardenschatulle des Nationalen Cricketverbands macht diesen zum dominierenden ICC-Mitglied. Sie erklärt auch, warum Politiker gern in die Klubvorstände rücken und warum der Sport gelegentlich von »Match-fixing«-Skandalen erschüttert wird. Nach der europäischen Fußball-Champions League und der amerikanischen Baseballmeisterschaft ist die Indian Premier League (IPL) die lukrativste Sportveranstaltung der Welt.

Trotz mehrerer hundert Millionen Anhänger in Indien ist das internationale Cricketgewerbe immer noch ein Herrenklub von gerade mal 14 Landesverbänden. Sie können es sich daher leisten, ihre Regeln neuen Bedingungen anzupassen, wenn das Geschäft es verlangt. Anstelle des fünftägigen Test-Cricket wird heute weit häufiger die Formel des One-Day-Cricket gepflegt. Dieses wird bereits von der Twenty20-Spielart bedroht, die nur etwa drei Stunden dauert und damit besser an das Konsumverhalten der TV-Zuschauer angepasst ist.

Je kürzer die Spielzeiten, desto aggressiver und offensiver die Spielanlage. Ausgerechnet Indien (angespornt von seinem Intimfeind Pakistan) hat sich besser als andere Cricketnationen darauf eingestellt. Das sichtbarste Symbol dafür ist Sachin Tendulkar, Indiens größte Sportikone. Obwohl klein gewachsen und scheu im persönlichen Umgang, wurde er zu einem der weltbesten Hitter, einem Batman, der ständig auf Angriff spielte. Seine 200 Centuries – über einhundert Runs pro Spiel – bleiben Weltspitze. Als er 2013 zurücktrat, erhielt er als erster Sportler die höchste staatliche Auszeichnung, den Bharat Ratna – das »Juwel Indiens«.

Sein Nachfolger wurde Mahendra Singh Dhoni, ein Spieler aus einem Dorf im zentralindischen Stammesstaat Jharkhand. In den Kleinstädten und Dörfern trifft die aggressivere Twenty20-Spielform auf eine junge Generation von Spielern, die hart kämpfen müssen, um den Spielern aus Mumbai, Delhi oder Kalkutta die Stirn zu bieten. Als Indien 2007 die erste Twenty20-Weltmeisterschaft in Südafrika gewann, sagte Captain Dhoni: »Wir Kleinstadt-Boys sind geistig und physisch fitter als Spieler aus den Großstädten. Kleinstädte haben keine gute Infrastruktur, deshalb müssen die Spieler dort härter arbeiten.«

Das millionenfache Cricketpublikum stellt sicher, dass der weitaus größte Anteil am Kuchen der Sponsorengelder in die Kassen des Cricketverbands fließt. Die anderen Sportarten kommen zu kurz, was zur Folge hat, dass sich die meisten Sportverbände in die Arme des Staats werfen. Und wie überall fordern die Politiker ihren Tribut. Viele Verbandskassen dienen dem Waschen staatlicher Subventionsgelder und ihrer Umleitung in Wahlkampffonds und private Taschen. Die Sportler müssen mit den übrig gebliebenen Brosamen leben, mit unterqualifizierten Trainern, fehlenden Trainingsstätten und lumpigen Startgeldern.

Im Vorfeld der Winterolympiade 2014 in Sotschi kam es, nach Jahren der Ausflüchte, zum Eklat. Das Internationale Olympische Komitee drohte dem indischen Olympiaverband angesichts der schwerwiegenden Korruptionsvorwürfe mit Rausschmiss. Bis kurz vor Beginn der Spiele weigerten sich einige Mitgliedsverbände, ihre korrupten Funktionäre auszuwechseln. Indiens Wintersportler durften dann schließlich doch noch nach Sotschi fahren, mussten aber bei der Eröffnungszeremonie auf ihre Nationalflagge verzichten. Sie wurden stattdessen unter der Olympiafahne ins Stadion geführt.

Ohne den üblichen Großaufmarsch der Funktionäre bestand das Aufgebot aus nur fünf Olympioniken, alle schieden bereits in den Qualifikationswettbewerben aus. Ähnlich erfolglos laufen für Indien auch die Sommerspiele. Die erste individuelle Goldmedaille gewann 2008 der Schütze Abhinav Bindra, 108 Jahre nach der ersten indischen Teilnahme an einer Olympiade. Alle anderen sieben Goldmedaillen waren Teamauszeichnungen und wurden zuletzt 1980 in einer einzigen Sportart, dem Hockey, errungen. Bei den Spielen von 2012 in London erreichte Indien sein bisher bestes Resultat: zwei Silber- und vier Bronzemedaillen.

Bei jeder Olympiade nehmen die indischen Medien diese Negativrekorde zum Anlass, gebetsmühlenhaft das nationale Gewissen aufzurütteln. Wie ist es möglich, fragen sie, dass eine Gesellschaft von 1,25 Milliarden Bürgern nicht einmal einige Tausend Spitzenathleten hervorbringen kann? Der Schuldige ist jeweils schnell gefunden: Uns fehlt der »Killerinstinkt«. Kommentatoren fragen, ob die Kolonialherren vielleicht doch recht gehabt hatten, als sie den Indern die Fähigkeit absprachen, einen Gegner im Zweikampf niederzuringen. Wenn schon gewinnen, so der resignierte Refrain, dann wohl nur beim Cricketspiel – ohne zu schwitzen, elegant, intelligent, im weißen Cardigan.

Das zweitgrößte Volk der Welt eine Ein-Sport-Nation? Nach Jahrzehnten der Selbstgeißelung wirken solche Argumente heute abgestanden. Und sie vernebeln eine peinliche Wahrheit – die Unfähigkeit des Staats, eine kollektive Selbstdisziplin durchzusetzen, die einzig Leistung als Kriterium anerkennt. In allen Lebensbereichen werden ständig Ausnahmen gemacht, Um- und Auswege gesucht, Kompromisse gesucht – soziale Quoten, Patronage, Schmiergelder. Jede Selektion ist auf Ausgleich bedacht, auf Konfliktvermeidung oder Profit. Das Endprodukt ist dann eine Kultur der Mittelmäßigkeit.

Diese Einstellung ist in jedem gesellschaftlichen Bereich zu spüren, doch beim Spitzensport gibt es kein Durchschlängeln und Ausweichen. Das schlechte Resultat ist unmissverständlich, Ausflüchte kommen an den Pranger. In keinem anderen Land werden so viele Sportler wegen des Konsums unerlaubter Substanzen überführt. Nirgendwo sonst finden so viele Trainer mit Dopingvergangenheit – darunter auch solche aus der ehemaligen DDR – Unterschlupf. Stadien werden für Großereignisse wohl gebaut, sie verfallen danach jedoch wieder. »Wir sitzen auf Dinosauriern«, klagte der Direktor der Sports Authority of India der Zeitung *Mint*.

Wenn es um die noblen olympischen Sportarten so schlecht bestellt ist, kann es da dem Lieblingssport Swami Vivekanandas besser gehen? Indiens Fußball hat überlebt, viel mehr aber auch nicht. Er sah sich buchstäblich an den Rand gedrängt. Nur an Indiens Peripherie – in Kerala, Goa, Bengalen oder den Bundesstaaten im Nordosten – wird Profifußball gespielt.

Indien rangiert in der FIFA-Rangliste auf Platz 170, hinter Monserrat mit seinen 5000 Einwohnern. Es hat noch nie an einer WM teilgenommen. Für 2014 lag eine FIFA-Einladung vor, nachdem Indonesien und Myanmar bei der Gruppenqualifikation *Forfait* erklärt hatten. Der nationale Fußballverband nahm sie jedoch nicht an; der Mannschaft fehle die Trainingserfahrung.

Ein Wandel liegt dennoch in der Luft, und gerade die FIFA hat ihn wahrgenommen und fördert ihn. Indien »ist der schlafende Gigant des Weltfußballs«, ließ FIFA-Präsident Sepp Blatter 2012 verlauten. Der schlaue Walliser ließ seiner Feststellung gleich Taten folgen. Indien wurde zum Austragungsort für die nächste Junioren-WM der U-20 im Jahr 2017 bestimmt. Dies bedeutet, dass viele FIFA-Gelder in die Infrastruktur von Stadien und Ausbildungsstätten für Trainer, Schiedsrichter sowie Spieler fließen werden. 2012 lancierte der Verband das Project Grassroots und wählte für dessen Start die Stadt Aizawal. Die Hauptstadt des Bundesstaats Mizoram ist selbst für viele Inder nur schwer zu lokalisieren. Sie liegt im äußersten Nordosten des Landes zwischen Bangladesch und Myanmar.

Die FIFA hatte bei der Selektion ihre Hausaufgaben gemacht. Trotz seiner nur 850 000 Einwohner verfügt Mizoram über 200 Fußballklubs. Fußball ist so etwas wie der Nationalsport der Mizos. Es gibt in dieser Hügelregion zwar keine natürlichen Flachgebiete, dennoch besitzt jedes Dorf einen ordentlichen Fußballplatz. Eines der drei Stadien von Aizawal fasst 25 000 Zuschauer. Früher waren Kirchen das soziale Bindemittel der Mizos, nachdem ihnen britische Missionare und Administratoren die alten Bräuche ausgetrieben hatten. Heute sind Fußballklubs die institutionellen Plattformen des sozialen Austauschs.

Fußball ist gemeinschaftsstiftend, auch gegenüber dem großen Bruder Indien, zu dem sie zwar gehören, der aber sehr weit weg ist. So kann es nicht schaden, sich bei ihm ab und zu in Erinnerung zu bringen. Im Frühjahr 2014 gewann die Mizo-Nationalmannschaft die Santosh Trophy, die inoffizielle indische Fußballmeisterschaft.

Ganz Mizoram war in einem Freudentaumel. Beim Festakt im Stadion von Aizawal rief der Kapitän des Teams in die Menge:

»Wir alle wissen, wie groß Indien ist. Wir wissen, wie viele Menschen dort leben. Und wir wissen, wie klein und entlegen unser Staat ist, wie wenige wir sind. Aber: Wir sind die Champions! Wir sind die Champions!« Und wieder stimmte die Menge in den Teamsong ein: »Lalpa'n til ropui nun tihsuk e« – »Der Herr hat Großes für uns getan.«

Was für Mizoram gilt, ist auch für das benachbarte Manipur wahr. Es ist ebenfalls eine der »Sieben Schwestern«, wie sich die Bundesstaaten im indischen Nordosten nennen. Beide haben einen langen Sezessionskrieg gegen den indischen Zentralstaat ausgefochten. Mizoram hat seinen vergeblichen Unabhängigkeitskampf vor bald 30 Jahren aufgegeben, in Manipur aber schwelt er weiter.

Es ist ein Staat, der aufs Äußerste gefordert ist. Auf seine 2,5 Millionen Einwohner kommen 27 Untergrundorganisationen. Seit einem halben Jahrhundert steht Manipur unter dem drakonischen Ausnahmezustand des Armed Forces Special Powers Act, der Exzesse der Armee praktisch straffrei macht. Die Arbeitslosigkeit umfasst ein Viertel der Bevölkerung. Die Nähe zum burmesischen Goldenen Dreieck macht es zum Transitland und Großkonsumenten von Drogen. Kein anderer Bundesstaat hat derart viele HIV-infizierte Personen – acht Prozent aller AIDS-Fälle Indiens, bei nur 0,2 Prozent Bevölkerungsanteil.

Auch in Manipur bietet der Sport neben matriarchalischen Traditionen das wichtigste institutionelle Gerüst, das die Gesellschaft zusammenhält. Es besitzt mit 269 Fußballklubs noch mehr als Mizoram. Es führt zwei Meisterschaften durch, eine für Männer und eine für Frauen. Es gibt auch zwei Nationalmannschaften, von denen die weibliche die erfolgreichere ist. In 20 landesweiten Meisterschaften waren die Frauen aus Manipur nicht weniger als 17-mal die Champions. Rund 1200 Spieler sind als Berufsfußballer in den großen Mannschaften von Kalkutta, Kerala und Goa aktiv.

Im Unterschied zu Mizoram gibt nicht nur Fußball den Manipuris eine Identität und eine landesweit gehörte Stimme. Die berühmteste Manipuri-Frau war bis vor wenigen Jahren Irom

Sharmila. Aus Protest gegen das Armeegesetz war sie im Jahr 2000 in einen Hungerstreik getreten. Sie wird bis heute zwangsernährt. 2012 ist Mary Kom an ihre Stelle getreten. Kom ist eine Boxerin. Bei den Olympischen Spielen in London gewann sie in ihrer Kategorie die Bronzemedaille. Seither gilt sie auch im »fernen« Indien als Nationalheldin. Beim Kampf um den Einzug ins Finale litten so viele Fernsehzuschauer mit, dass die Zeitungen am Tag nach ihrer Punkte-Niederlage Nationaltrauer vorschlugen.

Mary Kom ist fünffache Weltmeisterin. Neben ihr besitzt Manipur weitere 49 Boxerinnen von nationalem Format. Nicht nur dies: Die Gewichtheberin Kunjeram Devi hat insgesamt 52 Medaillen gestemmt. Und außer der weiblichen Fußballmannschaft gibt es auch ein Frauen-Feldhockey-Team, das die nationale Meisterschaft gewonnen hat.

Die sportliche Infrastrukur ist veraltet, die Anlagen der Sports Authority of India in der Hauptstadt Imphal müssen abwechselnd für die Boxer, Gewichtheber, Judokas und Fechter als Trainingsstätte herhalten. Auch hier gilt aber, was der Cricket-Captain Dhoni gesagt hat: Gerade weil die Infrastruktur so schlecht ist, kämpfen die Sportler besonders hart um einen Platz an der Sonne. »No Risk, no Gain« lautet ein Graffiti an der Wand der Trainingshalle in Imphal. Mary Kom ging das Risiko im September 2014 ein weiteres Mal ein, als sie – nach der Geburt ihres dritten Kindes – bei den Asiatischen Spielen in Südkorea antrat. Erneut gewann die 31-Jährige Gold im Fliegengewicht.

Mary Kom ist die erste Sportlerin des Landes, über die ein Bollywoodfilm gedreht wurde. Das ist so etwas wie der Nobelpreis für eine nationale Ikone. Nur in Manipur kam er nicht in die Kinos. Untergrundorganisationen, die für die Selbständigkeit Manipurs kämpfen, verboten ihn, weil die Bollywood-Darstellerin Priyanka Chopra alias Mary Kom Hindi, die Sprache des »Unterdrückerlandes« Indien, spricht.

Plötzlich besitzt Indien neben dem »Bombay Boy« Sachin Tendulkar eine Sportikone aus dem kleinen Manipur. Sie entspricht einerseits genau dem Bild, das sich Swami Vivekananda von einem robusten Hindu erhofft hatte: aggressiv, hart im Nehmen. Ungewöhnlich ist, dass dieses Vorbild eine Frau ist, eine Christin, die aus einem wenig bekannten, winzigen Bundesstaat stammt.

Zur Zeit Vivekanandas waren alle Inder unterjocht. Aber es waren hochkastige Männer aus den Städten, die als Leitbilder zu ihrer Befreiung dienten. Heute dagegen sind es meist Frauen, Minderheiten und marginalisierte Regionen, die sich von den patriarchalischen, zentralistischen und religionspolitischen Fesseln befreien wollen. Irom Sharmila ist eine gandhische Ikone, Mary Kom ist dagegen eine Ikone nach dem Gusto Vivekanandas.

Frauen sind nicht nur in der nationalen Peripherie des Landes eine marginalisierte Spezies. Sie sind es auch im Kernland des nordindischen Hindi-Gürtels, zu dem der Bauernstaat Haryana gehört. Zusammen mit den benachbarten Staaten Delhi, Panjab und Uttar Pradesh ist es jene Region, in der die Diskriminierung gegen das weibliche Geschlecht deutlicher als anderswo zum Ausdruck kommt – in der Statistik der Geschlechterverteilung neugeborener Kinder.

In der Bevölkerungszählung von 2011 kamen in Haryana auf 1000 männliche Geburten 879 Mädchen zur Welt. Diese Zahl liegt signifikant unter dem nationalen Durchschnitt (1000/940). Ein Blick auf die Statistik der Fünfjährigen zeigt, dass dies nichts mit genetischer Veranlagung zu tun hat. Nur noch 834 Mädchen erreichen dieses Alter, gegenüber 1000 Knaben. Im Klartext: Mädchen weisen eine höhere Sterberate auf, weil sie schlechter ernährt und bei Krankheit schlechter gepflegt werden. Der Geschlechtergraben in Haryana bleibt auch in der Schule bestehen. 84 Prozent der männlichen Bevölkerung können schreiben und lesen; die Quote der Frauen liegt bei 57 Prozent.

Wie setzt sich diese Diskriminierung fort? Die Mädchen sind, krude gesagt, ein knapperes Gut als die Jungen. Dies würde erwarten lassen, dass sich ihr »Tauschwert« erhöht. Wenn schon ein Brautpreis gefordert wird, sollten ihn die Eltern des Bräutigams zahlen müssen. Das Gegenteil ist der Fall. Die demografische Knappheit der Mädchen äußert sich in erster Linie bei den jungen Männern in Form eines wachsenden sexuellen Notstands. Sie finden keine Braut mehr, und dies fördert ein Klima, in dem junge Mädchen in der Öffentlichkeit zum Jagdgut werden. Die Krise hat sich derart zugespitzt, dass bereits eine kleine Brautvermittlungsindustrie entstanden ist, die in einem früheren Kapitel beschrieben wurde.

Die eigenen Töchter dürfen sich der umfassenden Protektion durch die Eltern erfreuen. Der bequemste Schutz vor der Aufmerksamkeit junger Männer ist, Töchter möglichst jung zu verheiraten. Damit können auch aufkeimende Wünsche nach persönlicher Autonomie erstickt werden. Belästigungen auf dem Schulweg werden unterbunden, indem Mädchen aus besserem Haus aus der Schule genommen und zuhause von einem Tutor geschult werden.

Doch wie überall auf der Welt überwindet die kommunikative Mobilität von Medien und Telefon auch in Haryana Mauern und Verbote. Nahezu jeder Teenager besitzt heute ein Mobiltelefon. Wenn die Eltern es verbieten, lässt es sich bei einer Freundin oder im Handy-Laden in Verwahrung geben. Dasselbe gilt für Kleider. Mädchen, die in der nahen Stadt zur Schule gehen, können dort auch ihre Jeans und Tank-Tops gegen eine kleine Miete hinterlegen.

Diese »gefährlichen« Trends haben in den Dörfern im weiten Umkreis von Delhi zur Wiederbelebung des alten *Khap Panchayats* geführt. Vermittelte dieser früher bei Landdisputen, hat er sich heute zur Sittenpolizei aufgeschwungen. Und wenn sich zwei Nachbarskinder, die sich vielleicht seit früher Kindheit kennen, verlieben, von zuhause abhauen und in Delhi heiraten, steht darauf die Strafe des »Honour Killing«.

Ausgerechnet in dieser Szenerie von atavistischer Repression betreten plötzlich junge Frauen die Bühne, die sich keinen Deut um die Khaps kümmern. Sie tun es in der einzigen aktiven Rolle, die ihnen die Zivilgesellschaft zugesteht: als Sportlerinnen. Der Stachel liegt, wie im Nordosten, in der Wahl der Sportart. Nicht brave Disziplinen wie Turnen oder Laufen sind gefragt, sondern solche mit Körperkontakt, die eigentlich nichts für Mädchen sind, namentlich das Ringen. Wie in Manipur das Boxen, ist in der Heimat der Khaps das Frauenringen Indiens erfolgreichste Sportart.

Bei dem gegebenen konservativen Klima ist dies nur mit der Unterstützung von Männern möglich. Die jungen Athletinnen sind meistens Töchter von Bauern, die in der Jugend selbst gerungen haben, die auch wohlhabend und rebellisch genug waren, sich dem Konformitätsdruck des Dorfs zu widersetzen. Der Bekannteste unter ihnen ist Mahavir Phogat aus einem Dorf namens Balali.

Seine Medienpräsenz ist verdient. Phogat hat sechs Töchter (zwei davon sind Nichten, die er nach dem Tod seines Bruders adoptiert hat), alle sechs sind Ringerinnen. Sie waren noch Kinder, als er sie am frühen Morgen über die Weizenfelder jagte. Er hob neben dem Büffelstall einen Sandgraben aus und ließ sie dort gegeneinander kämpfen. Als 1997 das Frauenringen zur olympischen Disziplin erklärt wurde, begann er sie gezielt zu trainieren; und zwar auch mit den üblichen Trainingsmethoden, erzählten die Mädchen lachend dem Reporter der Zeitung *Mint:* »Holt die Goldmedaille, sonst verdresche ich euch«, habe er sie zu den Wettkämpfen jeweils verabschiedet.

Am Anfang waren Trainingspartien ihre einzigen Wettkämpfe, und fast nie wurden sie zu Dorfwettbewerben zugelassen. Einmal flogen Steine in den Ring, Vater und Töchter mussten die Akhara fluchtartig verlassen. Dann gewannen die beiden älteren Mädchen, Geeta und Babita, ihre ersten nationalen Medaillen. Bei den Commonwealth-Spielen von 2010 folgte der internationale Durchbruch. Geeta gewann Gold, gefolgt von Bronze bei den Weltmeisterschaften zwei Jahre später. 2014 gewann Indien bei den nächsten Commonwealth-Spielen 64 Medaillen, 32 allein in den Frauendisziplinen.

Die Phogat-Schwestern sind nicht einfach stiernackige Kämpferinnen. Sie bewiesen das bei der triumphalen Rückkehr von den Asiatischen Spielen in Südkorea im Oktober 2014. »Phogat-Schwestern werfen die Politiker auf die Matte«, lautete die Schlagzeile der *Times of India*. In einem Interview beklagte sich Geeta über die »eingefleischte Diskriminierung von Frauen. *Khap Panchayats* machen Frauen zu Zielscheiben, wenn sie auch nur eine Spur von Unabhängigkeit zeigen«. Sport sei der beste Weg, um sich diesen Einschüchterungen zu entziehen: »Ich trage Jeans und Shorts, ich reise allein nach Mumbai, ich fahre nach Delhi, wann immer ich will. Eine Sportlerin zu sein befreit mich vom Zwang der Unterwürfigkeit, die hier in Haryana herrscht.«

Nichts spiegelt den gesellschaftlichen Aufbruch so deutlich wie die nationale Sportszene. Soziale Bevormundung und staatliche Gängelung werden kritisiert wie nie zuvor. Auch die von der Kolonialmacht verbreiteten Stereotype des »typischen« Inders – weich, passiv, kompromissbereit, ohne Wettkampfgeist – verblassen allmählich. Zunehmend werden sie als das Feigenblatt erkannt, das sie sind: für Kompromisskultur, Mediokrität, Korruption, politische Patronage.

Auch der Nationalsport Cricket sieht sich herausgefordert. Im Oktober 2014 wurde die Indian Super League lanciert, ein landesweiter Fußballcup. Die Promotoren, darunter der Murdoch-Konzern Star TV, hatten herausgefunden, dass sich 134 Millionen Inder regelmäßig die Spiele der europäischen Fußballligen ansehen.

Im fußballverrückten Kalkutta wurde die neue Liga feierlich von der Co-Promotorin Nita Ambani, der Frau des Industriemagnaten Mukesh Ambani, eröffnet. Die Regierungschefin von Westbengalen, Mamata Banerjee, war Ehrengast, und die Schauspielerin Priyanka Chopra gab eine Tanznummer aus ihrem Film über Mary Kom. Die einzige stehende Ovation der 70 000 Zuschauer galt allerdings nicht diesen weiblichen Honoratioren. Gefeiert wurde der populäre Cricketspieler Sachin Tendulkar, der nach seinem Rücktritt Besitzer eines der acht neuen Fußballklubs geworden war.

Noch bevor die Fußballliga an den Start ging, hatte eine andere professionelle Liga ihr Debüt gefeiert. Und zwar in einer international kaum bekannten Sportart namens Kabbadi. Dieser Sport wird nur in einer Handvoll anderer Länder gespielt, auch in seiner Heimat Indien hatte er in manchen Regionen denselben Ruf wie etwa Büffelkarrenrennen. Es ist ein extremer Kontaktsport, eine Mischung aus Ringen und Rugby. Jedermann war erstaunt, als die fünfwöchige Cup-Runde insgesamt 435 Millionen TV-Zuschauer anzog.

In einem demokratischen Land wie Indien sind die Politiker hellhörig, wenn es um Publikumstrends geht. Niemand hat dafür ein feineres Gespür als der neue Premierminister Narendra Modi. Im Wahlkampf gab er über Facebook und Twitter auch seine Körperwerte durch, und sie hatten sich sofort millionenfach verbreitet: Brustumfang: 56 Inches. Das war ein Ulk mit strategischer Bedeutung, genauso wie sein kurzärmliges Hemd, das immer so knapp geschneidert war, dass sich darunter die Brust spannte.

Wenn Modi etwas von seinem Gujerat-Landsmann Mahatma Gandhi übernommen hat, dann sind das nicht Wahrheitssuche und Gewaltlosigkeit, es ist auch nicht der asketische Körper, sondern das Kalkül mit ikonischen Gesten. Gandhis Spiel mit Kleidersymbolen ist auch ihm hochwillkommen, den Inhalt jedoch, die stolzerfüllte, kräftige Brust, holt sich Modi bei seinem Helden Swami Vivekananda: Bizeps und Bhagavad Gita. Abwechselnd Landesvater und Volkstribun, inszeniert er sich als Symbolträger eines selbstbewussten und starken Landes, genauso wie Gandhi früher an die Tradition des leidensfähigen Asketen angeknüpft hat. Die Sportszene gibt Modi recht: Die neuen Ikonen Indiens sind Boxerinnen und Ringerinnen, nicht Marathonläufer.

Kultur: In der Mythologie verankert

Vor einigen Jahren fand eine NGO in Mumbai eine brillante Lösung für das männliche Urinieren entlang der Grundstücksmauern. Sie zementierte alle paar Meter auf Hüfthöhe emaillierte Kacheln an die Mauern. Auf ihnen waren Darstellungen von Göttern zu sehen – Lakshmi, Parvati, Saraswati, Ganesh –, manchmal auch von einer Moschee oder einem Kreuz. Kein Mann würde es wagen, seinen Wasserstrahl auf eine dieser Gottheiten zu richten.

Ich war erfreut über den Einfallsreichtum der NGO, fürchtete aber, dass dies Proteste von Hindu-Fundamentalisten provozieren würde. Denn welcher Gläubige würde sich nicht daran stoßen, wenn ein religiöses Symbol für eine derart drastische Hygienekampagne ausgebeutet wird? Nichts geschah. Im Gegenteil, das Verbot zeigte Hemmwirkung. In Dutzenden von Städten kann man inzwischen entlang von Mauerzügen solche Fliesen sehen. Ich hatte einmal mehr Grund, mich über die außerordentliche Flexibilität der religiösen Praxis der Hindus zu wundern. Sie bewies, dass Symbole nicht ausschließlich für Rituale reserviert sind. Sie sind Teil einer Welt aus Bildern, Mythen und Geschichten, deren religiöse Ausstrahlung handfeste Motive und Anwendungen haben kann.

Einmal auf dieser Fährte, bemerkte ich die alltägliche Vielfalt solcher Anspielungen. Es begann bei den Schlagzeilen der Zeitungen. Immer wieder tauchen dort Namen eines Gottes oder einer mythischen Heldenfigur auf, ohne dass dies weiter auffiele. Für Zeitungsleser wirken sie offenbar wie Alltagsworte, ohne ihre ursprüngliche Bedeutung eingebüßt zu haben.

In der *Times of India* etwa stand eines Tages folgende Schlagzeile: »Oberstes Gericht: Die Modi-Regierung verhält sich wie Kumbhakarna.« Für die meisten Leser ist diese Anspielung auf den Dämonen sofort klar. In der mythologischen Erzählung gewährte ihm Gott Brahma einen Wunsch. Doch als Kumbhakarna ihn äußerte, verstand Brahma ihn falsch, weil Göttin Saraswati gerade auf der Zunge des Dämonen tanzte und seine Silben verzerrte. »Schutz vor Gottheiten« hatte er gewollt, »Schlaf« hörte Brahma und schenkte ihm jedes Jahr einen sechsmonatigen Tiefschlaf. Dasselbe – »Schlafen statt Handeln« – tat in den Augen des Gerichts die neue Regierung, und es unterlegte seine Mahnung mit dem negativen Gewicht von dessen Nähe zu einem Dämon.

Selbst in den Generalversammlungen von börsennotierten Unternehmen haben mythische Anspielungen ihren Platz. In einem Bericht über die Generalversammlung der Firma Reliance im Juni 2014 zitierte der *Business Standard* einen Kleinaktionär mit den Worten: »Reliance schwingt sich zu immer neuen Höhen auf. Doch ihre Aktionäre hat die Firma vergessen. Wie Krishna, der den Himmel berührt und seinen Freund Sudama zurücklässt.« Jeder verstand den Vergleich: Die Firma vergisst ihre treuen Kleinaktionäre, sobald sie sie nicht mehr braucht. Firmenchef Mukesh Ambani widersprach: »Reliance-Aktionäre erhalten die höchsten Dividenden der Welt. Es gibt keinen Sudama. Wir alle sind Krishnas.«

Auch Parlamentsdebatten sind wahre Fundgruben für mythisch aufgeladene Geschichten. Nachdem die Kongresspartei die Wahlen von 2014 unsäglich verloren hatte und nach Erklärungen rang, drehte einer ihrer wenigen Abgeordneten den Spieß um. Der Südinder Mallikarjun Kharge bezeichnete die siegreiche BJP als Partei der (bösen) einhundert Kaurava-Brüder. Das Nationalepos Mahabharata erzählt deren Konflikt mit ihren Cousins, den fünf guten Pandava-Brüdern, denen sie schließlich unterliegen. Man habe nur wenige Kongressabgeordnete, gab Kharge in einer Parlamentsdebatte zu. Aber so wie die fünf Pandavas die hundert

Kauravas besiegten, so werde am Ende die Kongresspartei als Sieger vom Feld gehen.

Bereits vor dem Wahlkampf flogen solche mythologischen Vergleiche hin und her, jeder um seine eigene Deutungshoheit bemüht. Die Widersacher hießen noch Manmohan Singh und Narendra Modi. Aber die Medien spielten immer wieder mit den Mahabharata-Namen Yudishthira und Bhim. Singh und der älteste Pandava-Bruder Yudishthira sind aus demselben Holz geschnitzt – integer und der moralischen Richtschnur des *Dharma* verpflichtet. Singhs Gutmenschentum richtete jedoch wie bei Yudishthira mehr Unheil an als Gutes. Der Vergleich sollte dem glücklosen Regierungschef Singh eine karmische Last in Erinnerung rufen.

Der 56-Inches-Mann Narendra Modi war zwar ebenfalls ein Pandava, aber nicht der sanfte Yudishthira, sondern dessen Bruder Bhim – ein Protz von 142 Zentimeter Brustumfang, ungestüm und kampfbereit. Es war nur konsequent, dass Modi selbst bei der Siegesfeier in Varanasi ein ganzes Arsenal religiös-mythologischer Symbole auffuhr. Auch hier vergaß er nicht, mythisch verkleidete politische Signale auszusenden. Über einer Flottille aus Fischerbooten etwa wehten die Banner der Nishads, einer Fischerkaste. Wie Modis Kaste der Ölpresser sind auch sie Shudras/OBCs. Auf den Tuchbahnen erschien Modis Konterfei neben zwei anderen Shudra-Helden – Phoolan Devi und Eklavya.

Alle drei vereinen Mythisches mit Zeitgeschichte. Devi war eine der seltenen weiblichen *Dacoits*, wie die Wegelagerer aus Zentralindien im Volksmund heißen. Mit Hilfe der Aktivistin Arundhati Roy war sie in den 1990er Jahren zu einer feministischen Ikone aufgestiegen, nachdem sie ihre Vergewaltiger standrechtlich erschossen hatte. Die »Bandit Queen« stellte sich den Behörden, verbrachte elf Jahre im Gefängnis, erhielt Amnestie, wurde als Vertreterin der Fischerkaste Parlamentarierin und erlag schließlich den Kugeln einer rivalisierenden Dacoit-Gang.

Noch interessanter ist die Figur von Eklavya. Im Mahabharata ist er ein Prinz der Nishad-Waldbewohner. Als er das Bogenschießen lernen wollte, wurde er wegen seiner niedrigen Kaste vom Brahmanen Dronacharya, dem Lehrmeister der Kauravas und Pandavas, abgewiesen. Zurück im Dschungel stellte sich Eklavya eine Tonfigur in der Körperform Dronacharyas her und lernte so unter dessen Augen das Bogenschießen. Als er dann inkognito bei einem Wettkampf von Schülern Dronacharyas auftauchte, schlug er sie alle. Dronacharya erkannte ihn und war erzürnt. Er forderte von ihm eine Opfergabe – ausgerechnet seinen rechten Daumen, ohne den er keinen Pfeil mehr abschießen konnte. Eklavya fügte sich seinem Guru und wurde so einer der mythischen Märtyrer der Kastendiskriminierung.

Narendra Modi neben Phoolan Devi und Eklavya: Es war, so schrieb der Journalist Shekhar Gupta im *Indian Express*, kein Zufall, dass Modi mit dieser symbolträchtigen Koppelung spielte. Es war sein Dank an die OBCs und die Frauen, die zu seinem Wahlsieg beigetragen hatten. Es war aber gleichzeitig auch ein Wink an die Brahmanen und Kshatryas der Stadt mit dem Signal: Obwohl ein Ghanchi, stehe ich mit euch auf Augenhöhe.

Das Mahabharata ist eines der ältesten und längsten Epen der Welt. Im Gegensatz zu den homerischen Heldengedichten ist es ein Werk, das in seiner Rezeptions- und Wirkungsgeschichte ständig Änderungen erfuhr. Es entstand aus alten Heldenliedern und wuchs von rund 10 000 Versen auf knapp 100 000, mit immer neuen Nebengeschichten, die sich in den Erzählstrom ergossen. Für viele Inder ist es nicht eine Geschichte, sondern *die* Geschichte *Bharat*s, so der Sanskrit-Namen Indiens: »Ihtihaas«, »So war es«. Geschichtsschreibung in Form einer Mythenerzählung.

Das Epos erzählt von Heroen – Göttern, Dämonen, Menschen –, aber diese sind oft auch Antihelden. Sie sind stark, mutig und gut, aber sie sind auch schwach, kleinlich und feige. Selbst die Götter sind gebrochene Gestalten. Krishna gleicht mehr einem Macchiavelli als einem vollkommenen Wesen. Die Frauen sind

Opfer eines patriarchalischen Systems, aber sie personifizieren es auch, und sie sind den großspurigen Männern oft überlegen. Der Grundton des Werks ist, so die Forscherin Irawati Karve, ein pessimistischer: »Unerfülltheit als condition humaine. Jede Gestalt in diesem Werk wird vom Leben besiegt.«

Zur Komplexität der Charaktere und der Geschichten gesellt sich die Weite des geografischen Raums, den das Epos abdeckt. Ausgehend von der Gangesebene laufen die Erzählungen weit in den Subkontinent hinaus und verästeln sich dabei in eine Vielfalt von Lesarten. In diesem narrativen Sog hat das Mahabharata einen vielstimmigen zivilisatorischen Raum geschaffen, der dauerhafter war als jede politische Staaten- und Grenzbildung.

Ähnliches lässt sich vom Ramayana sagen. Im Gegensatz zum Mahabharata ist es, wie der mythische Erzähler Valmiki selbst sagt, ein Gedicht. Valmiki nahm im zweiten vorchristlichen Jahrhundert ein Motiv auf, das bereits im Rigveda erzählt wird: die Liebesgeschichte zwischen Rama und Sita, ihr gemeinsames Exil, Sitas Entführung, ihre Befreiung durch Rama und ihre Verstoßung durch ihn.

Aber so wie das Mahabharata mehr ist als eine Heldenmär, ist das Ramayana weit mehr als eine tragische Liebesgeschichte. Beide sind Kosmologie und epische Geschichtsschreibung, beide umspannen in ihren Schauplätzen den Subkontinent. Beide sind auch Traktate über gute und schlechte Regierungsführung, rätseln über die Fallstricke des *Dharma*, über Ethik und Moral. Für den Kultursoziologen Ashis Nandy sind sie das »eigentlich verbindende Gewebe der indischen Zivilisation«.

Bildung und Technik, Modernität und Globalisierung haben diese Bezüge nicht zum Verschwinden gebracht. Das Gegenteil sei der Fall, so sagte mir die Sanskritforscherin Arshia Sattar, als ich sie bei einem Literaturfestival darauf ansprach. Ein neues Genre von Fantasy-Literatur sei entstanden, in der die Protagonisten Hindu-Gottheiten, Helden und Dämonen aus dem Mahabharata und Ramayana sind. »Es ist ein mythologischer

Overkill: Trilogien über Shiva mit Superman-Qualitäten, Bücher mit dem Titel ›Donnergott: Das Erscheinen von Indra‹, eine Graphic Novel über die Mahabharata-Prinzessin Draupadi und ihre fünf Pandava-Ehemänner.«

Solche Bücher schaffen es inzwischen bis in die Bestsellerlisten, wo sich zudem volkstümliche Versionen des Ramayana und des Mahabharata tummeln. Einer der Autoren, Devdutt Pattanaik, habe es inzwischen auf 17 Bücher gebracht. Inzwischen wurde er von der Einzelhandelskette Future Group als »Chief Belief Officer« angeheuert und gibt Kurse für Führungskräfte, mit epischen Helden als Vorbildern – oder zur Abschreckung.

Die Nacherzählungen nehmen manchmal bizarre Formen an. *Draupadi in High Heels* heißt etwa ein Roman, in dem Draupadi ein Jetset-Model ist. *The Last War* wiederum nimmt die Rivalität der beiden Mahabharata-Bogenschützen Arjuna und Karna als Anstoß, um einen *Roman Noir* zu basteln. Die beiden heißen nun Jeet und Karl und sind Scharfschützen rivalisierender Mumbai-Gangs. Die Bhagavad Gita, der berühmte philosophische Dialog zwischen Arjuna und Krishna am Ende des ersten Tags der großen Schlacht, ist ein spätabendliches Palaver an einer Bartheke über einem Glas Whisky.

Dem Ramayana ergeht es nicht besser. Im Sammelband *Breaking the Bow* versucht sich die Autorin Kuzhali Manickavel mit dem – so der Titel – *Ramayana als amerikanische Reality Show*. Es geht um die berühmte Episode, in der sich die Dämonin Surpanakha in Rama verliebt und deshalb von dessen Bruder Lakshman verunstaltet wird – Nase, Ohren und Brüste werden ihr abgeschnitten. Diese Schauergeschichte ist nun eine Episode in der »Ramayana Show«. Sie wird in Form einer Abfolge von Tweets, Blogs und Chats nacherzählt, in denen beide Seiten von ihren »Facebook Support Groups« angefeuert werden.

Sind solche Adaptationen nur ein Trick, um ein bekanntes Muster mit zeitgenössischem Material zu füllen? Sattar sieht mehr darin: »Die Aktualisierungen der Mythen eröffnen neue

Perspektiven und unterwandern die überlieferten Rollenbilder.« Surpanakha etwa, im Ramayana das Stereotyp einer verführerischen Frau, die ihre Verstümmelung verdient, ist nun eine junge, ungestüme Frau, die zu ihrer Sexualität steht und sich über Konventionen hinwegsetzt. »Nur das Patriarchat ist gleich geblieben.«

Den Popularisierungen liege derselbe Impuls zugrunde, der diesen Geschichten seit 3000 Jahren ein Weiterleben beschert hat. Das anhaltende Interesse ist für Sattar der Beweis, dass Mythen wie das Mahabharata Hohlformen für Lebensfragen sind – damals wie heute: Die Balance zwischen einer individuellen Lebensgestaltung und der Autorität von Familie und Kaste; die Versklavung durch Instinkte – Macht und Sex – und mögliche Auswege; die moralische Instanz des *Dharma* als Wegweiser für mehr Selbstverantwortung – oder einfach ein Kasten-Knigge.

Die Flexibilität dieser Alltagsmythen in Bezug auf lokale Einfärbungen und Probleme gibt ihnen zudem eine landesweite Ausstrahlung. Mahabharata-Geschichten erscheinen in zahlreichen Landessprachen: auf Assamesisch in einem Lokaltheater, in einem Telugu-Film in Hyderabad, sie tauchen in der Folklore der Kond-Stämme in Zentralindien auf oder im robusten Bengalisch der Theaterautorin Mahasweta Devi.

Ihre multimediale Verbreitung ist uralt und nicht das Resultat moderner Kommunikationstechnik. »Wir erzählen dieselben Geschichten wie vor Hunderten von Jahren«, so Sattar, »aber mit unseren Ängsten, Wünschen und Obsessionen. Wir wollen gar keine neuen Geschichten. Wir wollen dieselben Geschichten, aber neu und ›unerhört‹ spannend erzählt. Es gibt keine ›kanonische‹ Version.«

Die Geschichten aus unterschiedlichen Texttraditionen sind lange Zeit nur mündlich weitergegeben worden, namentlich im Ramayana. Der Linguist und Ethnologe A. K. Ramanujam ging 1987 diesem vielgliedrigen Ast- und Wurzelwerk nach, in einem Essay mit dem Titel *Three Hundred Ramayanas*. Er fand verschiedene Versionen in 25 Sprachen. Im Sanskrit allein zählte er weitere 25 unterschiedliche Darstellungen auf – mündlich tradierte Volkserzählungen, Puppentheater, Schattenspiele, Singtheater, Liebeslyrik und Versepen.

Wie bei den Darstellungsformen, so bei den Inhalten: Buddhistische und jainistische Texte kritisieren Ramas Verhalten gegenüber seiner Frau Sita. Südindische Texte behandeln Ravana, den Entführer Sitas, als einen dravidischen König und nicht als das zehnköpfige Monster aus der nordindischen Volkskultur. In Nordbengalen wird das Dassehra-Fest, das den Sieg Ramas über Ravana feiert, als Trauerzeit begangen, weil für diese Bengalen Ravana der bessere Herrscher war.

Die Moderne mit ihrer Revolutionierung der technischen Kommunikation hat diese narrativen Verbindungen noch verstärkt. Seit vor hundert Jahren in Indien erstmals Filme produziert worden sind, beherrschen die großen Mythen auch die Mehrzahl der Filmsujets, sie sind Inspirationen für die Skripts, und ebenso sind sie sichere Einkommensquellen. Dasselbe lässt sich von den Comics in zahlreichen indischen Sprachen sagen. Sie halten eine regelrechte Kleinindustrie am Leben. Für Millionen von Kindern sind die *Amar-Chitra Katha*-Hefte ihr erster visueller Kontakt mit der Götterwelt, oft noch vor dem ersten Tempelbesuch.

Auch das Volkstheater ist bis heute deshalb so robust geblieben, weil jedes Jahr zur Zeit des Dassehra-Festes Tausende von Darstellern in zahllosen Freiluftbühnen des Landes das *Ram Leela* des Dichters Tulsidas aus dem 16. Jahrhundert aufführen. Allein in Delhi geben Migrantengruppen *ihr* Ramayana in Dutzenden von regionalen Varianten zum Besten.

Wer einen weiteren Beweis für diese quasi generische Vielfalt sucht, findet sie wie in einer Spiegelung in den Texten selbst. Ramanujam erwähnt eine Version des Ramayana aus dem 16. Jahrhundert in Karnataka, in dem sich Rama zunächst weigert, Sita ins Exil mitzunehmen. Als alle ihre Bitten nichts nützen, spielt sie ihre Trumpfkarte aus: »Es gibt zahllose Ramayanas vor dem unseren«, sagt sie ihm. »Kennst du ein einziges, in dem Sita Rama nicht begleiten darf?« Er kennt keins, und damit ist der Streit erledigt. Sita darf mit.

1987, im Jahr von Ramanujams Essay, zeigte das staatliche Fernsehen wöchentlich das Epos in einer 52-teiligen Serie. Der Erfolg war so durchschlagend, dass 1987 später als Geburtsjahr des Fernsehzeitalters in Indien bezeichnet wurde. Millionen von Familien kauften ihren ersten Fernsehapparat, nur um das Schauspiel zu Hause zu erleben. Das Gerät wurde schnell ein Haushaltsartikel, doch als Medium für das Ramayana blieb an ihm noch lange eine quasi sakrale Aura haften. Vor Beginn der Sendung am Sonntagmorgen nahmen viele Leute ein rituelles Bad, sie murmelten Gebete und legten eine Girlande um das Fernsehgerät. Dann erst schalteten sie ein.

Ich erinnere mich, dass Delhis Straßen an den Sonntagen jenes Jahres wie leergefegt waren. Die Basare mit den heruntergelassenen Rollläden erinnerten eher an Unruhen und Ausgehverbote. Als sich gegen Ende der Serie zeigte, dass der letzte Teil von Valmikis Ramayana nicht verfilmt worden war, kam es zu Protesten. Im Panjab riefen Straßenkehrer zum landesweiten Streik auf. Der Fernsehbehörde blieb nichts übrig, als rasch eine weitere Kurzserie nachzuliefern. Erst der Tod Ramas setzte auch den Protesten ein Ende.

Zu den wenigen Skeptikern in der allgemeinen Ramayana-Begeisterung gehörte die Historikerin Romila Thapar. Sie befürchtete, dass die Verfilmung von Valmikis Ramayana und die Sogwirkung des neuen Mediums die Vielzahl von Varianten verdrängen könnten. Damit würden auch die religiösen Vorstellungen der nordindischen Mittelklasse-Hindus zur Norm gemacht. In der Monatszeitschrift *Seminar* warnte sie vor der Homogenisierung einer nationalen Tradition, deren Qualität eben in der Vielfalt liegt.

Ein Beispiel für diese Homogenisierung war die Darstellung von Rama und Sita. Rama war in der Fernsehversion der ideale Gottkönig, ein weiser Herrscher und Ehemann. Sita war die unterwürfige ideale Gattin, die sich der Feuerprobe stellen muss, um ihre Unschuld zu beweisen. Die Journalistin Madhu Kishwar erzählt, dass Ramanand Sagar, der Produzent der Serie, Tausende Briefe erhalten hatte, die ihn aufforderten, die anhaltende Eifersucht Ramas – er wollte eine zweite Feuerprobe – nicht zu zeigen, ebenso wenig wie den Protest und die Rückkehr Sitas zur Mutter Erde. Es war ein Frauenbild, das nicht allen ins Konzept passte.

Thapar sollte Recht behalten. Ramas Reich war bereits zuvor von der Hindu-Rechten zum Vorbild eines *Ram Rajya*, eines neuen Hindu-Zeitalters, stilisiert worden. Das TV-Ramayana gab dieser Darstellung zusätzlichen Auftrieb. Zwei Jahre nach dem Fernsehdrama organisierten RSS-Organisationen eine landesweite Kampagne für den Bau eines Tempels an einer angeblichen Geburtsstätte Ramas in Ayodhya.

Überall im Land wurden Tonziegel gesammelt, feierlich geweiht und in Pilgerzügen nach Ayodhya getragen. Der »genaue« Geburtsort des Gottes war klug gewählt. Es war just die Stätte, über der die Moguln im 17. Jahrhundert eine Moschee gebaut hatten, die Babri Masjid, angeblich zur Verhöhnung des Rama-Kults. Diese quasi physische Kollision zweier religiöser Stätten kam der Hindutva-Bewegung zupass, denn sie koppelte ihr Idealbild an das Feindbild des Islams. Die Wiederherstellung eines Hindu-Reichs sollte mit der Säuberung von allen fremden Einflüssen beginnen.

Für die Hindutva-Ideologen hatte eine »historisch« bewiesene Geburtsstätte des Gottes den zusätzlichen Vorteil, den Hindus endlich eine verbindliche Genealogie ihrer Religion zu geben, wie sie der Islam und das Christentum bereits besaßen. War nicht deren eindeutige Geburtsstätte mit ein Grund für die dogmatische Klarheit und die starke Identitätsbildung ihrer Mitglieder – und damit ihrer Schlagkraft? Die Hindus dagegen waren ein riesiges Sammelbecken unterschiedlicher Kasten und Glaubensformen, verzettelt und zerstritten. Diese Schwäche galt es zu korrigieren.

Drei Jahre später war es so weit. Die Bauziegel-Pilgerzüge aus allen Landesteilen endeten am 6. Dezember 1992 in einem Sturm auf die Moschee. Während BJP-Politiker von einem aus Holz gebastelten Hochsitz zuschauten und applaudierten, zischte mir unten auf dem Vorplatz ein Aktivist ins Gesicht: »Get out of here, you bloody Musalmaan.« Im ganzen Land kam es zu schweren Unruhen mit über 3000 Toten. Sie zwangen die damalige Kongressregierung, den Platz wieder abzuriegeln. Seitdem bildet das Thema Tempelbau eine Konstante in jedem BJP-Wahlmanifest.

Der Ramayana-Aufsatz von Ramanujam beginnt mit einer Volkssage: König Rama sitzt auf seinem Thron in Ayodhya. Er spielt mit seinem Ring, dieser entschlüpft ihm und rollt durch einen Bodenschlitz in die Tiefe. Der Affengott Hanuman wird in die Unterwelt geschickt, um ihn zurückzuholen. Als er sich beim Gott der Unterwelt danach erkundigt, zeigt ihm dieser eine Schale, mit Tausenden von identisch aussehenden Ringen darin. »So viele Ringe, wie du hier siehst, so viele Ramas hat es gegeben.«

Die kleine Geschichte bildet den Grundton des Essays, aber sie passte denkbar schlecht zu der neuen Rama-Doktrin. Diese machte eine polyvalente Tradition zu einer Frage von archäologischen Funden, aus einer mythischen Geografie einen Rechtsstreit über Bodenbesitz. Je mehr sich der Zwist in die Gerichte verlagerte, desto stärker wurde die Tendenz, Rama als historische Figur zu betrachten, den Mythos als Geschichte.

Selbst das Oberste Gericht bestätigte in einem Rechtsgutachten, dass Rama vor genau 850 000 Jahren gelebt hatte. Der wissenschaftliche Ramanujam-Text mit seiner Betonung der mythischen Vieldeutigkeit wurde damit zur Blasphemie. Im Jahr 2006 forderten Demonstranten des RSS-Studentenverbands auf dem Campus der Universität Delhi die Entfernung des Essays als Studienpflichtlektüre. Er verletze gemäß Paragraf 295a des Strafgesetzbuches die religiösen Gefühle der Hindus. Der Universitätsrat schloss sich dieser Meinung an, der Text wurde 2011 verbannt.

Im Jahr 2013 war Wendy Doniger an der Reihe. Sie gilt heute als international herausragende Indologin. Wie keine zweite Sprach- und Kulturwissenschaftlerin ist Doniger fähig, die Vielschichtigkeit der hinduistischen Kultur in ihrer Zusammenschau von Religion, Philosophie, Mythos und Geschichte zu analysieren. Für die Ideologen der Hindutva-Bewegung sind diese vielen Register aber alles andere als ein Hohelied auf Kreativität und Imagination. Für sie ist Vielfalt gleichbedeutend mit einer Verzettelung der nationalen Kräfte. Sie sehen in der Pluralität ein Komplott westlicher Indologen, die Indiens legitimen Anspruch auf kulturelle Größe und politische Großmacht sabotieren wollen.

Eine der vielen RSS-Organisationen drohte dem Penguin-Verlag mit einer Gerichtsklage, falls er Donigers Buch *The Hindus* nicht sofort einstampfe. Der Verlag (er gehört heute Bertelsmann) gab der Erpressung ohne Widerspruch nach. Wiederum war es Paragraf 295a, den die Hausjuristen als Fallstrick sahen. Wer konnte schon beweisen, dass keine Verletzung der religiösen Gefühle der Hindus gegeben war, wenn eine Wissenschaftlerin 3000 Jahre alte Verse erotischen Inhalts zitierte?

Der Wahlsieg von Narendra Modi droht solche fundamentalistischen Tendenzen zu verstärken. Im Herbst 2014 publizierte eine Zeitschrift der Dalit-Studenten an der Nehru-Universität von Delhi einen Aufsatz, der den Kampf zwischen der Göttin Durga und dem Büffeldämonen Mahish-Asura zum Thema hat. Der aktuelle Anlass war das Dassehra-Fest, das den Sieg Durgas über den Büffel als Vernichtung des Bösen feiert.

Für viele Dalits erzählt dieser Mythos nicht den Kampf zwischen Gut und Böse. Er besingt vielmehr den Sieg der Kasten-Hindus über die Dalits, der im Märtyrertod ihres Büffelgotts und dem Beginn der Dalit-Unterjochung endet. Diese Niederlage war das Thema des Zeitschriftenbeitrags. Wiederum kam es zu Protesten des RSS-nahen Studentenvereins. Die Polizei schritt zwar ein, doch die Rädelsführer blieben ungeschoren. Sie verhaftete stattdessen vier Mitarbeiter der Zeitschrift, durchsuchte die Redaktionsbüros und beschlagnahmte alle Exemplare.

Das Drama um die Interpretation des Büffeldämonen erinnerte mich an den 2009 verstorbenen Künstler Tyeb Mehta, einen der bekanntesten Maler des Landes. Ein Gemälde mit dem Titel *Mahish-Asura* hatte ihn berühmt gemacht. Das Thema hatte Mehta jahrelang beschäftigt, er hatte es in immer neuen Versionen auf die Leinwand gebracht. Mehr und mehr verschlangen sich in den Bearbeitungen die Körperformen beider Kämpfenden ineinander. Am Ende war nicht mehr zu erkennen, wer nun Durga war und wer der Büffel, wer Sieger und wer Unterlegener – als seien sich beide so ähnlich geworden, dass sie ein einziger Körper wurden.

Viele Betrachter erkannten darin Mehtas Deutung des Zweikampfs zwischen Hindus und Muslimen, Indien und Pakistan. Es war eine Kritik an der unnötigen Polarisierung, da sich beide Gemeinschaften in vielem so ähnlich seien. Für Mehta war selbstverständlich, dass er sich als Muslim mit einem Hindu-Mythos auseinandersetzte, quasi mit ihm ringen konnte.

Ebenso selbstverständlich war, dies in der Bildersprache des Hinduismus zu tun, der im Unterschied zum Islam vollgesogen ist mit ikonischen Darstellungen und deren alternativen Interpretationen. Der Grundgestus der Toleranz war für ihn mehr als ein Glaubensbekenntnis. Mehta sah ihn als Freibrief für künstlerische Variation und Neuinterpretation.

Auch das muslimische Künstlerehepaar Ghulam und Nilima Sheikh befasste sich in seiner langen Karriere immer wieder mit hinduistischen Bildtraditionen. Ghulam ist fasziniert von der Magie religiöser Bilder – wie etwa »aus einem Stein mit dem Anbringen eines roten Punkts ein sakrales Objekt werden kann«. Für Nilima dagegen ist die Auseinandersetzung auch eine politische. Sowohl der religiöse wie der künstlerische Akt seien Versuche, »die Fixiertheit von Bedeutungen, von Grenzziehungen und Kategorien aufzuheben«. Kunst werde dadurch politisch, weil sie vieldimensional sei. Mit der Polyvalenz ihrer Bedeutungen »widersteht sie Versuchen, Spiritualität in harte konservative Konturen einzuschließen«.

Die Zitate stammen aus dem Katalog einer Ausstellung, die im Frühjahr 2014 in Delhi gezeigt wurde. Ihr Thema war die Auseinandersetzung südasiatischer Künstler mit dem Religiösen. Ihr Titel lautete SACRED/SCARED. Das Anagramm verdichtet gewissermaßen das explosive Gemisch, das da zusammenkommt. Denn die Auseinandersetzung der Kunst mit dem Sakralen, politisch wie sie ist, kann auch Widerstände, Aggressionen und – Angst provozieren.

Ein Bild in der Ausstellung symbolisierte diesen Bezug besonders drastisch. Es trug den Titel *Hamara Hanuman* (»Unser Hanuman«) und verwies auf den allseits beliebten Affengott aus dem Ramayana, der mit seiner Armee Rama hilft, dessen entführte Gattin Sita zu befreien. Doch der Affe des Künstlers Veer Munshi, der da mit fliegendem Schwanz und prächtigem Beinkleid über die Hochhäuser von Mumbai flog, zeigte nicht das allbekannte Affengesicht.

Dieses gehörte vielmehr einem alten weißbärtigen Mann namens Maqbool Fida Husain. Der lange Pinsel, den dieser Hanuman schwang, war sein Berufswerkzeug. Husain hatte sich in seiner Jugend als Maler von Filmplakaten einen Namen gemacht. Als er im Juni 2011 mit 96 Jahren starb, war er Indiens populärster Künstler. Seine Bilder blieben immer leicht verständlich, weil sich seine formalen Qualitäten auf einige rasche Pinselstriche und ein untrügliches Gefühl für Farbe und Raum beschränkten. Sie halfen ihm, Indiens größter malerischer Fabulierer zu werden.

Mit dieser Kombination von Talenten machte Husain den Kosmos von Mythen, Göttern, Schlachten, Verkupplungen, Symbolen und Sagen zu seinem Repertoire. Wie Tyeb Mehta, Ghulam und Nilima Sheikh schien dieser Muslim glücklich, die bilderfeindliche Tradition seiner Religion hinter sich zu lassen und sich im Ozean der Farben und Geschichten des Hindu-Pantheons zu vergnügen.

Diese pralle Sinnlichkeit passte Hindu-Fanatikern nicht ins Konzept. Sie verdächtigten Husain, mit der Darstellung der Pluralität der hinduistischen Kultur nicht deren Stärke, sondern ihre größte Schwäche hervorzukehren. Husain war dazu noch ein Muslim, der es wagte, Hindu-Göttinnen in erotischen Posen zu malen. Der Einwand, dass dies ein gefeierter Bestandteil der Hindu-Ikonografie sei, galt für die Eiferer nicht. In ihren Augen wird die Darstellung einer Fruchtbarkeitsgöttin zur Pornografie, wenn ein Muslim den Pinsel geführt hat.

Husain wurde zum Lieblingsgegner der Hindu-Rechten. Sein Haus wurde angezündet, Galerien, die ihn ausstellten, wurden verwüstet, er erhielt Morddrohungen. Er ließ sich nicht einschüchtern, malte täglich und inszenierte sich als Dandy. Bis seine Gegner zu einem Mittel griffen, das auch bei Ramanujam und Doniger gewirkt hatte. Sie riefen Paragraf 295a an und machten »eine Verletzung der religiösen Gefühle« geltend.

Husain wurde mit Klagen eingedeckt, an Gerichtsorten, die gezielt über ganz Indien verstreut waren. Gewiss, die meisten Gerichte würden den Klagen nicht stattgeben. Der Zweck war, den 90-Jährigen von Gerichtstermin zu Gerichtstermin, von Assam bis nach Kerala, zu hetzen. Husain fehlte die Kraft dazu. 2009 verließ er das Land und ließ sich in Katar nieder, zwei Jahre später war er tot.

Die Ausstellung SACRED/SCARED und besonders das Bild *Hamara Hanuman* waren eine posthume Geste, um Husain in das indische Pantheon zurückzuholen. Sie war aber auch ein tragisches Beweisstück für die Richtigkeit des Ausstellungstitels: Jede Beschäftigung mit SACRED bringt nun auch in Indien die anagrammatische Kehrseite hervor, wenn nicht bei Künstlern, dann zunehmend bei Galerien, Sponsoren und dem Publikum.

Husain selbst hatte nie Angst gezeigt. Als er starb, arbeitete er an einer großen Bilderserie über das klassische indische Zeitalter – er fabulierte weiter. Vielleicht wusste er von Ramas Ring und dass auch diesem Rama-Zeitalter andere folgen würden.

Die Kuratorin Nancy Adajania war ebenfalls nicht bereit, das Recht auf perspektivische Wahrheiten aufzugeben. Ihr Katalogtext endet mit dem Bild aus einer alten Sufi-Parabel. Darin erscheint Wahrheit in der Metapher eines zerbrochenen Spiegels. Dessen tausend Scherben erzählen die gleiche Wahrheit, immer wieder perspektivisch anders.

Auch für Indien bietet sich das Bild eines in tausend Stücke zerbrochenen Spiegels an. Jeder Splitter – ein Bild, eine Geschichte, eine Kaste, eine Region, Glaubensformen, Politiker, Frauen, Arme, Reiche, Bettler, Unternehmer – spiegelt Indien aus dem Ort und Winkel, wo und wie er zu liegen kommt.

Vielleicht ist selbst dieses Buch ein solches Bruchstück. Es beschreibt Indien aus dem Ort, der Zeit und der Befindlichkeit seines Autors. Es ist die Realität des Landes, subjektiv gebrochen.

Epilog: India Gate

Das Wahljahr 2014 brachte mit dem Sieg der BJP eine neue Partei ans Ruder und einen neuen Ton in den nationalen Diskurs. Er ist geprägt von der Ideologie der Siegerpartei: Nationalstolz und Modernität, unterlegt mit Hindu-Traditionen. Aber er ist nicht triumphierend. Zu offensichtlich sind die Schwären von Armut, Schmutz und Schlendrian, zu groß die ethnischen und ökonomischen Gräben.

Narendra Modi, erst der zweite niedrigkastige Regierungschef des Landes, scheut sich nicht, auch Schwächen anzusprechen und gleich selbst Hand anzulegen. Am 2. Oktober 2014, dem Geburtstag Mahatma Gandhis, legte er am Triumphbogen des India Gate in Delhi vor versammelten Schulkindern ein Gelöbnis ab. Er schwor, dem Landesvater an dessen 150. Geburtstag 2019 ein sauberes Indien zu Füßen zu legen. Hunderte von Schülern und Eltern sprachen ihm nach: »Ich gelobe, 100 Stunden im Jahr, zwei Stunden pro Woche, für ein sauberes Indien zu arbeiten. [...] Ich werde Schmutz weder verursachen noch dulden [...]«.

Einige Wochen später kamen meine Frau und ich mit der Fähre von Alibagh nach Mumbai und überquerten den großen Platz hinter dem Gateway of India. Im Durcheinander der vielen Besucher erblickten wir ein halbes Dutzend junger Frauen und Männer in weißen Hemden und Blusen, die mit einem Besen in der Hand das Areal fegten. Wir sprachen einen aus der Gruppe an. Er gab sich als der Chef einer multinationalen Firma aus. Diese Aktion sei sein Gelöbnis und das seines Teams für *Swachh Bharat*, ein sauberes Indien: Jeden Samstagnachmittag würden sie fortan den Platz um den Gateway säubern.

Der Platz um das India Gate in Delhi wäre ein ähnlich attraktives Objekt, um diesen Sauberkeitsschwur auszuführen. Ist das Gateway in Mumbai das sinnbildliche Eingangstor Indiens, so symbolisiert das India Gate in Delhi das Tor zu den Institutionen der Staatsmacht. Von ihm aus führt die Prachtallee des Rajpath in gerader Achse zum Präsidentenpalast, auf beiden Seiten flankiert von den großen Gebäuden der Ministerien.

Die Bilder in den Zeitungen am Tag nach Modis feierlichem Schwur zeigten auch, dass eine Putzbrigade dort am richtigen Ort wäre. Über das große Rund des Platzes lagen Hunderte von Plastikbechern verstreut, zerknüllte Flugblätter mit dem Eidestext sowie die üblichen Papierfetzen mit Fettflecken, in denen fliegende Händler ihre *Samosas*, Gemüsekrapfen, einwickeln. »Incredible India«: Wie immer hat das »unglaublich« im offiziellen Tourismus-Slogan seinen doppelten Wortsinn.

Die von dem Engländer Edwin Lutyens entworfene Anlage des India Gate ist ohne Zweifel unglaublich eindrucksvoll, ebenso wie ihr Gegenstück in Mumbai. Ihre Schicksale gleichen sich ebenfalls: So wie das Gateway rasch zum *Get away!* für die englischen Kolonialherren wurde, so wurde auch das Eingangstor des India Gate schon bald zu ihrer Ausgangspforte. 1947, nur elf Jahre nach seiner feierlichen Eröffnung, hatte auch dieses imperiale Symbol der permanenten Präsenz der Kolonialmacht ausgedient. Die Statue des englischen Königs George V. vor dem Torbogen wurde entfernt. An seinem Platz blieb bis heute – eine Leerstelle. Vorschläge, den Mahatma dort zu platzieren, versandeten rasch in dem Wissen, dass Gandhi, dieser Verächter jeglichen Pomps, entsetzt gewesen wäre. Dennoch bleibt Großbritannien auch heute noch präsent. Der Triumphbogen ist eigentlich ein Kriegsdenkmal, eine Gedächtnisstätte für die gefallenen 60 000 indischen Soldaten auf den europäischen Schlachtfeldern des Ersten Weltkriegs. Jedes Jahr gibt es bei der ewigen Flamme unter dem Torbogen mit den Chefs der drei Waffengattungen eine Zeremonie zum Gedenken an den Unbekannten Soldaten. Doch bis heute sind nur die Namen der unter britischer Herrschaft Gefallenen in die Gewölbe gemeißelt. Es fehlt eine entsprechende Würdigung der gefallenen Soldaten aus den vier Kriegen, die das unabhängige Indien ausgefochten hat. Incredible India.

Wendet man den Blick vom Rajpath zurück auf die Landschaft vor dem Eingang, erblickt man in kurzer Entfernung die Ruinen von Indraprastha, der ersten von sieben Städten, die einander im Laufe von 3500 Jahren hier abgelöst haben. Auch diese Verbindung von *Neu*-Delhi mit der ältesten Stadtgründung war eine imperiale Geste gewesen. Sie blieb aber ebenfalls eine vergebliche Auflehnung gegen die Vergänglichkeit des englischen Empire. Die Kremationsstätten gleich hinter den Ruinen hätten Edwin Lutyens, den Architekten der Hauptstadt, daran erinnern können. Sie säumen den Yamuna-Fluss, der seinen Namen vom Gott des Todes hat.

Wer den Blick von dem gestapelten Brennholz auf den Fluss dahinter wirft, wird von seinem Trübsinn nicht erlöst. Das Wasser ist grau und träge, hell sind nur die zahllosen chemischen Schaumkrönchen, die wie künstliche Lotusblüten auf dem Fluss liegen und seinen Vergiftungsgrad anzeigen. Wenn ich über die Brücke fahre, denke ich immer an die Pilgerin, die an der Quelle des Yamuna ihre faulende Blumengirlande mitsamt einer Plastiktüte in das schäumende Wasser geworfen hatte, im frommen Glauben, Gott Yama werde sich als Kläranlage hergeben.

Der Tod lag im Oktober 2014 auch auf der anderen Seite des Flusses in der Luft. In den ersten Monaten nach Modis Wahlsieg kam es zu zahlreichen kleineren Ausschreitungen zwischen Hindus und Muslimen. Für radikale Hindu-Gruppen war sein Sieg auch eine Niederlage für die Minderheiten. Einer der Schauplätze war der Trans-Yamuna-Slum von Trilokpuri, in dem zahlreiche Muslime leben. Steine flogen, Läden wurden verwüstet, es kam zu Zusammenrottungen. Die Polizei verhielt sich passiv, und jeder dachte: Hier ist es wieder, das alte Muster, diesmal mit der passiven Beihilfe des Staats.

Das schiitische Muharram-Fest stand vor der Tür. Die Prozessionen mit ihren Flagellanten und der Parade der Tazias, den Holzreplikaten von Hussains Grabmal, ließen einmal mehr den Ausbruch von Gewalt fürchten. Doch dann geschah etwas Unerwartetes. Aus einem benachbarten Vorort meldete sich eine kleine Gemeinschaft von Brahmanen, die sich stolz Hussaini Brahmins nennen.

Der Name erinnert an einen ihrer Vorfahren, der – so will es die Legende – in der Schlacht von Karbala im Jahr 680 an der Seite von Imam Hussain gekämpft hatte. Seitdem feiern diese Hindus Muharram, indem sie fasten und eine Tazia durch ihr Viertel tragen. Die Frauen folgen in schwarzen Saris. Als die Hussainis von den Spannungen in Trilokpuri hörten, boten sie sich an, die Prozession dort anzuführen, um sie vor Steinwürfen radikaler Hindus zu schützen. Das Fest verlief reibungslos. *Expect the Unexpected.*

Anhang

Kleines Glossar

Bhagavad Gita: siehe Mahabharata

Bengale/Bangale: Die unterschiedliche Namensgebung unterscheidet die indischen Bengalen, Bewohner des indischen Bundesstaats Westbengalen, von den Bangalen, Bürger des Staats Bangladesch.

BJP: Die Bharatiya Janata Party oder Indische Volkspartei ist neben der Kongresspartei die wichtigste parlamentarische Organisation Indiens. Sie trat 1980 die Nachfolge des Jana Sangh an, der politischen Frontorganisation der Hindutva-Bewegung.

Brahmanen: siehe Kaste

Dacoits: Banden von Wegelagerern in Zentralindien, die heute im Begriff sind zu verschwinden.

Dalits: die sozial ausgestoßenen und ökonomisch marginalisierten Kastenlosen der indischen Gesellschaft. Dalit ist ein Kampfbegriff der Dalitbewegung und bedeutet »zerrieben« oder »erdrückt«.

East India Company: gegründet 1602 mit dem Mandat der britischen Krone, deren Kolonialbesitz im indischen Subkontinent militärisch zu kontrollieren, zu verwalten und ökonomisch zu nutzen. 1857 wurde Indien als Kronkolonie dem Parlament in London unterstellt.

Ganesh: Indiens populärster Gott, dessen Elefantengestalt Kraft und Gutmütigkeit ausstrahlt.

Gurkhas: Bergvolk im indischen und nepalischen Himalaya, bekannt für seine Zähigkeit und Loyalität; bevorzugte Rekrutierungsquelle für die britische Kolonialarmee.

Hindu: ursprünglich eine geografisch abgeleitete Bezeichnung der Bewohner östlich des Indusflusses. Ende des 19. Jahrhunderts engte sich der Begriff auf Gläubige des Hinduismus und Teilnehmer von dessen Kastengesellschaft ein.

Hindutva: Titel eines Pamphlets des Nationalisten Veer Savarkar aus dem Jahr 1923, in dem dieser die Idee einer nationalen Gottheit Bharat Mata (Mutter Indien) als Definitionsmerkmal eines Hindus festlegte, zusammen mit der geografischen Herkunft und der Sprache. Hindutva wurde zur Bezeichnung dieser nationalistisch-religiösen Ideologie.

Kaste: das fundamentale Ordnungsprinzip der Hindu-Gesellschaft. Sie besteht aus vier untereinander hierarchisch geordneten Kasten: die Brahmanen (Schriftgelehrte) an der Spitze, gefolgt von den Kshatriyas (Krieger, oft auch die politischen Herrscher), den Vaishyas (Bauern, Händler) bis hinunter zu den Handwerkerkasten der Shudras. Jede Kaste besteht aus zahlreichen Unterkasten. Siehe auch Dalit.

Khap Panchayat: Früher eine Art lokaler Vorstand einer Kaste im Dorf, der über die Beachtung der Kastenregeln, namentlich Endogamie und Exogamie, wachte. Seit einigen Jahren erfahren die Khap Panchayats eine Neubelebung, um der sozialen Mobilität entgegenzuwirken.

Kongresspartei: die bis vor kurzem dominante politische Partei des Landes, dank der führenden Rolle in der Unabhängigkeitsbewegung und danach bei der Gestaltung des Staatswesens als einer säkularen sozialdemokratischen Republik.

Mahabharata: das mythische Gründungs-Epos Indiens, mit seinen rund 100 000 Versen das längste epische Gedicht der Weltliteratur. Eines der Kapitel, die Bhagavad Gita, bildet einen Grundtext der hinduistischen Ethik.

Mumbai/Bombay: 1997 wurde die Stadt Bombay, deren Namen sich vom Portugiesischen herleitet (Bom Bahia – guter Hafen), in Mumbai umgetauft. Damit wurde ein volksetymologischer Bezug zu einer Lokalgöttin namens Mumbadevi hergestellt. Ähnlich erfuhren zahlreiche andere anglisierte Städtenamen eine Neuschreibung.

NGO: Non-Governmental Organisation bezeichnet eine karitativ, sozial oder politisch begründete Wohltätigkeitsorganisation.

NRI, PIO, OCI: Die Akronyme bezeichnen verschiedene Kategorien von Auslandsindern. NRI's (Non-Resident Indian) sind indische Bürger, die im Ausland leben; PIO (Person of Indian Origin) und OCI (Overseas Citizen of India) sind Ausländer indischer Herkunft.

OBC: Other Backward Classes ist ein euphemistischer Ausdruck für die verschiedenen Shudra-Unterkasten.

Parsen: Die indischen Anhänger der Religion Zarathustras, die im 9. Jahrhundert vor der islamischen Eroberung Persiens nach Indien flüchteten.

Ramayana: neben dem Mahabharata das wichtigste Epos der indischen Klassik. Der Gottkönig Ram bildet eine wichtige Figur in der politischen Mythologie der nationalistischen Rechten.

RSS: Der Rashtriya Swayamsevak Sangh (Nationaler Freiwilligenverband) ist der zentrale ideologische Kaderverband der Hindu-Nationalisten.

Sanskrit: Indiens klassische indoeuropäische Sprache, in denen die großen nordindischen Sprachen verwurzelt sind, im Gegensatz zu den drawidischen Sprachen Südindiens und den burmesisch-mongolischen des indischen Nordostens.

SC/ST: Kurzformen der administrativen Bezeichnungen für Dalits (Scheduled Castes) und Ureinwohner (Scheduled Tribes).

Sepoy: anglo-indische Bezeichnung des indischen Soldaten im Dienst der britischen Kolonialmacht.

Shiva/Vishnu/Brahma: drei der wichtigsten Götter im indischen Pantheon, oft gemeinsam als »Dreifaltigkeit« der schöpferischen (Brahma), lebenserhaltenden (Vishnu) und zerstörerischen Energie (Shiva) dargestellt.

Sikhs: Anhänger des Sikhismus, einer im 15. Jahrhundert im nordindischen Panjab entstandenen synkretistischen Religion. Ihr Erkennungszeichen ist der Turban.

Literaturhinweise

Zur Geschichte Bombays im **Prolog** siehe Rohatgi, Pauline u. a.: Bombay to Mumbai, MARG Publications, Mumbai 1997.

Für die politische Entwicklung in Mumbai und Indien im 19. Jahrhundert im **Kapitel Geschichte** siehe Gandhi, Rajmohan: A Tale of Two Revolts, New Delhi 2011, und: Gandhi, Rajmohan: Revenge and Reconciliation, New Delhi 1999.

Indien als »Gemischter Salat« im **Kapitel Gesellschaft**: Ashis Nandy, persönliche Kommunikation. Zur Migration: Bhagat, B.R.: »We The Migrants«, in: *Indian Express*, 24. Oktober 2013.

Das Zitat von Jeevan Suthar in **Kapitel Religion** stammt aus dem Buch von Bijoy Jain u.a.: Studio Mumbai: Praxis, Tokyo 2012. Zitat von Peter Brook in: Threads of Time, London 1999. Zitat von Jonardon Ganeri in: Gutting, Gary: »What would Krishna do?«, in: *New York Times,* 3. August 2014. Zu den Bene Israel siehe Minwalla, Shabnam: Never At Home, in: Fernandes, Narseh/Pinto, Jerry: Bombay Meri Jaan, New Delhi 2003. Zu Hindutva und RSS siehe Sharma, Jyotirmaya: Hindutva, New Delhi 2003.

Zu Gurus siehe Warrier, Maya: Hindu Selves in a Modern World, London 2005.

Zu Ambedkar im **Kapitel Kaste**: Omvedt, Gail: Ambedkar, New Delhi 2004. Zum Kastenwesen Srinivas, N. M.: Caste, New Delhi 1996. Zu Periyar: Richman, Paula: Many Ramayanas, New Delhi 1992. Zu den Geschäftskasten: Patel, Aakar: »Reply to All«, in: *Mint*, 20. April 2011. Zur Solidarität der Niedrigkasten: Munshi, Kaivan: »The persistence of Caste«, in: www.ideasforindia.in/article.aspx?article_id=2 [letzter Zugriff: 23. Januar 2015].

Zu den Ashrafis in **Kapitel Minderheiten** siehe Bhatty, Zarina: Social Stratification among Muslims, in: Srinivas, N. M.: Caste, Viking, New Delhi 1996. Zu den »Christenkasten« siehe Tharamangalam, J.: Caste among Christians, in: Srinivas, N. M.: Caste, Viking, New Delhi 1996.

Die Einschätzung von Modi im **Kapitel Politik** stammt von Krishna, T. M.: »As I see it«, in: *The Hindu*, 10. Mai 2014.

Die DeLoitte-Studie über Familienfirmen im **Kapitel Familie** unter: www2.deloitte.com/in/en/pages/human-capital/articles/from-the-family-to-the-firm.html [letzter Zugriff: 23. Januar 2015]. Zur Vaterbindung siehe Kakar, Sudhir: Family Matters, in: Pande, Ira: India At 60, New Delhi 2007.

Zum Thema Wirtschaft im **Kapitel Wirtschaft** siehe Bardhan, Pranab: Awakening Giants, Feet of Clay, New Delhi 2010. Anstoß zum Gespräch mit S. Ramadorai gab mir sein Buch: The TCS Story and Beyond, New Delhi 2011.

Die Zitate von Pallavi Aiyar im **Kapitel Diaspora** stammen aus ihrem Buch Punjabi Parmesan, London/New Delhi 2013. Zu den Diamantenschleifern in Gujerat siehe Imhasly, Bernard: folio.nzz.ch/1993/dezember/schleifen-am-familientisch [letzter Zugriff: 23. Januar 2015]. Generell zur Diaspora siehe Pande, Amba: »Conceptualising Indian Diaspora«, in: *Economic & Political Weekly*, 7. Dezember 2013. Das Zitat von Devesh Kapur: »Europe's India Aversion«, in: *Business Standard*, New Delhi, 13. April 2014. Jain, Rohit: »Plötzlich sind Inder top« (Interview), in: *Tagesanzeiger*, Zürich, 17. April 2014. Zum Film siehe www.dreamworksstudios.com/films/the-hundred-foot-journey [letzter Zugriff: 23. Januar 2015].

Das Zitat von V. S. Naipaul im **Kapitel Umwelt** in: An Area of Darkness, London, 1964, S. 74. TISS-Studie über Slums: Water Duty keeps kids away from schools, in: *Mumbai Mirror,* 20. Februar 2011. Die Zitate von Mahesh Rangarajam in: Vanishing Tiger, Retreating Elephant, in: Pande, Ira: India At 60, New Delhi 2007.

Zu Vivekananda im **Kapitel Sport** siehe den Swami Vivekananda Reader, hg. v. Paranjpe, M., New Delhi 2005. Isherwood, Christopher: Ramakrishna and his Disciples, Calcutta, 1965. Chatterjee, Anubhava/ Naha, Souvik: »The Muscular Monk«, in *Economic & Political Weekly,* 15. Februar 2014. Zu Mizoram und Manipur siehe »The Trophy State«, in: *Indian Express,* 16. März 2014. Zu Haryana: Sengupta Rudranil: »Six Ways to Break the Shackles«, in: *Mint,* 20. September 2014. »Politicians on the Mat«, Bericht in der *Times of India,* 13. Oktober 2014.

Die im **Kapitel Kultur** konsultierte Ausgabe des Mahabharata stammt von Meera Uberoi, erschienen New Delhi 2005; jene des Ramayana von Arshia Sattar, erschienen New Delhi 2009. Ramanujam, A. K.: Three Hundred Ramayanas, in: Richman, Paula: Many Ramayanas, New Delhi 1992. Die Kurzerzählung von Kuzhali Manickavel in: Breaking the Bow, hg. v. Menon, Anil/Singh, Vandana, New Delhi 2012. Ashis Nandys Essay »Epic Cultures, Epic Heroes« erschien in: *Art Konnect,* Vol.6, Nr.3, 2012. Der Ausstellungskatalog von Sacred/Scared in: *Take On Art,* Vol. 4, Nr.13, 2014. Zitat von Madhu Kishwar im Video von Madhupreeta Anand, »Laying Janaki to Rest«, New Delhi 2007.

Zum India Gate im **Epilog** siehe Volwahsen, Andreas: Imperial Delhi, München/New Delhi 2002.

Basisdaten

Ländername: Republik Indien, Republic of India, Bharatiya Ganarajya (Hindi)
Bevölkerung: 1,25 Milliarden (2013), entspricht 17 % der Weltbevölkerung (Deutschland: 80,2 Millionen, Stand 2011)
Bevölkerungswachstum: 1,4 % (2011), in rund zehn Jahren wird Indien das bevölkerungsreichste Land der Erde sein.
Fläche: 3,2 Millionen km^2 (Deutschland: 357 121 km^2)
Bevölkerungsdichte: 382 Menschen je km^2 (Deutschland: 229 je km^2, Stand 2012). Zwei Drittel der Bevölkerung leben auf dem Land und in Kleinstädten, ein Drittel lebt in Städten von 100 000 Einwohnern und mehr.
Lebenserwartung: 66 Jahre (2012). Die Hälfte der Bevölkerung ist jünger als 25 Jahre. (Deutschland: Frauen 82,7; Männer 77,7. Stand 2009)
Verhältnis Männer – Frauen: 1000 : 940; erhöhte Abtreibungsrate von weiblichen Föten und höhere Sterblichkeit von Mädchen im Kindesalter
Hauptstadt: New Delhi (Einwohnerzahl: circa 13,8 Millionen Einwohner, »National Capital Territory of Delhi«)
Religionen: Hinduismus (circa 80,5 %), Islam (circa 13,4 %), Christentum (circa 2,3 %), Sikhismus (circa 1,9 %) sowie Buddhismus, Jainismus, Parsen und andere
Nationalfeiertage: 26. Januar: Tag der Republik (26. 1. 1950: Inkrafttreten der Verfassung), 15. August: Unabhängigkeitstag (15. August 1947)
Regierungsform: Parlamentarische Demokratie: Bundesstaat (29 Staaten, 6 Unions-Territorien, National Capital Territory Delhi)
Staatsoberhaupt: Pranab Kumar Mukherjee, Präsident von Indien, Amtsantritt: 25. 7. 2012
Vertreter: Mohammad Hamid Ansari, Vizepräsident von Indien, Amtsantritt: 10. 8. 2007
Regierungschef: Narendra Modi (Bharatiya Janata Party, BJP), Premierminister von Indien, Amtsantritt: 26. 5. 2014
Bruttoinlandsprodukt: 1877 Milliarden US-Dollar (2013) (Deutschland: 3,59 Billionen US-Dollar, Stand 2013)
BIP pro Kopf: 1500 US-Dollar, berücksichtigt man die Kaufkraft-Parität (PPP), erhöht sich das Einkommen pro Person und Jahr auf 5350 US-Dollar.

Beschäftigte: 46 % Landwirtschaft, 35 % Dienstleistungssektor, 19 % Industrie. Der IT-Sektor beschäftigt 0,5 % der Arbeitsbevölkerung (Deutschland: 1,6 % Landwirtschaft, 73,7 % Dienstleistungssektor, 24,7 % Industrie. Stand 2012). Mit einer Bevölkerungszunahme von jährlich 17,5 Millionen Menschen betreten rund zwölf Millionen jedes Jahr den Arbeitsmarkt.
Arbeitslosigkeit: 9,1 % (offizieller Durchschnittswert 2011) (Deutschland: 6,7 %. Stand 2014)
Armutsquote: 21,9 % (2012, weniger als 1,5 $ Einkommen täglich). 46 % der Kinder von 0 – 3 Jahren sind untergewichtig (in China 8 %).
Human Development Index: Platz 134, unter den G-20-Staaten rangiert Indien an letzter Stelle.
Schulquote: 100 % der Kinder werden eingeschult, allerdings erreicht nur die Hälfte von ihnen die achte Klasse.
In Indien ansässige Deutsche: circa 3000 (Wirtschaft, Bildungswesen, Kultur, Missionen)
In Deutschland ansässige Inder: circa 45 000

Quellen: Central Statistical Organisation (staatliche Statistikbehörde Indiens, Daten unter www.data.gov.in), Der neue Fischer Weltalmanach 2014, Frankfurt am Main 2013.

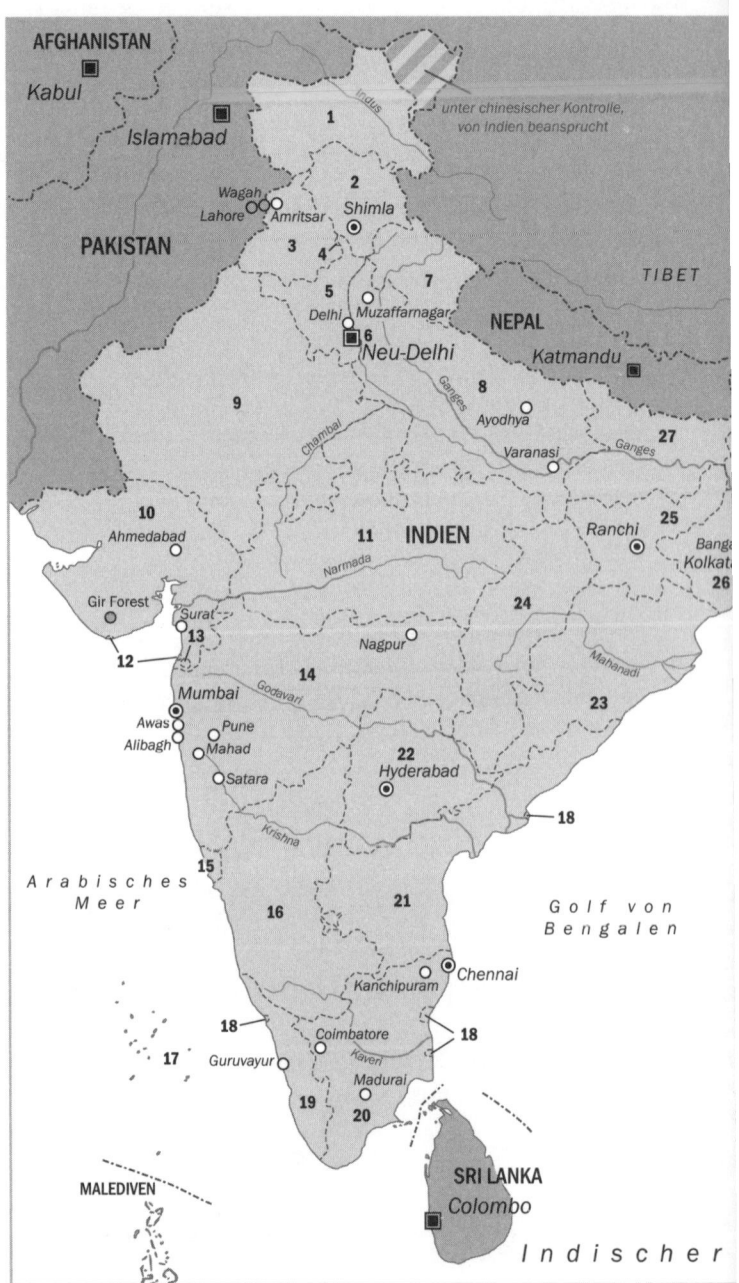

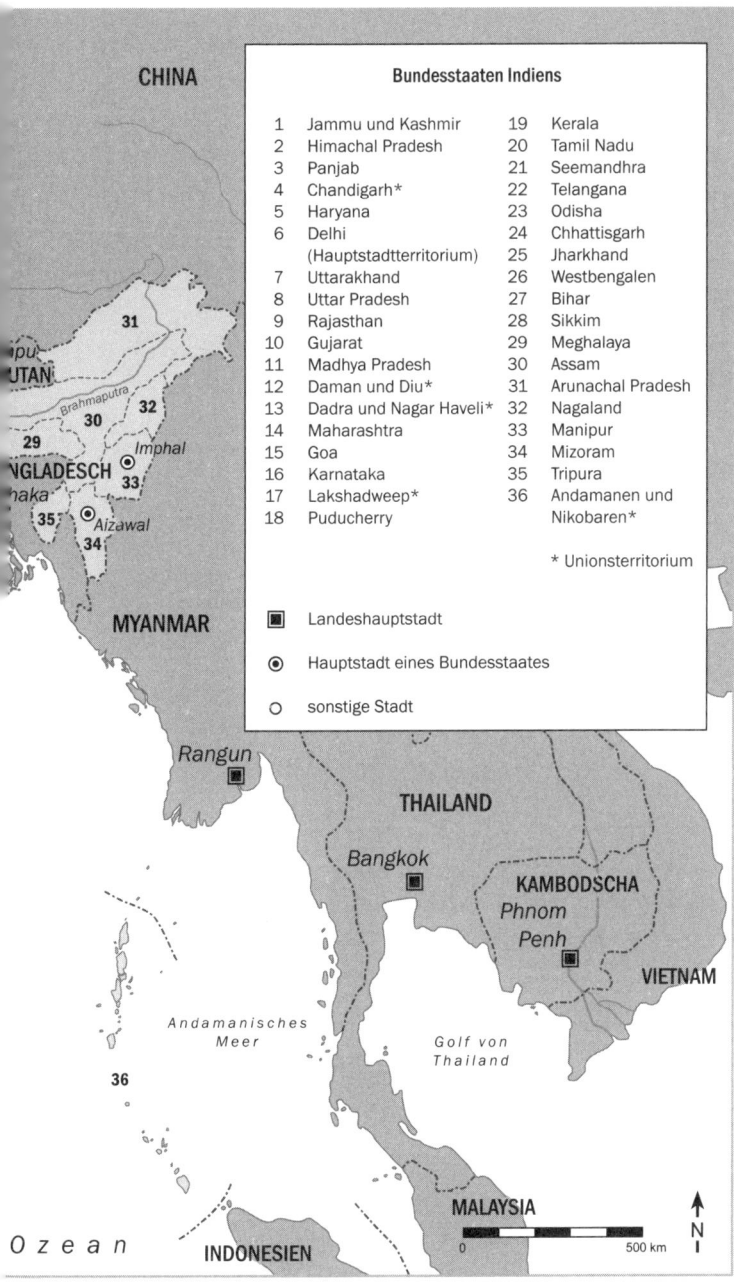

1,50/2